LA PENSÉE INDÉTERMINÉE

I

De la Renaissance au Romantisme

LA PENSÉE
INDÉTERMINÉE

I

De la Renaissance au Romantisme

Georges Poulet

Membre de l'Institut

puf

ÉCRITURE

ISBN 2 13 038873 6
ISSN 0222-1179

Dépôt légal — 1re édition : 1985, avril
© Presses Universitaires de France, 1985
108, boulevard Saint-Germain, 75006 Paris

Avant-propos

L'histoire littéraire et l'histoire des idées s'occupent généralement d'œuvres et de pensées déterminées. On dirait même qu'elles se donnent pour objet de mettre en relief et d'accentuer ce caractère déterminé qu'œuvres et idées s'efforcent d'avoir. Ne pouvons-nous pas tenter de faire l'inverse ? Au lieu de faire un sort aux œuvres, aux idées explicites, aux apparences formelles, ne serait-il pas possible, non, bien entendu, de faire une histoire de la pensée indéterminée, mais au moins d'en faire apparaître dans les différents temps et les différents lieux les multiples variations ? Celles-ci ne se rencontrent d'ailleurs pas seulement, comme on pourrait le croire, dans quelques cas particuliers, et pas ailleurs. L'indétermination se fait jour un peu partout. Derrière les déterminations très apparentes qui occupent le premier rang dans toutes les œuvres ou presque, il y a presque toujours aussi, mais de façon bien plus discrète, l'expression d'une réalité toute différente, située nécessairement dans un profond retrait. C'est l'ensemble de pensées qui ont pour privilège ou pour désavantage de ne pouvoir être exprimées que de façon indirecte ou même négative. Un des exemples les plus connus de ce « genre littéraire », c'est la rêverie. Son domaine, assez florissant à diverses époques, était celui des idées vagues, des affinités troubles, des rapports cachés entre nature et sentiment. Mais il y en a beaucoup d'autres.

Un second exemple est celui de la pensée religieuse. Par-delà les images, les rites, les sacrements et les dogmes, les religions laissent voir, ou plus souvent, entrevoir, entre les sentiments et les pensées, d'une part, et la transcendance, de l'autre, un rapport indéfini, souvent d'une profondeur extrême, et qui nous mène en pleine indétermination.

Enfin si la rêverie poétique et le sentiment religieux nous font défaut, et, en même temps qu'eux, le sens d'indétermination universelle qu'ils nous communiquent, il est une source dernière de pensée indéterminée que nous pouvons considérer. C'est notre pensée propre, qui, comme nous le savons, n'est pas seulement capable de s'extérioriser en s'appliquant à des objets définis, mais qui est susceptible aussi, comme Valéry et d'autres, avant lui, l'ont montré, de se soustraire à tous les objets qui s'offrent sur sa route, et de se trouver ainsi en mesure de prendre conscience d'elle-même dans sa nudité intérieure, en éliminant tout ce qu'elle aurait de particulier. L'être humain, dit en substance Valéry, peut se laver à peu près de tout. Que lui reste-t-il alors ? Une façon d'être et de penser singulièrement libérée des détails précis de la vie déterminée. L'on entre dans l'absence, dans une vacance bienfaisante qui, dit Valéry, rend l'esprit à sa liberté propre. Tel est le service sans prix de la pensée indéterminée.

L'ensemble de petites études que voici, consacrées à une assez longue série de penseurs et de poètes depuis l'avènement du christianisme jusqu'à nos jours, vise à mettre en valeur dans toutes ces pensées une inflexion négative, souvent presque imperceptible, mais extraordinairement efficace. Elle tend à montrer que, derrière les déterminations particulières, se dissimule quelque chose qui n'a pas de nom et qui est presque inexprimable. C'est la pensée indéterminée. On la reconnaît, parfois facilement, par exemple dans la rêverie. Mais son domaine est infiniment plus vaste, et ne se contente pas d'abriter simplement les idées vagues, les sentiments indistincts, si fréquents dans une certaine poésie. A l'autre extrémité de la pensée indéterminée, il y a le silence intérieur, la prise de connaissance d'un moi indépendant et l'impression d'un pouvoir illimité, tenu en suspens, en attendant qu'il nous pousse dans telle direction ou dans telle autre. C'est ce suspens qui importe. Il joue un rôle inappréciablement important en retardant le moment inévitable où la pensée s'engagera, bon gré mal gré, à fonds perdu, en direction de quelque objet déterminé.

Introduction

La mystique ne saurait être confondue avec la théologie. Cette dernière se donne pour mission d'embrasser le monde divin dans son ensemble. Elle y voit une réalité totale dont il s'agit de mettre objectivement en valeur les aspects. Non très différemment des hommes de science, les théologiens s'appliquent donc à tracer des caractères définis. Ils les relient. Pour y arriver ils se gardent d'user de méthodes subjectives. S'ils se donnent pour tâche de comprendre la complexité du monde spirituel, c'est en considérant du dehors, à distance, les éléments qui le composent. Cette extériorisation leur paraît saine et générale. Quand ils fixent leur attention sur quelque vérité particulière, ils cherchent avant tout à y percevoir la place occupée par cette vérité au milieu de toutes les autres. En bref, l'on peut dire que le vaste travail entrepris au cours des siècles par un petit nombre de théologiens de génie et quelques autres constitue un des monuments de la pensée les plus fortement structurés qui soient. Toutes les grandes sommes qui sont le produit de cette immense activité intellectuelle témoignent du pouvoir admirable que possède l'homme de donner aux objets de sa pensée une forme, celle-ci explicite, distincte, cohérente, et surtout la plus nettement déterminée qui se puisse concevoir.

Tous ces traits montrent à l'évidence ce qui sépare la théologie de la mystique. Celle-ci, cela va de soi, n'a nullement pour but une construction intellectuelle de l'édifice religieux pris dans son ensemble. Elle cherche non à établir ou à reconnaître un ordre universel, mais à créer les conditions d'une expérience personnelle, ou, au moins d'une expérience ressentie par celui qui s'en trouve le sujet, dans l'intimité de lui-même. Bien entendu, à cette première distinction il n'est pas difficile de trouver des exceptions. Il y a eu, de temps à autre, au cours de l'histoire du christianisme (et de quelques autres religions : gnostique, néo-platonicienne) des êtres exceptionnels qui ont su mêler, parfois de façon inextricable, le génie théologique et le génie mystique. Cela se remarque chez les grands cappadociens. Cela se retrouve chez ce personnage mystérieux, à qui on a donné le nom de Pseudo-Denys l'Aréopagite. Ce qu'il a essayé de faire, c'est un rapprochement étrangement hardi des méthodes théologiques et mystiques, et cela par une voie à laquelle on a donné le nom de voie négative. Elle consiste à considérer chaque effort de la pensée pour arriver à connaître le divin, comme un échec absolu, mais tel cependant qu'à partir de cet échec il n'est pas interdit de faire une nouvelle tentative, vouée d'ailleurs comme la précédente à l'échec, et ainsi de suite. La quête de Dieu entreprise par la pensée humaine devient une série d'échecs qui s'engendrent les uns les autres; ou une série de demandes qui n'aboutissent toutes qu'au même silence ou au même refus. Et pourtant c'est de ce silence ou de ce refus que procède la possibilité d'une nouvelle demande. La proie convoitée échappe toujours, mais semble toujours presque à portée. Singulière tentative qui fait de l'impossibilité de penser quelque chose, le seul moyen de dépasser cette impossibilité et de réaliser ainsi une espèce de progrès dans la connaissance par la raison paradoxale que chaque progrès dépend non d'une connaissance mais d'une non-connaissance. On ne peut imaginer de tentative plus désespérée.

Chez Denys donc, comme chez certains gnostiques, comme plus tard aussi, dans la mystique juive du Zohar, ce qui apparaît, mais sans qu'on puisse exactement le définir, c'est une méthode négative d'une rigueur exceptionnelle, forçant celui qui la pratique à rejeter toute affirmation, tout concept positif, de quelque nature qu'il puisse être, et finalement, dans le vide mental où de plus en plus profondément il s'engage, à ne plus entrapercevoir, au fond de la perspective devenue peu à peu entièrement vacante, qu'un Dieu totalement indéfinissable et indéterminable. Dans la voie négative ainsi pratiquée par Denys, l'on peut voir une sorte d'approche de Dieu (encore que ce soit l'approche toujours illusoire d'un Dieu devenant toujours de plus en plus inaccessible), mais en tout cas on ne peut jamais se voir soi-même approchant de ce Dieu. Le mouvement d'approche est nôtre peut-être, mais celui qui approche cesse à mesure d'être nous. La présence de Dieu, la présence négative de ce Dieu s'enfonçant dans son mystère, efface tout, bloque tout, et, en particulier, la conscience même de celui dont la pensée se laisse pénétrer par ce mystère. Pense-t-il encore ? Vit-il encore ? Il semble que toute théologie négative, poussée à l'extrême, poursuivie ainsi avec la même rigueur, ne puisse aboutir chez celui qui s'applique à la penser, qu'à une disparition de toute représentation de Dieu. Ce Dieu absent est semblable à un Dieu mort. En face de la mort de ce Dieu, il n'y a pourtant pas mort de la pensée, il y a pire. Il y a sa paralysie totale, réalisée au seuil même du vide qu'elle a créé.

La quête de Dieu menace donc de se réduire à une simple négative. A moins, à moins qu'en présence de ce retrait infini de l'objet suprême de la pensée, celle-ci ne pouvant plus interroger qui que ce soit en dehors d'elle-même, s'interroge elle-même : Qui suis-je ? Je me cherche. Je ne me trouve pas. Je ne possède pas ma vie. La distance abysmale que je découvre entre Dieu et moi, et que je ne puis mesurer, car elle est infinie, me révèle du même coup, la nature véritable de mon être, ou, plus exactement, ce que cet être est négativement. Quand il cherche à se découvrir tel qu'il est, en prononçant les paroles : Que suis-je ?, l'être humain que chacun est, qui se perçoit et se présente à lui-même comme un JE, ne peut que constater le caractère indéterminable de cet être. Il ne voit en lui-même que des traits contestables. Non seulement il lui est interdit d'approcher Dieu, de le joindre, mais par un effet à rebours il lui est aussi défendu de se rejoindre lui-même; et le mouvement par lequel, se détournant de Dieu, il cherche à éclaircir le mystère de sa propre personne, n'aboutit pas à une connaissance positive de celle-ci, elle ne fait qu'approfondir son manque véritable d'être. Dire : Que suis-je ? c'est se forcer à reconnaître sa totale déficience ontologique. Mon absence d'être fait de moi quelque chose d'indéfinissable. Pire encore, elle fait de moi quelque chose qui n'est même pas une chose, sur quoi rien de défini ou de déterminé ne peut jamais être énoncé. Je suis une interrogation qui se perd dans le vide : *quaestio mihi factus sum*.

Dans nul autre écrit du monde on ne remarque une telle obstination à crier son ignorance, non seulement comme une grave privation de connaissance, mais comme une privation de substance. L'être augustinien est confronté par l'ignorance essentielle. Il ne sait plus. Il est égaré. Sans doute, sur la base de ce vide tragique, saint Augustin s'efforce de bâtir une théologie. Il en sera de même, plus tard, avec d'autres théologiens. Mais la théologie, pour qui est arrivé à ne plus savoir qui est Dieu, qui est le moi, n'est plus une connaissance. Dépouillée à ce point de toute certitude, la science est une inscience, la foi, une ignorance. C'est derrière un Non que se cache le Oui.

Il est vrai que le Non et le Oui sont nôtres. Ils s'adressent à nous, sont vécus par nous. Mais de quoi nous sert-il d'être nous ? Quelle que soit la richesse intellectuelle de la théologie (positive ou négative), elle se montre singulièrement inapte lorsqu'il s'agit de relier le Non au Oui, à nous faire sortir de l'objectivité, à nous mettre en rapport, en tant que sujets quêtants, questionnants, implorants, avec une réalité dont la positivité tout entière fond et s'évanouit en présence de Dieu, et avec ce Dieu lui-même, qui dans son insondabilité s'obstine à rester voilé. Pourtant, dès que, comme Augustin, comme d'autres par la suite, nous trouvons le moyen de formuler nos questions, d'exprimer notre angoisse, il nous devient possible, non sans doute de définir l'incompréhensibilité de Dieu, mais du moins de nous percevoir dans notre rôle de quémandeurs. En d'autres termes, ce que la privation de toute connaissance directe de Dieu nous donne, c'est la connaissance directe de notre ignorance, c'est-à-dire du rapport concret que nous avons, même dans la négativité, *parce que* dans la négativité, avec ce Dieu absent que nous n'arrivons pas à posséder mais qui nous possède. Une telle expérience pour Augustin, comme pour la mystique qui va suivre, est d'une importance incalculable. Ce qu'il nous était directement interdit de connaître, s'offre à nous, non plus sous la forme négative d'une opacité complète, mais comme une vérité obscure, qui, dans certains cas, devient pénétrable. Du moins, est-ce là l'expérience des mystiques, et, en particulier, de ceux qui, juste à la suite des grands théologiens du xiiie siècle, surviendront pour tempérer ou même voiler le déterminisme de ceux-ci.

Au xive siècle, en effet, avec un Eckhart, un Tauler, un Suso, un Ruysbroeck, nous ne sommes plus placés directement en face d'un Dieu nettement défini, pleinement éclairé, avec qui il est possible d'établir des relations déterminées, mais avec qui il est impensable d'espérer se confondre. D'un autre côté, pour ces mystiques, il n'est pas acceptable de se résigner à ne concevoir ce Dieu que sous l'aspect d'un être inaccessible, retranché dans un mystère si épais qu'il le rend totalement impénétrable. Quel que soit le souci qu'ils ont eu de respecter scrupuleusement les règles de l'Eglise, les mystiques rhénans ou flamands n'ont guère manifesté d'inclination pour l'objectivisme scolastique, pas plus que pour l'ésotérisme négateur des disciples de Denys. Leur originalité est la suivante : d'emblée, et si grande que leur paraisse la distance qui les sépare de la réalité divine, cette distance n'est pas pour eux un abîme impliquant une faille absolue entre deux mondes. C'est un chemin qu'il s'agit de suivre à l'intérieur de soi-même, si obscur ou si ardu qu'en soit le parcours. On peut même dire que l'obscurité dont il s'agit ici, loin d'être un obstacle, apparaît plutôt comme une facilité de route, du fait que s'y trouvent revêtus d'un voile ou rendus moins redoutables tous les détails secondaires bordant cette route et qui, par leurs attractions, tendraient à détourner le pèlerin de la vraie voie. Il y a dans la pensée mystique une puissance de simplification qui dérobe au regard les réalités environnantes et qui lui permet d'atteindre son but sans qu'il en soit détourné par la multitude confuse des objets rencontrés en chemin. Ainsi l'itinéraire suivi par les mystiques de l'époque est-il le plus souvent d'une grande nudité.

D'ailleurs la route se simplifie encore à mesure que le pèlerin qui la suit approche du terme de sa course. C'est comme si, par une opération proprement interne, il procédait à la simplification des lieux par lesquels il passait. Sans doute, il n'est nullement question ici d'une disparition de tout chemin, et, par conséquent, de la suppression de toute distance. Le mystique de cette époque, un Eckhardt, un Tauler, ne cherche pas à nous faire négliger les étapes intermédiaires. Il ne vise pas à nous faire atteindre d'emblée le but transcendant. Ce n'est que rarement, selon lui, que la pensée se transforme directement en une contemplation de la Divinité perçue en elle-même. Elle doit plutôt progresser par degrés. La vision à laquelle elle tente de parvenir sera nue, mais ne sera pas entièrement négative. Il est vrai, néanmoins, qu'à ses débuts surtout, le progrès du mystique sera plus négatif que positif. Seulement cette négativité est moins celle du Dieu ténébreux de Denys l'Aréopagite, retiré tout au fond de sa transcendance, que l'acte infiniment plus modeste de dénudation de soi accompli par le mystique sur lui-même, à mesure qu'il renonce graduellement, en lui comme autour de lui, à la perception de toutes les réalités formelles qui pouvaient faire obstacle à son épuration. Chez un Eckhardt, un Suso, un Ruysbroeck, l'on peut suivre, pour ainsi dire du regard, le progrès négatif par lequel le pèlerin se défait successivement de toutes les images sensibles qui avaient commencé par lui paraître essentielles. Il y a là un dépouillement, non pas seulement du superflu, mais de ce qui avait paru d'abord le principal. Le pèlerin mystique poursuit un chemin semblable à celui de la Passion. Chaque étape entraîne un sacrifice de soi, une mort partielle. La mystique eckhartienne vise à l'élimination de toutes les qualités formelles et même personnelles, à l'intérieur de lui-même. Elle rejette toutes les acquisitions sensibles, et même spirituelles, qu'elle a pu faire. Elle s'applique à dépouiller l'être de son nom. D'étape en étape, presque de moment en moment, elle lui enseigne à ne plus tenir compte des traits distinctifs que, jusqu'alors, cet être avait cru associés indissolublement à sa nature propre. De nature propre, il n'en a plus, ou c'est comme s'il n'en avait jamais eu. « L'âme, dit Etienne Gilson en parlant de la dé-formation ou trans-formation ayant lieu dans l'état mystique, renonce alors à tout ce qui fait d'elle tel être particulier et déterminé. » Par étapes successives, par une élimination progressive de tout ce qu'il avait d'individuel, le mystique devient donc peu à peu un être sans détermination aucune, sans forme stable, sans traits physiques ou moraux permanents. Plus rien de distinct, de précis, ne marque en lui les différences. La disparition des caractéristiques personnelles, dont il s'agit ici, ne se présente donc pas seulement comme un simple rejet des accessoires, ou la suppression d'adjonctions superflues, mais comme un sacrifice total de soi, de l'espèce la plus grave, puisqu'elle équivaut à un quasi-anéantissement de l'être individuel. C'est comme si la personne ainsi affectée — à supposer que pour parler d'elle il soit encore possible de la considérer comme une personne — se défaisait entièrement de ce qui faisait d'elle une entité proprement personnelle. Devenue ou redevenue sans forme, elle se trouve ramenée à ce qu'on serait tenté d'appeler la forme primitive qui lui avait été allouée. dès le début, mais il serait plus juste d'en parler comme d'un être revenu à cet état informe qui aurait été le sien, avant que par ce grave événement que l'on appelle la chute, elle fût entrée dans la condition formelle.

On serait tenté de dire que cette informité finale du mystique, affranchie de toutes formes acquises, le remettrait dans un état semblable à celui des premiers hommes, sorte d'état indifférencié, qui fut peut-être celui des hommes de la Genèse. Mais ce ne serait pas encore assez dire, ni remonter assez haut, ou porter le regard assez loin en arrière dans la profondeur des temps. Car le mouvement déformant qui ramène ici le mystique au niveau véritablement initial de son être originel, ne se borne pas à le remettre dans un état analogue à celui des premiers hommes *créés*. Un rapprochement de ce genre serait totalement erroné. Il faut remonter bien plus loin, bien plus haut. On songe à cet autre mouvement rétrograde, pratiqué imaginairement par Amiel, et qui consistait en remontant à l'intérieur de soi-même la pente de l'évolution suivie par tous les hommes, à atteindre les premiers stades de cette formation, passant de l'être humain pleinement développé au germe initial qu'il avait commencé par être. Mais, si extraordinaire que cela puisse sembler, la pensée du mystique va bien plus loin encore que cet état embryonnaire. Le mystique se voit en deçà même du moment de sa création. Il se voit incréé, *non encore déterminé, non informé*, enfoui au fond de la pensée du Créateur, avant que celui-ci n'ait déterminé de le créer. Tel est l'état étrange dans lequel le mystique conçoit finalement son être. Il l'imagine *finalement* comme il devait être *initialement* dans la pensée de Dieu : sans aucune forme, « perdu et comme submergé, dit Tauler, dans la mer profonde de la Divinité ».

Là où l'âme est rétablie dans la pureté première et reçoit à nouveau l'empreinte de la pure Essentialité... *là où disparaît toute détermination verbale*, c'est là qu'elle *connaît* de la manière la plus pure, c'est là où elle assume l'être dans sa parfaite égalité. (Eckhart, *Traités et Sermons*, Ed. Gandillac, p. 131.)

Celui qui veut saisir en son entier l'œuvre intérieure, devient étranger même à la bonté, à la vérité, à tout ce qui, ne fût-ce qu'en pensée et par le nom seul, supporte l'apparence et l'ombre de la distinction, quelle qu'elle soit. Il se confie à l'Unité, qui est libre de toute diversité et de toute limitation, l'Unité où se dépouillent et se perdent toute différence et toute précision. (*Ibid.*, p. 13.)

Là, il n'y a plus ni opération, ni formes. (*Ibid.*, p. 142.)

Alors l'esprit est attiré au-dessus de toutes ses puissances dans *un désert qui est la ténèbre secrète du Dieu sans mode*, où *il perd toute distinction*, où il est *sans objet* ni sentiment propre. (Tauler, *Sermon pour le lundi avant les Rameaux.*)

Dans cette *ténébreuse absence de mode*, toute multiplication disparaît et l'esprit perd son être propre. (Suso, *Livre de la Vérité.*)

... Ténèbre où il est comme enveloppé. Tout mode pour lui s'abolit, comme s'il tombait dans l'égarement. (Ruysbroeck, *Noces spirituelles*, Aubier, p. 328.)

Le XVIᵉ siècle

A la fin du Moyen Age, en raison peut-être de l'insécurité grandissante des temps où l'homme était contraint de vivre, le sentiment de permanence attaché auparavant par lui au monde où il vivait, sentiment qui avait dans une large mesure prédominé aux époques précédentes, tend à faire place au sentiment inverse, celui de l'impermanence de la durée. D'où, chez l'homme de ce temps, l'impression du caractère précaire de la vie et de l'absence de rapports entre les moments du temps. Ce sentiment est manifeste dans les fameuses ballades de François Villon. Le poète y découvre son étonnement angoissé à mesurer la distance qui le sépare d'époques devenues si lointaines qu'elles semblent irréelles et dont il ne peut plus parler autrement que de façon interrogative : « Où est la très sage Héloïse pour qui fut châtré, et puis moine, Pierre Abélard à Saint-Denys ? » Ce n'est pas le simple éloignement du passé qui apparaît ici comme tragique. Entre la conscience du temps révolu et celle du moment présent, il y a autre chose qu'une simple distance; il y a une solution de continuité de l'espèce la plus grave, puisqu'elle apparaît comme un abîme infranchissable. Certes, il est normal que passé et présent s'avèrent éloignés l'un de l'autre. Mais dans la ballade de Villon, le « temps jadis » se révèle séparé du temps présent par une discontinuité si évidente et si cruelle, qu'il n'y a pas à en douter, il faut reconnaître qu'entre eux, il n'y a plus de pont, plus de contact possible. Au sentiment profond de la similarité ou de la quasi-coexistence entre toutes les parties de la durée dans la permanence, succède donc un sentiment d'angoisse. L'homme reconnaît plus amèrement que jamais le manque de continuité qui se fait jour entre les différentes parties de la durée. Les moments du temps ne tiennent plus aussi solidement ensemble que par le passé. Les voici qui se dérobent, laissant chacun derrière lui une place vide. Le moment présent apparaît souvent comme une espèce de survivant par rapport à combien d'autres moments déjà disparus : semblable ainsi à la cime d'un pays enseveli sous les eaux, et qui s'élèverait solitairement au-dessus des terres disparues (expression de Ronsard). Alors celui qui éprouve cette expérience se rend compte que la continuité de son être, comme tout le reste, est gravement menacée.

Phénomène inévitablement répété dans l'histoire de l'humanité, mais qui se marque peut-être avec une acuité plus grande à de certaines époques. Le Moyen Age, à l'exception des mystiques, croyait volontiers à la permanence des institutions comme à la permanence des âmes. Les êtres s'y trouvaient soutenus par la solidité des coutumes comme par la fermeté de leur foi. Mais aux approches de la Renaissance, voilà que tout change. Les existences deviennent précaires. Les événements affectent plus vivement ceux qui y jouent un rôle d'acteur ou même de témoin. Les vies individuelles se reconnaissent isolées les unes des autres. Elles ne sont plus, dès lors, supportées au même degré par les sociétés où elles se trouvent ancrées. Découverte plus sérieuse encore, l'être humain sent s'affaiblir en lui le sentiment qu'il avait de ne pas réellement changer, de *demeurer* semblable à lui-même. Il se perçoit en train de s'altérer. La coupure qu'il reconnaît entre tous les êtres et lui-même, il la reconnaît aussi à l'intérieur de lui-même. Au lieu de poursuivre une existence continue, il se voit menant une vie où, intérieurement comme extérieurement, il y a des hauts et des bas, des pleins et des vides, des présences et des absences. La Renaissance nous montre à foison cette disparité tumultueuse des actions, des passions, des humeurs, disparité qui existe même dans l'intériorité de chacun, dans les renversements de situation, les conflits internes, les abjurations, les défoulements, bref, dans le rôle grandissant que jouent dans les existences les interventions imprévisibles des caprices, des volontés personnelles, mais aussi et surtout, de la grâce ou du hasard.

On peut naturellement en citer mille exemples. Ce serait, par exemple, au dire de Calvin, le bouleversement opéré dans l'âme du pécheur, en elle-même sorte de « masse confuse », par les opérations de la grâce. Ce serait l'ignorance de soi, dont, sans cesse, fait montre une Marguerite de Valois, faisant écho avec son *Qui suis-je ?*, à l'*Ubi sunt* de François Villon, un siècle auparavant. Ce serait encore, sous une forme apparemment anodine, mais en réalité plus grave qu'on ne croit, la soumission si fréquente de Montaigne aux « occasions présentes et fortuites ». Ou encore, l'abandon correspondant mais frénétique de Rabelais à tous les « coqs-à-l'âne » de l'existence. Rien n'est plus indéterminé que le manque de liaison ou de suite qui se manifeste, à l'époque, dans tant de façons de penser, comme dans tant de façons de vivre. On peut mener à la fois deux existences profondément séparées, l'une en tant que gentilhomme à la cour de Rome, l'autre en tant que poète, rêvant de loin, comme le fait Du Bellay, à son Anjou natal. Ou bien encore, on conçoit la création du monde comme un gigantesque événement paradoxal, où l'on passe sans motif clairement déterminé du vide absolu au surgissement d'une masse confuse qui est le premier état de la Création. Ou encore, inversement, l'on imagine la fin du monde comme un dramatique retour à cette indétermination originelle. Ronsard résume assez bien ce désordre à la fois cosmique et poétique : « Le don de poésie, dit-il, est semblable à un feu sautant et jaillissant, qui jette par l'obscur de la nuit de grands rayons épars. » Shakespeare parlera dans les mêmes termes de l'existence humaine. Il la voit comme assaillie par « un temps difforme, complice de la nuit ».

Difforme, voire même informe. Avec la Renaissance, l'indétermination générale des êtres commence d'apparaître comme une espèce d'écroulement de la réalité formelle unitaire qui avait le plus souvent jusqu'alors présidé à l'existence des êtres.

DU BARTAS

La première *semaine* de Du Bartas commence par les vers suivants, qui reproduisent presque textuellement le début de la Genèse :

Le premier jour était une forme sans forme
Une pile confuse, un mélange difforme...

Ce premier aspect des choses est presque entièrement négatif. Il y a d'abord une masse confuse qui ne mérite pas qu'on lui confère le nom de forme, sorte d'obscur conglomérat sans caractéristique aucune, difforme en ce sens qu'il diffère de toute forme déterminée et n'a pas de structure. Masse donc absolument indéterminée, puisqu'elle n'est faite que d'éléments disparates, sans liens entre eux, sans harmonie, sans cohérence aucune, mais aussi sans limites précises, et dont on ne saurait distinguer même les parties qui la composent, puisque ensemble elles ne sont qu'une « forme sans forme », selon l'expression du poète. Tel est pour celui-ci l'état du monde avant que sa création ne soit achevée, ou, plus exactement, avant que cette création n'implique encore aucune réalité formelle et n'existe donc qu'à l'état d'ébauche. Et même le mot d'ébauche ne peut, à strictement parler, lui être appliqué, car cette première version est quasi nulle, radicalement informe, et ce serait même trop dire de prétendre qu'il n'y a pas là, initialement, le moindre indice d'une formation. On comparerait plus exactement cette masse confuse à un entassement de matières hétéroclites en quelque lieu totalement non localisable, et qui attendraient pêle-mêle le moment où quelque ouvrier viendrait leur donner la forme qui pour l'instant leur manque. Il est donc évident que nous ne sommes pas ici les spectateurs d'une vraie genèse. Celle-ci, si elle vient, viendra plus tard.

Il n'y a là encore, nous le comprenons, qu'un simple état préalable, marqué par quelques désordres, mais sans aucune signification. Plus tard, mais plus tard seulement, ces choses entassées au petit bonheur, pourront être disposées en vue de quelque fin. Alors elles trouveront la place qui leur est sans doute, dès à présent, destinée. Alors elles prendront forme ! Mais pour l'instant, au seuil de la création, prises toutes ensemble, elles ne sont, comme dit le poète, qu'une masse informe, ou, dans ses propres termes, une « forme sans forme ».

DU BARTAS : TEXTES

Le premier jour était une forme sans forme,
Une pile confuse, un mélange difforme,
D'abîmes un abîme, un corps mal compassé,
Un chaos de chaos, un tas mal entassé
Où tous les éléments se logeaient pêle-mêle,
. . . .
Tout était sans beauté, sans règlement, sans flamme;
Tout était sans façon, sans mouvement, sans âme
. . . .
Tout était en brouillis, et ce tas mutiné
Se fut, sédicieux, soi-même ruiné
Tout soudain qu'il naquit, si la vertu divine
Eparse dans le corps de toute la machine,
N'eût servi de mastic, pour ensemble coller
Le vagueux océan, le ciel, la terre et l'air...

D'abord ce que Calvin perçoit ou imagine, c'est, ainsi qu'il est dit dans la Bible, un amas informe *(indigestam congeriem)* aussitôt soutenu dans l'existence par l'intervention du Créateur. Sans celui-ci, d'elle-même, cette masse se serait aussitôt dissoute. La continuation, dans l'existence du monde créé, ne diffère donc que très peu, mais n'en diffère pas moins quelque peu, de la création proprement dite. Elle consiste, non sans doute dans l'acte réellement premier par lequel le Créateur fait surgir du néant l'objet que rien ne précède, mais dans l'action préservatrice immédiatement subséquente par laquelle, dès l'instant où il a créé cette masse informe et nue, Dieu la soutient afin qu'elle ne retourne pas d'elle-même au néant. Ainsi Calvin se présente dans la ligne même des grands poètes de la Renaissance, comme un des chantres de la Genèse. Sa vision est exactement semblable à celle de Du Bartas dans le premier chant de son grand poème. Elle va même plus loin, est plus rigoureuse encore. Dans la pensée génétique de Calvin, ce n'est pas, semble-t-il, l'acte créateur initial qui constitue l'événement vraiment fondamental, celui qu'il faut mettre en avant. Pour lui, ce qui importe par-dessus tout, c'est que cet événement soit, comment dire ? complété, parachevé, amené à son véritable terme, par une action seconde (et qui sera infiniment prolongée ou répétée), celle qui a pour fin de maintenir en existence la masse première que l'acte créateur proprement dit avait fait surgir du néant. D'où, chez Calvin, une attention particulière accordée par lui, dans le phénomène de la création à la précédence conférée par le Créateur au surgissement de la masse confuse *(indigesta, indisposita)* sur laquelle s'exercera ensuite l'activité du Créateur. En d'autres termes, sans négliger, bien entendu, le fait absolument initial de la Création, ce que Calvin met aussitôt en relief, c'est l'acte divin perçu, non plus dans sa pureté absolue, lorsqu'il opère sur le néant, mais au contraire lorsqu'il s'applique à un objet *déjà créé*; à une réalité tangible et concrète, encore qu'informe, indéfinie, à peine ébauchée, dépourvue de toute caractéristique, sinon celle *d'être.*

Ce caractère premier de la réalité créée ne sera jamais négligé par Calvin. Il est pour lui proprement fondamental, il implique l'affirmation d'une confusion originelle, sans forme aucune, entièrement chaotique, c'est-à-dire *indéterminée*, sous-jacente à toutes les déterminations qui lui donneront vigueur, forme, netteté et durée, par la suite, et qui émaneront toutes de Dieu.

CALVIN : TEXTES

Nous avons appris qu'avant que Dieu eût achevé le monde, il y avait un amas informe; il nous enseigne maintenant qu'il fallait la vertu de l'Esprit pour le soutenir... (*Corpus Reformatorum*, t. 35, p. 15.)

Dieu n'a point créé le monde pour laisser les choses en confus, et tellement que tout se gouverne par fortune, mais il veut continuer à maintenir ses créatures comme il le fait... Ce sont deux choses conjointes que la création et le gouvernement du monde... Il y a un lien inséparable de ces deux choses... Rien ne peut être fait que ce que Dieu a déterminé, tellement que sa volonté est la règle de toutes choses. *(Ibid.)*

En ce monde nous sommes comme une mer pleine de soufre et d'abîme... Voici un tourbillon soudain... nous serons engloutis à chacune minute de temps n'était que Dieu nous préservât miraculeusement. S'il nous fallait être fondés en nous-mêmes... nous ne ferions que flotter entre telles vagues, il n'y aurait nulle certitude de salut... (*Ibid.*, t. 42, p. 129.)

MAURICE SCÈVE

Si l'on compare le début des *Semaines* de Du Bartas et celui du *Microcosme* de Scève, on est de suite frappé par l'extrême différence. Du Bartas présente comme réalité première (ou, en tout cas, initialement décrite par le poète), une masse inerte, matérielle, informe, et dont les éléments, entassés les uns sur les autres, s'affrontent mutuellement dans un désordre extrême. Dieu, qui a créé ce chaos, n'est pas encore intervenu pour le modeler, et celui-ci est par conséquent total. A cette pluralité d'éléments disparates, sans unité aucune, telle qu'elle est présentée par Du Bartas, s'oppose, de façon saisissante, la réalité première vue et conçue par Scève. C'est une masse, également, *sans principe et sans bout*, mais extraordinairement compacte et cohérente. Ce n'est pas une pluralité, c'est une totalité, et même une totalité qui ne se révèle pas comme un assemblage de choses indépendantes, mais comme l'ensemble immédiat et parfait de tout ce qui le compose, se disposant de telle manière qu'il n'existe rien en dehors de lui. Point encore de lieu, point encore d'espace, mais une sorte de présence de soi-même à soi-même qui unit en un même instant et en une même infinité une réalité sans origine, sans limitation, et qui non seulement enclôt en soi tout ce qui est, mais *est* aussi tout ce qu'elle enclôt.

Le contraste entre les deux conceptions, celle de Du Bartas et celle de Scève, est donc extraordinaire. On comprend aussitôt pourquoi. Du Bartas et Scève ne cherchent nullement à représenter la même entité. Du Bartas décrit la création dans son état initial, Scève décrit la divinité dans son état éternel. Il y a cependant entre ces deux représentations une certaine analogie. D'un côté comme de l'autre, ce qui est représenté l'est sous l'aspect d'une *masse*. Dans les deux cas cette masse est *informe*, ou, dans le cas du poème scévien, représentée comme dénuée de forme ou comme *celant* celle-ci. Dans les deux cas encore il s'agit d'un *chaos*, donc d'un ensemble non construit ou ne révélant pas sa structure interne, en sorte que celle-ci paraît *enténébrée*. Il est vrai, néanmoins, que cette enténébration de la substance ainsi décrite n'est peut-être pas purement objective. Elle peut être simplement l'effet négatif produit par elle sur le spectateur. Celui-ci ne la perçoit pas comme lumière, mais au contraire comme ténèbre. Elle est le Dieu *caché* de l'apôtre Paul et d'Isaïe, la Ténèbre sans figure ni forme de Denys l'Aréopagite, la Ténèbre secrète d'Eckhart ou de Suso. La différence entre les deux conceptions est donc aussi grande que possible. Mais il y a un point pourtant sur lequel elles ne divergent pas. C'est ce qui se trouve d'emblée présenté dans l'un et dans l'autre cas, avant que ne ressortent les différences, c'est une même façon négative de percevoir ce qui est perçu en premier lieu : c'est-à-dire le caractère rigoureusement *indéterminé* de cette réalité. Sur ce point il n'y a pas, il ne pouvait y avoir de désaccord. Du Bartas et Scève, comme d'ailleurs toute la pensée philosophique et religieuse depuis Plotin et saint Augustin, se montrent ici dans la plus complète harmonie. Ce qui *est*, quel qu'il soit, quelle que soit sa forme ou sa substance, son origine ou sa destination, nous ramène toujours à une réalité première qui, prise en elle-même, ne peut jamais être considérée comme déterminée, car cela impliquerait pour l'esprit l'obligation de remonter plus en arrière encore et ainsi de suite, sans jamais trouver à l'origine un détermi-nant qui serait lui-même déterminé. Toute la pensée philo-sophique et poétique reconnaît donc implicitement ce que Du Bartas et Maurice Scève reconnaissaient dès le début de leurs poèmes, la priorité absolue de l'indéterminé sur le déterminé.

SCÈVE : TEXTES

Premier en son Rien clos, se celait en son Tout,
Commencement de soi, Sans principe et sans bout,
Inconnu, fors à soi, connaissant toute chose,
Comme toute de soi, par soi, en soi enclose,
    Masse de Déité en soi-même amassée,

Sans lieu et sans espace en terme compassée...
   Son grand Chaos s'ouvrit en visible lumière
Pour montrer quelle était sa puissance première,
Enténébrée ainsi sous la confusion
De ses secrets, cachés...

(Microcosme, début.)

RONSARD

Comme Du Bartas, Ronsard se rapporte volontiers à un état premier, proche de la création. Il n'est pas cependant dans sa nature de remonter en deçà de celle-ci pour concevoir, comme Maurice Scève, un état antérieur à l'existence du monde, où un Dieu, enclos dans son immensité, subsisterait solitairement. Au contraire, ce n'est pas sans un vif penchant pour le caractère confus et varié des premiers âges de la vie, que Ronsard incline à rêver d'une époque non très éloignée de la création encore récente, monde peuplé par les daimons ou les amours, où un voile couvre la lumière, où la terre et l'onde étant, comme il le dit, sans art, sans forme, sont brouillés avec les cieux. Ainsi, dans tel sonnet des *Amours*, Ronsard se compare non sans quelque complaisance aux êtres des premiers temps, errant dans un monde encore voisin de la création, monde presque totalement informe et manifestement à peine ébauché. Tout à fait comme Du Bartas, mais avec une secrète jouissance, fort différente de l'espèce d'horreur éprouvée par le poète des *Semaines*, Ronsard évoque un univers crépusculaire, privé de contours précis, mais sillonné par des forces mystérieuses animant une « lourde matière » que traversent leurs courants multiples. C'est en effet un trait de Ronsard que de se refuser à l'horreur épique inspirée à Du Bartas par le spectacle de l'initiale informité. La « masse impure » est pour lui éveillée et mise en branle par un pouvoir vigorateur qui de toutes parts la pénètre, et la confusion interne et externe qui en résulte est une confusion vivante, la révélation d'une activité divine universelle.

Aussi, chez Ronsard, l'indétermination, cette notion négative, qui semble refuser aux écrivains qui la pratiquent un accès direct et positif à tout ce qui est, ne paraît-elle jamais incommoder le poète des *Amours*. Le plus naturellement du monde, toute négativité se change chez lui en son contraire. Toute indétermination se hâte de revêtir sous l'action de sa plume quelque forme déterminée. Jamais la poésie de Ronsard ne consentirait à se montrer statique ou simplement descriptive. Il faut que l'état premier où elle apparaît se trouve aussitôt, presque sans transition, touché, traversé, transporté par un courant qui en change la nature et qui lui donne une forme. Ce courant est donc créateur. Plus précisément encore, il est à la fois créateur et transformateur. Il donne une forme, une forme vivante à ce qui risquait de n'avoir ni forme ni vie. Combien de fois ne voyons-nous pas dans cette poésie un dieu, un démon, une force poétique, une passion pénétrer l'objet considéré et se mêler à lui dans un rapport troublant et fécondant, qui a pour caractéristique principale d'en faire un véhicule, un moteur prêt à se mettre en mouvement. Certes, cela ne veut pas dire que la passivité antérieure de l'objet cède sans résistance à l'irrésistible attaque qu'il subit. On dirait plutôt que l'activité surgissante a la *vertu* de mettre en marche ce qui était inerte ou de *muer* par l'opération de sa propre énergie la masse originaire en un nouveau facteur de vie. Ce transfert a un nom chez Ronsard. Il s'appelle *vigueur*. Toute la poésie ronsardienne est pénétrée, animée de vigueur. C'est elle qui transforme la matière elle-même, la matière, en soi toujours si épaisse et si mal définissable, en un jaillissement merveilleusement plural de gouttelettes de vie. La poésie de Ronsard n'est donc ni une pure représentation de la pensée indéterminée, ni une poésie, non plus, des réalités déterminées. Elle ne se fixe pas sur des objets précis et solidement définis. C'est une poésie qui cherche à exprimer par le truchement des objets et au travers de ceux-ci certaines *vertus* inépuisables qui métamorphosent les objets en les traversant. Ainsi jamais le pouvoir déterminant ne trouve-t-il son terme dans une détermination finale. Il va de forme en forme sans jamais être borné dans son élan.

RONSARD : TEXTES

Avant qu'Amour, du Chaos odieux
Ouvrît le sein qui couvait la lumière,
Avec la terre, avec l'onde première,
Sans art, sans forme, étaient brouillés les cieux.
    Ainsi mon tout errait séditieux
Dans le giron de ma lourde matière,
Sans art, sans forme, et sans figure entière.
                    (*Les Amours*, sonnet 43; version de 1578.)

Ainsi la grande universelle masse
Verrait mourir ses membres discordants,
S'elle n'avait un esprit au dedans,
Infus partout, qui s'agite et remue,
Par qui sa course en vie est maintenue,
Esprit actif mêlé dans le grand tout...
                    (*Franciade*, 4, p. 220.)

Dieu est partout, partout se mêle Dieu
... et tient en vigueur toute chose,
Comme notre âme infuse dans nos corps.
. . . .
Car Dieu partout en tout se communique...
                    (Le Chat.)

Tout ainsi les Daimons, qui ont le corps habile,
Aisé, souple, dispos, à se muer facile,
Changent bientôt de forme et leur corps agile est
Transformé tout soudain en tout ce qui leur plaît...

Le don de la poésie est semblable à ce feu
... sautant et jaillissant, jetant de toutes parts
Par l'obscur de la nuit de grands rayons épars
                    (Discours à Jacques Grévin.)

MARGUERITE DE NAVARRE

Venant du fond des âges, traversant avec Jean de Meung ou François Villon le Moyen Age, il est possible durant la Renaissance, comme plus tard, dans les siècles plus récents, et hier encore avec Verlaine, de faire entendre une voix très différente de celle qui s'exprime sur une très vaste échelle dans la poésie de la Pléiade et chez certains de ses imitateurs. Très différente, parce que beaucoup plus modeste, plus personnelle et plus intime, voix souvent troublée, qui s'efforce d'extérioriser, non plus un savoir, mais un manque de savoir. C'est elle qui prend la forme d'une question anxieuse, ou plus souvent encore, d'un appel à l'aide, mais discret, dénué de caractère dramatique, encore qu'il pût avoir pour celui ou celle qui le proférait, une importance particulière. De plus, cet appel apparaissait fréquemment comme un effort presque futile, voué à l'avance à un certain échec, du fait qu'il était presque toujours adressé à un être transcendant inaccessible. D'où le caractère étrangement vain et douloureux de cette demande se perdant dans le vague. « Rien ne m'est sûr que la chose incertaine », écrivait Villon, qui, lui aussi, confessait ne rien savoir, pas même en quel lieu avaient disparu les dames et les neiges du temps jadis.

Cet aveu d'ignorance générale, étroitement mais confusément associé à un appel, c'est ce qu'on trouve dans tant de pensées questionneuses émises au cours des âges, depuis le temps de saint Augustin jusqu'à celui de Villon ou même de Verlaine : aboutissant d'ailleurs presque toujours au même constat d'impuissance ou d'échec. Ignorance éternelle qui se retrouve en toutes les pensées, les plus savantes comme les plus simples. A l'époque de la Renaissance, cette ignorance interne est aussi fréquente qu'en d'autres âges. On la rencontre chez Montaigne. On la trouve aussi, parmi d'autres personnages, dans la pensée d'une reine, pourtant très savante, mais susceptible néanmoins de ramener de temps à autre sa pensée aux questions les plus naïves. Il s'agit de Marguerite de Navarre. Vivant à la cour de France, ou en d'autres lieux parmi les plus raffinés de la terre, elle était capable, parfois, sans le chercher, de trouver pour celui à qui elle s'adressait, le ton le plus humble et le plus troublé, celui de l'être qui, avec la plus grande anxiété, pose ses questions, sans espérer grandement obtenir les réponses :

> Mon Dieu... le moyen vous seul savez
> De m'ôter hors de la détresse
> De peur de pis, qui tant me presse
> Que je ne sais là où j'en suis.

> Je ne suis celle qui suis
> Car je ne connais mon maître

> Je ne sais que je serai
> Je ne sais que devenir.

Voix très faible, ou très humble, ou qui n'espère pas trop avoir de réponse, voix si faible qu'il faut être très attentif pour l'entendre, et où perce cependant le même tourment angoissé qui fut dans la voix de saint Augustin et qui sera dans celle d'un Fénelon ou d'un Pascal. Notre pensée n'a jamais autant de prix que lorsqu'elle exprime ainsi, non une certitude, mais un doute, une absence de confiance. Il est singulier que cet état d'esprit ait pu se faire jour dans la pensée d'un être environné par tout le brouhaha d'une cour. Il n'en est que plus précieux, en raison de ce manque, non de foi, mais d'assurance.

D'AUBIGNÉ

Si nu, si informe, si volontairement privé de tout détail distinct, que soit le portrait des origines dressé par la poésie de la Renaissance, il nous révèle néanmoins tout un univers émergeant de l'indétermination première.

Avec Du Bartas, avec Ronsard et ses disciples, la simplicité du monde initial tend à se transformer en une profusion. Et par là même on voit la poésie s'engager dans une direction inévitable qui la mènera vers une réalité de plus en plus complexe, de plus en plus distincte et de plus en plus ornementée. Par là elle se détourne, sans le vouloir peut-être, du sens de la profondeur intérieure qui précède toute forme. Elle jouit de ses richesses avec une ardeur qui risque de lui faire perdre le pouvoir de percevoir le négatif, d'où pourtant découlent et dépendent les aspects innombrables du positif. A l'époque où elle atteint son zénith, il y a toujours dans le monde qu'elle présente un encombrement tumultueux de formes, d'objets et de vocables qui remplissent et engorgent ses vers. Phénomène qui se retrouvera à une autre époque chez un Victor Hugo. C'est une cohue de déterminations de toutes sortes. Elles se bousculent dans la parole comme dans la pensée. Pourtant, en raison de l'énergie particulière manifestée par chaque partie, elles n'arrivent jamais à présenter qu'une vision de formes séparées, et non un tout. Tout s'y montre comme si la richesse encore toute neuve du langage, aussi bien que la facilité avec laquelle, à cette époque, chaque pensée particulière faisait aussitôt jaillir de l'esprit un flot immédiat d'images précises, avaient pour effet direct de peupler aussitôt cette pensée d'une foule prodigieuse d'objets aussi splendides qu'encombrants. Comment s'en débarrasser ? Comment atteindre ou retrouver, derrière l'épais rideau de formes déterminées créées par le pouvoir tout-puissant du langage, une nudité originelle dont le sens est perdu ? Les conflits religieux se rattachent à ces questions. Chez une Marguerite de Valois, on perçoit encore le besoin de protéger la simplicité sans ornement de la foi qu'elle pratique, de trop de précision, de trop d'ornementation, de trop d'exactitude même. Elle n'affirme pas, elle questionne. Elle préfère aux formules nettes les tournures interrogatives, témoignant non d'une connaissance mais d'une ignorance. En bref, chez elle, le problème qui se pose est celui de retrouver, presque au hasard, par une interrogation lancée dans le vide, la nudité d'une expérience d'autant plus authentique qu'elle se révèle comme imprécise. Au fond, il en sera de même avec Montaigne. Comme nous le verrons plus longuement dans un autre chapitre, tout commence ou recommence chez lui par une opération négative, opération qui l'amène par degrés à alléger sa pensée, à la libérer des complications inutiles, et à atteindre ainsi une vérité très simple, si simple qu'elle en devient indéfinissable.

Mais il y a encore, pour se libérer, une autre voie, plus brutale, plus directe. C'est celle d'Agrippa d'Aubigné. Elle consiste à résoudre le problème par la destruction même des composantes. Si le grand poème de d'Aubigné est bien celui d'un *Jugement dernier*, c'est que ce jugement implique la destruction même, totale et irrémédiable, de toutes les entités déterminées composant ce monde sur lequel le jugement destructif s'exerce. Monde mauvais pour mille et une raisons. Monde mauvais surtout en raison du fait que sa progression, en quelque sorte déviée et pervertie par la malice humaine, aboutit à une prolifération prodigieuse du mal, exprimée par une prolifération non moins prodigieuse de toutes les formes, malicieuses ou non, que la création était susceptible de produire. Au fond, pour Agrippa d'Aubigné, tout développement impliquait un processus inévitable de détermination, et toute détermination, *ipso facto*, par suite de sa fixation sur des objets particuliers, entraînait nécessairement des conséquences mauvaises. Aucune solution possible à cette perversion du réel, sinon l'anéantissement même d'une œuvre qui, divine, sans nul doute, dans son origine, n'en avait pas moins été irrémédiablement faussée par l'homme; faussée à un tel point qu'il ne restait plus qu'une seule possibilité de salut : la destruction vengeresse de toutes ces déterminations et du monde perverti qu'elles avaient engendrés. Toute la poésie de d'Aubigné aboutit donc à une re-création *à rebours*. Le retrait du ciel, la mort des étoiles, l'occultation générale du réel, tout cela implique

33

un retour au rien, au vide, au nul. La poésie de d'Aubigné assume donc comme son triomphe, un renversement total de l'activité créatrice. Elle efface toutes formes. Elle nous renvoie en deçà même du chaos.

D'AUBIGNÉ : TEXTES

Voici la mort du ciel en l'effort douloureux
Qui lui noircit la bouche et fait saigner les yeux
Le ciel gémit d'ahan, tous ses nerfs se retirent,
Ses poumons près à près sans relâche respirent.
Le soleil vêt de noir le bel or de ses feux,
Le bel œil de ce monde est privé de ses yeux;
L'âme de tant de fleurs n'est plus épanouie,
Il n'y a plus de vie au principe de vie;
Et comme un corps humain est tout mort terrassé
Dès que du moindre coup au cœur il est blessé,
Ainsi faut que le monde et meure et se confonde
Dès la moindre blessure au soleil, cœur du monde.
(Cité par J. Rousset, II, p. 17.)

MONTAIGNE

Avec Montaigne, plus qu'avec n'importe quel autre auteur peut-être, il convient avant tout de se demander quand et comment il a commencé d'être vraiment ce qu'il est, c'est-à-dire l'auteur des *Essais* qu'il a élaborés.

Comment a-t-il commencé ? Quand est-il devenu réellement Montaigne ? Qu'était-il auparavant ? Si on se pose ces questions (que lui-même d'ailleurs se pose et auxquelles il ne peut toujours répondre avec précision), c'est que d'instinct on cherche à établir un lieu causal entre une période première où il serait supposé ne pas être complètement lui-même, et une autre période où il se serait pleinement réalisé. De l'une à l'autre de ces deux périodes serait-il possible de « faire le pont », de trouver une continuité quelconque ? ou faut-il voir de l'une à l'autre le contraire d'un lien, quelque chose comme une coupure sans cesse réparée et sans cesse réapparaissante ? Ce serait tentant d'imaginer chez Montaigne une continuité secrète, ne serait-ce que celle d'une pensée qui cherche à réaliser dans la maturité ce qu'elle a commencé de rêver dans l'inaction. Mais de l'inaction à l'action, de la conception à la réalisation, il n'y a pas nécessairement une progression continue. Cette hypothèse n'est donc pas la meilleure. Elle ne tient pas suffisamment compte des *trous* qui se manifestent à intervalles irréguliers mais fréquents dans l'activité mentale de Montaigne. Comme Jean Starobinski nous le démontre dans un très beau livre intitulé *Montaigne en mouvement*, il peut bien y avoir chez Montaigne une activité de l'esprit qui ne cesse jamais, mais qui procède par *reprises* répétées. Entre les reprises il y a des temps d'arrêt, des suspensions de la pensée et de la parole, une série de fuites dont il a parfaitement conscience. Montaigne est un être qui non seulement à chaque instant recommence d'être ce qu'il est (tout en progressant dans la connaissance de ce qu'il est), mais qui aussi a le sentiment d'échapper sans relâche à sa propre figure. Il gémit de son inconstance. Pour un temps toujours très court mais mille fois répété, il se perd de vue avant de récupérer à grand-peine sa personne. Il y a donc beaucoup de discontinuité dans la continuité de pensée et de conduite présentée par l'auteur des *Essais*. Bien plus, ces hiatus, ces absences, ces déchirures brusques mais réitérées dans la trame de l'être, ne faut-il pas supposer qu'elles existaient depuis toujours, chez l'auteur, avant même que son œuvre ne prenne forme ? Hiatus qui tiennent une place si importante dans l'ensemble, qu'il est nécessaire de les considérer, en dépit de leur caractère toujours épisodique, comme reflétant un trait persistant de la personne et de l'œuvre. Bien des passages des *Essais* confirment cette hypothèse, qui conçoit l'existence de l'auteur comme se développant parallèlement sur deux fronts, l'un positif, l'autre négatif, agissant de concert quoique se présentant dans une étrange désunion. On pourrait même aller plus loin et avancer sous forme d'hypothèse (mais non sans preuves abondamment fournies par Montaigne lui-même), que la face négative *(je me perds, je m'échappe)* de l'activité spirituelle chez Montaigne n'existe pas seulement dans le rôle parallèle qu'elle a joué sur le tard en tant qu'accompagnatrice de sa pensée positive, mais que, dès le début, longtemps même avant que cette pensée s'affirme comme activité positive, elle s'est trouvée présente et active, *négativement active*, chez lui. Tout se passe comme si l'absence, le vide, une sorte d'inertie profonde, existaient dans cette pensée avant la vie, avant le plein; ou, en d'autres termes comme si une certaine nullité de pensée formait chez lui dès l'abord l'état fondamental. Il le constate d'ailleurs et s'en plaint. Chose assez surprenante, la pensée active, positive, de l'auteur des *Essais*, semble être bâtie à la façon de ces édifices reposant périlleusement sur une base creuse, ou du moins, totalement informe et où la vie ne viendra que plus tard avec l'activité.

Ainsi au début de l'existence de Montaigne, dès longtemps avant les *Essais*, ne faudrait-il pas situer quelque chose d'essentiellement négatif, une sorte de pause presque indéfiniment prolongée ? Jean Starobinski, auteur du *Montaigne en mouvement*, me contredirait-il si je lui disais qu'un « Montaigne *en mouvement* » doit toujours nous apparaître non seulement comme accompagné mais comme précédé par un Montaigne *immobile*, un Montaigne qui *attend* de se mettre en mouvement dans une plus ou moins longue période d'inaction antécédente ?

Osons le dire, puisqu'il nous l'a dit lui-même, Montaigne commence par être inactif. Répétons rapidement les aspects pris par cette inactivité originelle. Montaigne paresse, fainéantise, languit d'une langueur qui lui paraît agréable et naturelle. Il est indolent, oisif, assez lourdaud, mou, souvent somnolent. S'il y a une façon d'être qu'il préfère entre toutes, c'est la nonchalance, une nonchalance si complètement négligente, qu'il arrive à Montaigne de garder pendant des jours son courrier sans l'ouvrir. S'il n'est pas aiguillé par quelque motif, il tarde, il traîne. Sa complexion, c'est-à-dire son humeur, est lente. Sa pensée, il l'avoue, est parfois inane. Bref, s'il veut sortir de cette vacance d'esprit, il lui faut le secours d' « occasions étrangères » qui, espère-t-il, viendront le tirer de sa négativité. Que dire de plus qu'il ne dit lui-même, de cet état premier, qui est à peine un état, puisqu'il n'a rien de positif et qu'on peut le définir comme simple absence d'être ?

Mais déjà, dans cette façon d'être presque entièrement négative, qui a précédé chez Montaigne toute autre façon et qui va plus tard, en sourdine, persister à rester l'un des deux pôles de sa vie, il est possible de percevoir, sinon une amorce d'activité, au moins un besoin obscur de demeurer ce qu'il est, de s'obstiner à être. Montaigne actif et s'affirmant dans l'existence ne cessera jamais, au fond de lui-même, d'être quelque peu paresseux. Son activité nouvelle se trouvera toujours dans une association précaire avec sa nonchalance fondamentale. Cela ne se fera pas sans un certain conflit de tendances, qui se manifestera toujours, non de façon continue, mais spasmodiquement, parfois avec une force perturbatrice assez troublante, à l'occasion de tel ou tel événement insolite. Alors l'état négatif se trouve provisoirement remplacé par son contraire. Montaigne se confie à ce qu'il appelle « les occasions étrangères, présentes et fortuites ». Ces différentes épithètes, choisies sans doute avec soin par Montaigne, méritent d'être étudiées de près. En premier lieu l' « occasion » est présentée comme « chose étrangère ». Elle n'appartient pas au régime de vie suivi par celui qui s'y trouve sujet. Elle bouleverse ce régime. Elle est « présente » en ce sens qu'elle est essentiellement chose « actuelle », sans rapport avec l'état antécédent. Enfin, elle est « fortuite », en ce sens qu'elle n'est pas reconnue comme faisant partie d'un ordre stable, auquel elle succède, mais qu'elle ne continue pas. Tous ces termes renforcent l'idée que l'*occasion*, et par conséquent aussi le mouvement qui en est la conséquence directe, ne sauraient être confondus avec l'état stable qui précède, ou introduisent dans cet état une manière de vivre nouvelle, provisoire peut-être, alternative sans doute, mais entièrement inassimilable avec l'ancienne, et qui a pour effet de créer dans la pensée de celui qui l'expérimente une rupture avec l'ordre antécédent.

Une rupture mais non une abolition. Quel que soit le mouvement disrupteur qui fait irruption dans l'existence intérieure de Montaigne, ce mouvement, ce réveil subit d'activité, ne peut lui apparaître — et par conséquent nous apparaîtra — que comme définissant par contraste l'état de non-activité et de passivité paisible qui était, disions-nous, l'état initial, l'état fondamental chez Montaigne.

On peut en tirer la remarque suivante, qui nous paraît importante : avant de concentrer notre attention sur la prodigieuse richesse dont fait montre l'activité mentale se révélant chez Montaigne, il faut se rappeler qu'elle survient, pour ainsi dire toujours, comme un intrus dans une façon de vivre foncièrement différente, si différente même qu'elle apparaît comme nulle, comme dénuée de forme, et curieusement exempte de toute détermination particulière. Toute réalité négative, prise en elle-même, ne peut être qu'indéterminée.

Une pensée indolente, languissante, paresseuse, fainéante même, figée dans sa torpeur, n'en reste pas moins chez Montaigne une pensée. Pensée assurément non définissable, non déterminable, mais qui n'en existe pas moins comme pensée, et même peut-être plus qu'une autre, en ce sens que n'étant pas sujette à des déterminations précises, et constituant simplement le fond très sobre, très nu, de la vie mentale, elle est un sujet non encombré d'objets, ou, en d'autres termes, une pure conscience dégagée du souci d'être conscience de quelque chose.

Il est vrai que Montaigne, tout en multipliant les endroits privilégiés où il décrit cette conscience sans objet, ne s'efforce jamais de mettre dans un particulier relief le rôle immense mais discret joué par elle tout au long des *Essais*. On dirait que si l'œuvre dans toute sa variété formelle, dans les différentes modulations de ton et d'humeur, causées par les événements « occasionnels », s'étale indéfiniment devant nous comme un complexe infini de déterminations de toutes sortes, d'autre part le fond de cette œuvre, le fond de cette pensée se dispose comme une présence mentale toujours la même, un peu vague, proche du rêve, exempte de détails précis, non dénuée même d'une certaine monotonie : fond presque caché, sur lequel de façon répétée, apparaîtraient les mouvements alertes de la pensée éveillée.

Reste cependant à tirer quelques conclusions de cette association singulière de deux entités de natures exactement opposées, dont l'une a pour vocation d'*essayer* de se former sur de l'informe. L'une de ces conclusions c'est que cette *formation* des Essais n'arrive jamais à se réaliser définitivement. Elle est toujours ralentie, freinée, interrompue par l'informité même, ou la négativité — ces deux termes étant synonymes — de l'élément contraire avec lequel elle ne cesse jamais d'être liée. Chez Montaigne la pensée claire s'élabore dans le trouble. C'est en ce trouble qu'elle *se fait jour*. Rappelons-nous les paroles de Montaigne au sortir de son évanouissement : « Quand je commençai à y voir, ce fut d'une vue si trouble, si faible, et si morte, que je ne discernais encore rien que la lumière. » Et il ajoute : « Je ne savais ni d'où je venais, ni où j'allais. » Montaigne ne sait jamais d'un savoir distinct et définitif ce qu'il arrive à savoir. Le clair, le net, le distinct n'est jamais tout à fait dégagé chez lui du trouble, du vague, du confus. C'est pourquoi cette connaissance nous paraît si authentique. Ce qu'elle apporte de déterminé baigne dans de l'indéterminé.

MONTAIGNE : TEXTES

... Il me semblait ne pouvoir faire plus grande faveur à mon esprit que de le laisser en pleine OISIVETÉ s'entretenir soi-même, et s'arrêter et rassoir en soi. (I, 8; cité par Starobinski, *Montaigne en mouvement*, p. 341.)

... me trouvant entièrement DÉPOURVU et VIDE de toute autre matière, je me suis présenté moi-même à moi pour argument et pour sujet. (*Essais*, II, 8 ; cit. Staro., p. 36.)

... me sentir engagé à une FORME (ceci ne veut pas dire que « je ne conçoive pas mille contraires façons de vie »). (*Essais*, I, 37.)

J'ai mis tous mes efforts à FORMER ma vie. Voilà mon métier et mon ouvrage. (*Essais*, II, 37.)

Je peins principalement mes cogitations, SUJET IN-FORME qui ne peut tomber en production journalière, (II, 6.)

Staro observe que chez Montaigne on remarque souvent un mouvement qui de l'image de l'eau (écoulement) passe à celle de l'air « inanité pure, sans masse, sans direction ni courants constants. Au terme... cela devient agitation impalpable : le mouvement qui défait l'être se défait lui-même dans le désordre stationnaire de l'extrême légèreté. » (P. 275.)

A l'opposé de cette légèreté, il y a la LOURDEUR. Cf. Staro, p. 276 : « Il y a une mauvaise pesanteur, une mauvaise plénitude, qui est inertie, paralysie, encombrement. » « Je me trouve quasi toujours en ma place, comme font les corps lourds et pesants. » (III, 2.) ... « Ici, le plénitude n'est plus possession actuelle, c'est un remplissage passif, où l'être s'alourdit de substance étrangère. » (P. 276.)

FICIN

Marsile Ficin est un des penseurs les plus importants de la Renaissance. Avec lui, avec Pic de La Mirandole qui reprend et approfondit sa conception, on se trouve en présence d'une réflexion nouvelle sur l'être de l'homme. Non qu'il s'agisse chez lui d'une définition proprement dite de cet être, destinée à remplacer celles qui ont pu précéder. Le propre de Ficin, au contraire, est justement de se refuser à présenter de l'homme une image définie, d'insister sur le fait qu'à la différence de toutes les autres créatures, l'homme est essentiellement indéfinissable. Il est en effet doué de la faculté exceptionnelle de se dérober à toute définition, et toujours à la recherche d'une figuration nouvelle de lui-même. Il en résulte qu'aux yeux de Marsile Ficin aucune représentation fixe de l'homme n'est concevable. Il n'est pas, il ne peut être, une créature de quelque façon que ce soit, définie. Aucune forme particulière ne le lie ni le fige. Il emprunte des formes successives mais toutes sont variables, temporaires et remplaçables. L'homme, dit Ficin, est *desultorius*, c'est-à-dire apte à passer d'une forme à l'autre. Dans un sens, il apparaît comme multiforme. Dans un autre, c'est un être qui, échappant à toute définition fixe de lui-même, n'est le prisonnier d'aucune forme. Il *n'est* pas. Il *devient*. Comme l'ange est, selon les théologiens, un être continuellement formé par Dieu, l'homme est, lui aussi, soumis à une re-création incessante. Mais cette re-création n'est de nulle façon la remise en état d'une forme permanente. L'homme, soustrait ainsi à l'obligation d'avoir comme les autres êtres, une structure permanente, est un être essentiellement mobile. Il est à la fois multiforme et informe. Il n'est donc pas, à rigoureusement parler, *déterminé*. Il est sans cesse en puissance de devenir différent de lui-même. Comme le dit Groethuisen, on ne saurait le regarder comme possesseur d'un état permanent.

Cette indétermination qui est dans sa nature (si on peut parler ici de nature), peut être considérée de deux points de vue opposés. Du point de vue de l'origine, car, à la différence de tous les autres êtres, l'homme surgit dans la création démuni de toute forme déterminée, ce qui lui donne d'ailleurs sur toutes les autres créatures l'avantage inestimable, grâce à son informité initiale, de prendre librement toutes les formes qui lui conviennent. Et de plus, pour les mêmes raisons et en raison de la même aptitude, il se trouve également capable de se débarrasser, s'il le juge nécessaire, de toutes les formes que, par la suite, il a choisi d'assumer. Ainsi, pour Ficin, l'hommeprotée, l'homme-caméléon, est doublement indéterminé : dans son origine qui trahit une absence fondamentale de forme, dans son devenir, où il se révèle une perpétuelle aptitude à se défaire des formes dépassées, et à retrouver, en vertu de cette action proprement négative, une authentique indétermination.

FICIN : TEXTES

« Pour Ficin, comme pour son continuateur, Pic de La Mirandole, l'homme ne saurait être déterminé uniquement en tant que créature de la nature. Un achèvement purement immanent, une perfection découlant des lois de l'espèce, ne saurait lui suffire. Il ne se laisse pas déterminer et encercler par ce qu'il est selon les lois de la nature. Il est ce qu'il devient. Lui-même créature du monde, il se place cependant en dehors de l'univers. Une existence uniquement déterminée par son appartenance au monde, ne saurait lui suffire... Aussi n'est-il lié à aucune forme définie. (« *Homo variae ac multiformis et desultoriae naturae animal* », dit Pico...) On ne saurait donc le définir en partant de ses qualités spécifiques, selon un état de fait déterminé en soi... Sa valeur n'est pas déterminée par ce qu'il sera un jour, mais par son devenir même, par sa capacité de se transformer, par sa liberté... Il a une âme... quelque chose de personnel, de subjectif qui s'oppose à toute définition de l'âme dans le sens objectif qu'on attribue à l'esprit. (Bernard Groethuisen, *Anthropologie philosophique*, Gallimard, 1953.)

SHAKESPEARE

Il faut ici considérer toute une série de textes situés en différents endroits de l'œuvre shakespearienne, mais présentant tous, avec la même intensité, un phénomène identique, celui de la *disruption*. A un moment donné, avec une force étonnante, dans la continuité de l'action se produit une rupture... Chaque fois donc que ce phénomène se produit, nous nous trouvons en présence d'un événement plus négatif que positif, du moins dans l'instant où il a lieu, et qui consacre la cassure instantanée qui s'accomplit dans la durée, en ayant pour effet immédiat d'interrompre le cours de celle-ci. Un hiatus se creuse, hiatus si décisif, si déterminant même dans les conséquences qu'il peut avoir, qu'entre les événements qui le précèdent, et ceux qui vont suivre, aucune corrélation n'apparaît comme possible. La discontinuité est totale. Ainsi l'action n'est pas simplement suspendue. Nous ne sommes pas témoins d'une pause purement passagère, au-delà de laquelle l'action reprendrait suivant la ligne qui précédemment avait été la sienne. Non, la situation antécédente s'effondre, et une autre, incomparable, commence. Tout d'un coup, à partir d'une espèce de catastrophe imprévisible, agissant comme la déchirure violente dans une trame trop tendue, apparaît une *autre* façon de vivre (ou même, parfois, de renoncer à vivre), qui est sans rapport avec la première : déchirure de l'espèce la plus grave, qui ne se contente pas de forcer le spectateur à renoncer à chercher quelque lien avec la trame antérieure, mais qui le laisse sans force pour imaginer ce que sera la nouvelle trame qui suivra. Sans transition aucune, le spectateur habitué à la ligne ininterrompue, tenue par une action essentiellement déterminée, se trouve jeté dans l'indétermination, c'est-à-dire dans l'inconnu. « O mort, terre inconnue ! », s'exclame un personnage shakespearien. Au moment où ce cri est poussé, entre la vie et la mort il semble qu'il n'y ait aucune distance, la possibilité d'aucune pause. Et pourtant l'intervalle, si insubstantiel qu'il puisse être, se manifeste comme un seuil, comme l'entrée d'un *ailleurs*. L'espace d'un instant, dans l'écroulement produit par la disruption dont nous venons de parler, l'être victime et témoin de ce désastre assiste à l'effondrement de toutes les déterminations antérieures. L'entrée dans l'indéterminé ne peut se faire que par la ruine immédiate et immédiatement perceptible, du déterminé.

43

O temps difforme, complice de la nuit... *(Lucrèce.)*

Combien amère est la douce musique — quand *le temps est brisé* et qu'aucune proportion n'est plus gardée... — mes pensées sont comme des minutes discordantes... (*Richard II*, V, 41.)

Les attaches du ciel ont glissé, se sont dissoutes et sont tombées... — (Restent) les fractures de sa foi, les restants de son amour, les débris, les morceaux et les reliques souillées de celle-ci. (*Troilus et Cressida*, V, 139...)

Que la structure des choses se disjoigne... p. 614... (*Macbeth*, p. 584.)

(Le temps, la bataille) balance tantôt d'un côté, tantôt de l'autre comme une mer puissante... dans un sens, puis dans un autre tous les deux s'efforçant d'être vainqueurs. (*Henri VI*, p. 671.)

Dans le sommeil de la mort, ce que nous avons encore de rêves, alors que nous nous sommes défaits de cette dépouille mortelle, nous donne une *pause*... *(Hamlet.)*

Rien de lui ne pâlit mais *souffre un changement marin* en quelque chose de riche et d'étrange. (*Tempest*, p. 399.)

D'où vient ce bruit ? Qui est-ce qui frappe à la porte ? Où ai-je été — Où suis-je ? J'ignore quel est ce lieu. *(Roi Lear.)*

SAINT JEAN DE LA CROIX

Ce qui distingue saint Jean de La Croix de ses grands prédécesseurs, les mystiques du XIVe siècle, c'est que le point de départ de sa pensée n'est pas, comme chez eux, la révélation d'un Dieu appréhendé directement dans sa ténèbre profonde, mais l'âme elle-même se saisissant dans l'infini éloignement où elle se trouve située vis-à-vis de celui qu'elle aurait voulu passionnément approcher. Cette âme, la voici, se découvrant au premier plan de la pensée, sujet immédiat et, pour un instant, exclusif, d'une expérience rigoureusement négative; expérience qui risque d'ailleurs de ne rien accomplir, puisqu'elle n'aboutit nullement chez celui qui la vit à le rapprocher de la divinité. Le sentiment éprouvé alors n'est d'aucune façon celui d'un progrès, d'une espérance, la perception d'une promesse d'union. C'en est exactement l'inverse. Le Dieu désiré est un Dieu qui s'éloigne, qui se retire, et cela infiniment. D'ailleurs tout se retire, tout laisse l'âme désertée dans un abandon peut-être irréparable. Le point de départ est donc dans ce cas le contraire même du mouvement positif par lequel l'âme voudrait se mettre en route vers le bien auquel elle aspire. Il n'y a pas de mouvement, il n'y a qu'une angoisse statique éprouvée par celui qui découvre toutes les forces actives qui animaient son existence, entraînées dans le même mouvement de retrait que la Divinité elle-même, et par conséquent se détachant de lui. Il y a là un phénomène de dépouillement forcé de soi-même, qu'il faut endurer sans compensation. L'être qui s'en trouve le sujet, se voit soumis à une sorte de désertion par ce qu'il y avait de meilleur en lui-même. Privé de tout, même de soi, il se sent incapable de compenser par l'effort de sa pensée cet exode.

Le vide dont il s'agit ici n'est donc pas un phénomène superficiel. Il ne se limite pas à la disparition de quelques formes. Son action anéantissante est sans limite. Le néant mental qu'elle établit est total. Il abolit toute forme, mais aussi tout principe, toute positivité, toute lumière, et même tout souvenir de la lumière. Plus rien ne reste, sinon l'âme elle-même, vidée de son contenu.

Il serait donc difficile de concevoir une intériorité humaine plus complètement dépouillée de ce qui la meublait. Rien n'en subsiste, pas même, et peut-être surtout, le pouvoir qu'avait la pensée de s'associer aux mille choses particulières dont elle se trouvait entourée, et qui lui permettaient ainsi de *distinguer* partout en elle et autour d'elle une multitude de formes reconnaissables, s'appuyant en quelque sorte les unes sur les autres et gardant cependant chacune leurs caractéristiques particulières. Une altération étrange se produit dans ce monde devenu nocturne, où les objets perdent leurs contours. De la réalité positive qui étalait devant l'âme ses mille aspects, plus un détail précis ne demeure, une unification illimitée se fait par le truchement de la nuit. Aucune forme déterminée ne saurait, dans cette « nuit de l'âme », résister à l'universel nivellement. La réduction à rien, qui est la conséquence la plus grave de la *nuit de l'âme* chez saint Jean de La Croix, est le comble même de l'indétermination, poussée à l'extrême.

Mais qu'est-ce que ce rien ? Comment le définir ? Est-il même définissable ? L'indétermination est ici si proche de la nullité absolue qu'il semble impossible de concevoir dans cette nuit qui est absence absolue de formes, une présence quelconque, un sujet. Et pourtant c'est bien ce qui semble avoir lieu. Une pensée existe ou subsiste encore dans l'absence de tout le reste, une pensée qui continue de se percevoir dans la nuit et dans les conditions imposées par la nuit : conditions universellement négatives, absence de Dieu, absence du monde, absence des choses, absence même de tout sentiment de la personnalité propre dont on jouissait. La nuit de l'âme chez saint Jean de La Croix n'a pas d'analogue. L'indétermination qui la constitue est totale. Aucun objet *positif* n'y peut subsister. Ainsi le sujet qui l'endure est confronté avec le rien. Il est un sujet sans objet, un sujet pur.

On pourrait imaginer un sujet pur sous une autre apparence. Ou plutôt, comme nous sommes ici dans un lieu où il n'y a plus d'apparences, on pourrait concevoir un sujet qui aurait pour propriété positive l'inverse, une totale suffisance, c'est-à-dire la certitude de n'avoir besoin d'aucune complétion, de posséder en soi-même sa propre plénitude. On ne saurait imaginer une subjectivité plus directement contraire à celle de saint Jean de La Croix. La subjectivité qui est la sienne est essentiellement celle d'un manque, et non d'une plénitude. La nuit de l'âme qui l'affecte est l'extrême d'une privation. Privation de Dieu, privation du monde, privation de soi, puisque la nuit de l'âme ne peut tolérer en l'âme quelque moi déterminé. Or, toute privation est une souffrance. Souffrance ici sans limite, puisqu'elle ne se borne pas à la conscience douloureuse de quelque absence particulière. Tout est perçu comme absent, c'est-à-dire comme refusé à celui qui le pense; et refusé même de façon si définitive qu'il se voit interdit même de concevoir ce qui lui est refusé. Il n'y a pas de tourment plus intolérable que celui de l'être qui ne peut même plus imaginer ce dont pourtant, au plus haut degré, il sent le manque. C'est le tourment de ceux qui poussent jusqu'à l'extrême limite les exigences de la pensée indéterminée. L'indétermination maximum peut et doit se représenter comme l'impossibilité d'accéder jamais à la possession de ce qu'on ne peut même pas concevoir. Il y a là quelque chose de ce que sera la « conscience malheureuse » de Hegel. Telle est la conscience de celui qui, dans la nuit de l'âme, est privé de la présence de Dieu.

Privation extrême, et, par conséquent, privation *extatique*. C'est justement parce que la privation de Dieu est la plus insupportable de toutes les privations qu'elle aboutit à une extase. La privation est une exacerbation. L'être qui est privé de ce qui lui est le plus essentiel, et même de la connaissance de ce dont il est ainsi privé, devient le sujet d'une privation infinie puisqu'il ne peut lui donner aucune forme. Il ne *sait plus* ce qui lui manque. Il ne sait qui il est, où il est, ni ce qu'il fait. Il est dans une ignorance universelle, il est sans temps, sans lieu, sans lumière, il est dans la nuit. Il *est* la nuit. C'est à ce point extrême peut-être que Dieu se rencontre. Non plus sous quelque forme déterminée mais dans son indétermination fondamentale : le Dieu sans forme, le Dieu caché dans la nuit de l'être, des grands mystiques germaniques qu'ici Jean de La Croix rejoint.

L'âme doit se dépouiller de toutes ces connaissances et imaginations, travailler même à en perdre le souvenir, de telle sorte qu'elle n'en garde aucune impression ni aucune trace et soit dans le dénuement absolu... La mémoire ne peut faire moins que de s'annihiler par rapport à toutes ces formes, si elle doit s'unir à Dieu... Dieu, en effet, n'est pas renfermé dans quelque forme ou représentation distincte... Il n'a ni forme ni image qui puissent être comprises par la mémoire; il s'ensuit donc que quand l'âme est unie à Dieu, comme le prouve l'expérience de chaque jour, elle est comme si elle n'avait ni forme ni figure... La divine union opère le vide dans l'imagination qu'elle purifie de toutes les formes et connaissances pour l'élever à un état surnaturel. (*Montée du Carmel*, liv. III, chap. I, « Œuvres », P. G. de Saint-Joseph, p. 306-311.)

Selon l'expression de H. Delacroix, dans la nuit obscure, Dieu est donné absent... C'est un absolu de dénuement, et un infini de privation. La voie purgative, quand elle requiert la mort totale de l'esprit, est pire qu'un purgatoire. (Cl. Estève, *L'expérience et la poésie mystiques*, *Rev. phil.*, juillet 1931.)

SAINT FRANÇOIS DE SALES

Comme plus tard chez Mme Guyon, il y a chez saint François de Sales une conception de la vie spirituelle incitant l'âme à se livrer *indifféremment* au bon plaisir divin. L'action de Dieu triomphe sans doute aisément de la confusion originelle qui règne dans l'âme, mais cette victoire n'a pas pour conséquence de faire entièrement disparaître le désordre initial. On dirait même que l'influence divine se sert de cette confusion fondamentale de l'être pour mieux le pénétrer et le modeler. L'âme reste confuse, voilée par des brouillards. Elle ne se rend pas très bien compte de ce qui lui arrive, encore qu'elle s'y abandonne avec une entière bonne volonté. D'ailleurs elle ne fait qu'*entrevoir* la lumière, qui reste une lumière tamisée, ne cherchant jamais à chasser les ténèbres, à vrai dire peu épaisses, dont elle se trouve entourée. Cela ne l'empêche nullement de se laisser imprégner par l'influence divine, quelque délicate que celle-ci puisse être. L'œuvre dont il s'agit est le plus souvent à peine perceptible, encore que ce soit une œuvre sainte. Elle s'accomplit sans que l'âme en prenne le plus souvent clairement conscience. On dirait que l'action de Dieu, au lieu de s'imposer directement, préfère profiter ingénieusement des circonstances pour arriver à ses fins sans grand bouleversement. C'est comme un courant qui passerait d'un être à l'autre presque sans être perçu. Donc quelque chose de liquide suivant adroitement la pente qui lui est offerte et ne rencontrant partout que la plus aimable docilité. Il en va d'ailleurs de même en ce qui regarde l'âme dans sa réponse aux avances divines. Non sans un certain émoi, mais toujours avec la même complaisance, elle cède à l'heureuse pression. Tel est l'état de quiétude, non pas repos absolu, mais imperceptible glissement de l'esprit le long d'une pente très douce.

SAINT FRANÇOIS DE SALES : TEXTES

... Nous ne voyons pas les vérités, ainsi seulement nous les entrevoyons : comme il arrive quelquefois que la terre étant *couverte de brouillards*, nous ne pouvons voir le soleil, ainsi nous voyons seulement un peu plus de clarté du côté où il est...

(Dans l'amour de Dieu) la volonté n'aperçoit pas cette aise et contentement qu'elle reçoit, jouissant insensiblement d'icelui... comme il arrive maintes fois que, surpris d'un léger sommeil, nous *entr'oyons seulement... presque insensiblement, sans sentir que nous sentons.*

... Comme un baume *fondu*... L'âme se laisse aller et écouler en ce qu'elle aime; elle ne se jette pas par manière d'union, mais elle va doucement coulant, comme une chose fluide et liquide, dedans la Divinité qu'elle aime... (Elle) se quitte soi-même, non seulement pour s'unir au Bien-aimé, mais pour se mêler toute et se détremper avec lui.

GIORDANO BRUNO

Cherchant à représenter l'infini divin, tel qu'il le conçoit, Giordano Bruno rejette l'image d'une forme infinie définitivement achevée, c'est-à-dire d'une sphère infinie qui aurait longueur, largeur et profondeur. Dans une telle hypothèse, fait-il observer, toutes ces dimensions devraient être, elles aussi, indéterminées. Or, s'il en était ainsi, leurs parties ne devraient pas différer du tout. Dans l'infini il ne peut y avoir de tout et de parties. De même, ajoute Bruno, dans la durée infinie l'heure ne peut pas différer du jour, le jour de l'année, etc. Comme le dit Nicolas de Cues, les contraires coïncident, le centre ne diffère pas de la circonférence, et ainsi de suite. Et Bruno d'ajouter : l'Univers est tout centre, et le centre est partout. Tout est confondu, ou, dans les termes de Bruno, *indifférent*.

Bruno cherchera donc une autre image pour représenter, non plus seulement l'univers, mais Dieu lui-même, saisi dans son universalité. Il faudrait d'abord, dit-il, rejeter l'idée de l'infini en tant que forme achevée. Il faut le concevoir, au contraire, dans une sorte de développement à la fois éternel et instantané, qui le ferait passer instantanément, éternellement, d'un stade à l'autre d'une progression purement métaphysique. Rejetons donc l'idée de *sphère* infinie, car toute sphère est déterminée et donc finie, puisqu'elle se referme sur sa propre convexité. Il convient donc, pour concevoir la divinité, de représenter celle-ci comme une réalité infinie, dont la plénitude serait perpétuellement réalisée au terme d'un mouvement sans fin. Dieu serait donc ici comparé au sujet d'un mouvement qui passerait instantanément par tous les degrés de la perfection, sans distinction de temps ou de distance, pour atteindre éternellement l'apogée de ce mouvement qui ne serait ni un objet formé ni une forme pure.

Ce qui ressort en fin de compte de ce curieux passage, c'est que, pour Bruno, dans l'infini divin, tout est identique à tout, aucune distinction n'est possible, et cela en raison d'un mouvement métaphysique infini, qui *empêche toute détermination*. Tout à fait dans la ligne de Plotin, Bruno se représente le divin comme l'*indéterminé pur*.

BRUNO : TEXTES

Pourquoi voulez-vous que le centre de la divinité, qui, pour ainsi dire, peut s'amplifier infiniment en une sphère infinie, reste stérile au lieu de se faire communicable? Comment voulez-vous que Dieu, quant à la puissance, quant à l'opération et quant à l'acte (qui chez lui sont une même chose), soit déterminé et comme terminé par la convexité d'une sphère; plutôt que d'être, si l'on peut dire, *le terme indéterminé d'une chose indéterminée*? Le terme sans terme, si l'on peut dire? (*De l'infinito universo*, dial. 1.)

Il convient et il est naturel que l'infini, pour être infini, se poursuive infiniment dans un mode de poursuite qui n'a pas un caractère de mouvement physique, mais d'un certain mouvement métaphysique, lequel ne procède pas de l'imparfait au parfait, mais progresse en circulant à travers tous les degrés de la perfection, pour atteindre ce centre infini qui n'est ni un objet formé ni une forme. (*De gl'heroici furori*, 1, dial. 4.)

... Le point dans l'infini ne se différencie pas du corps... tout est confondu. (*De la causa*, dial. 5.)

Le XVIIe siècle

Le xviie siècle est marqué par une figure centrale dominante, celle du Roi-Soleil. Il l'est aussi par toute une série de personnalités éminentes, qu'on ne saurait confondre les unes avec les autres, mais qui ont, en ce qui regarde les mœurs, les manières, les façons de penser et de vivre, une évidente homogénéité. Si variés que soient leurs talents, ces individualités offrent de nombreux traits de ressemblance. On les voit mieux même parfois dans ce qu'elles ont de commun que dans ce qu'elles ont de particulier. Par là, elles tranchent assez nettement sur les gens du siècle précédent, parmi lesquels, de façon éclatante, des êtres de grande allure affirment leur personnalité. Toutefois la ressemblance qu'on relève un peu superficiellement entre les hommes du xviie siècle, ne se trouve pas confirmée, si on examine les cas dans le détail. Dès que l'historien les considère chacun à part, il devient sensible à l'originalité plus ou moins discrète que laisse percer chacun. De plus, les traits communs relevés chez la plupart des grands esprits de cette époque n'ont nullement pour cause un manque d'originalité généralisé. C'est de quelque chose de différent qu'il s'agit. Le xviie siècle est le temps où, plus fréquemment peut-être qu'en aucune autre période de l'âge moderne, les individus les plus remarquables qui y ont joué un rôle, quelle qu'ait été la nuance d'opinion qui ait été la leur, se sont toujours entendus sur un certain fond de sentiments et de pensées. Ils avaient conscience d'appartenir à une même société dont ils acceptaient les usages. D'où, chez eux, une certaine conformité de comportements et d'idées générales qui se manifeste surtout dans leur conception de l'homme. Celle-ci, quelle qu'elle fût, leur paraissait valable pour tous les temps. L'homme, étudié historiquement ou géographiquement, ne les intéressait pas beaucoup. Ce qui les intéressait, ce n'étaient pas *les* hommes, c'était *l'homme*.

Cette conception remontait par beaucoup de côtés à la tradition gréco-latine. Sur un point cependant elle avait changé. Elle était devenue plus pessimiste. Encore au temps de la Renaissance, les êtres individuels se manifestaient surtout par leur vigueur. Ils aimaient faire front aux dangers de l'existence. Ils possédaient et révélaient un capital de force, souvent exceptionnel. D'où une certaine variété de comportements qui donnait à cette époque un charme pittoresque. Au xviie siècle, au contraire, il ne s'agit plus du tout de l'individu. On retourne à l'image classique de l'homme en général. Or cette image généralisée, qui se rencontre partout à cette époque, est — chose assez curieuse — beaucoup plus négative que positive. On peut même aller jusqu'à dire que l'humanisme, tel qu'il est compris et défini au xviie siècle, a pour thème principal une déficience grave, mais retrouvée partout et condamnée partout : un certain *manque d'être* qui se perçoit au fond des âmes, et qui est dénoncé comme un phénomène général. Il a pour conséquence d'empêcher l'homme de réaliser la plénitude de sa nature et de présenter de ce fait par la multiplicité des manquements à l'idéal humain qu'il fait apparaître, d'inépuisables occasions de mettre en relief tous les défauts, c'est-à-dire tous les aspects exclusivement négatifs de sa nature.

Ces aspects sont, le plus souvent, nettement définissables. Les déterministes, du type de Boileau ou de La Bruyère, vont minutieusement les décrire. Mais pour ce qui est du fond, du tréfonds même de l'être humain, il n'y a rien, presque rien, de définissable qu'ils trouvent à dire. Le grand paradoxe de la pensée classique, c'est que, tout en étant admirablement équipée pour définir les personnalités apparentes, les formes, c'est-à-dire les manières d'être, les figures extérieures, elle est totalement inapte à découvrir ce que les êtres sont dans leur for intérieur. Les personnalités sont perçues, saisies, définies, mais elles le sont dans le mouvement par lequel elles se dérobent à l'être même qu'elles représentent. L'analyse se referme sur un vide.

Prenons, par exemple, les personnages de Molière. Les plus notoires d'entre eux ont une personnalité évidente. Mais c'est une personnalité usurpée ou vidée de son contenu. Le bourgeois gentilhomme n'est plus bourgeois et n'arrive pas à être gentilhomme. Tartuffe est un hypocrite. Qu'y a-t-il en dessous de son hypocrisie ? Nous ne savons pas. Harpagon n'est pas Harpagon, puisqu'il a mis son être dans son trésor, et que, son trésor lui ayant été dérobé, il n'a plus d'être. Orgon, s'il a jamais eu une personnalité, s'en est totalement dépossédé au profit d'un autre. Sosie est supplanté par un autre Sosie. A sa place il n'y a plus personne.

Or, ce qui arrive là sur le plan comique, arrive aussi à chaque instant sur le plan tragique. Selon le cardinal de Bérulle, l'homme n'est pas un être véritable, c'est un pseudo-être, incapable par lui-même d'arriver à posséder un être déterminé. Pour le pasteur Superville, l'âme humaine est foncièrement inconstante, c'est-à-dire « ténébreuse, ignorante, vaste, vide ». Abandonnée à elle-même, elle révèle une absence totale de substance, elle n'est rien. Rien sans la grâce. Pour Nicole, plein de doute à cet égard, l'homme serait bien quelque chose, mais quelque chose d'essentiellement confus, donc impénétrable. Enfin, pour Pascal, l'ignorance de soi se confond avec une autre ignorance, celle du monde externe. Pire encore, cette ignorance n'est pas seulement calamiteuse, elle est proprement monstrueuse. D'où un désespoir total, qui se retrouvera chez tous les jansénistes d'abord, mais encore chez un Fénelon, voire même chez un Bossuet, qui, regardant l'homme au fond de son abîme, ne distingue en lui qu'un seul trait positif, une fragile espérance.

Mais alors, si l'homme est si vide, si nul, si insubstantiel, que lui reste-t-il, sinon cette pauvre espérance ? L'espérance n'est pas un être, ce n'est qu'un fantôme d'être, même pas une planche de salut, une simple promesse de positivité dans la négativité générale. L'humaniste du xviie siècle cristallisera sa pensée, non autour de certaines réalités intérieures, non autour d'une possession de soi, autour d'un centre positif d'existence, qui serait le moi lui-même. Au centre de l'homme, pour l'homme, il n'y a qu'un vide, ou, au plus, un fantôme d'être. L'espoir est un fantôme, la consistance de l'âme en est un autre. L'âme, elle-même, est une boule de cire. Elle est faite de mollesse pure, d'un flou intérieur, comme le disent tour à tour François de Sales, Fénelon et Mme Guyon. L'intelligence pure étant hors d'atteinte, elle est remplacée par un autre fantôme, cette pensée trouble, indécise, fragile, nuageuse, qui s'appelle le sentiment intérieur de Malebranche.

C'est là tout ce qui reste, mais enfin cela reste ! L'espérance luit toujours, « comme un brin de paille dans l'étable », dira plus tard un poète, malebranchien sans le savoir. Bossuet, contemporain de Malebranche, lui, dira : « Entrons dans la nuée ». — « Faisons-nous docile », dira Fénelon. Le mystique se découvre dans sa foi, mais il découvre que sa foi elle-même est à la fois lumière et nuit, obscure et claire.

Ce mélange, cette confusion, cette semi-obscurité qui est une semi-clarté, rapproche étrangement l'homme du xviie siècle de l'homme du xive. Entre le mystique du Moyen Age et le quiétiste, il y a de surprenantes analogies. D'abord du côté de l'homme lui-même, puisque chez le quiétiste comme chez le mystique médiéval, il y a renonciation profonde à l'individualité du moi et à ses déterminations particulières. Mais il y a aussi renonciation du côté de l'image que l'homme se fait de Dieu, ou plutôt renonciation à toute image du Divin, ainsi qu'on voit dans le culte d'un Dieu-néant célébré par tel poète (Labadie). C'est, en effet, au seuil du xviie siècle, que Jacob Boehme conçoit un Dieu-ténèbre, qui, dans les profondeurs de son origine, s'efforce obscurément, en luttant contre un adversaire qui est encore lui-même, d'atteindre la plénitude dans la lumière.

Ce thème sera repris, au cœur même du xviie siècle par un autre mystique encore, le pasteur protestant Pierre Poiret. On en trouve aussi des échos en Angleterre dans la poésie de Vaughan. Dans le même temps une conception analogue se forme, de façon inattendue dans la pensée d'un personnage très différent, un grand seigneur, La Rochefoucauld. Lui aussi essaie de remonter dans les ténèbres de l'être. Il imagine à son origine une sorte d'activité occulte et anonyme, tapie tout au fond de l'âme et parfaitement indéfinissable. Prises ensemble, toutes ces spéculations religieuses ou psychiques, jansénisme, quiétisme, sentimentalisme malebranchien, psychologie des fondements, poèmes mystiques, trouvent leur inspiration dans une conception du Dieu obscur qui remonte aux sources du christianisme et du gnosticisme, et qui eut son grand moment d'approfondissement au xive siècle, avec l'illuminisme médiéval. Le xviie siècle, le siècle dit de la « clarté », repose sur un fond de pensée indéterminée qui trouve à l'époque de Descartes une occasion paradoxale de se révéler encore.

Et pourtant on ne saurait prétendre sans absurdité que le xviie siècle se ramène fondamentalement à une sorte de resurgissement général de la pensée indéterminée. Celle-ci en est peut-être une des sources les plus puissantes, dans le mouvement confus, issu de son pessimisme, bien que l'homme du xviie siècle n'en ait pas toujours vu clairement l'origine, troublé qu'il était par des tendances qui l'entraînaient dans d'autres directions. La pensée indéterminée est loin d'absorber toutes les attentions, encore qu'elle se diffuse un peu partout. Au xviie siècle, il y a d'autres poussées ; en particulier, il y en a une, très forte, en sens directement contraire, une poussée déterministe et rationaliste. On la trouve chez Descartes en premier lieu, chez Corneille, chez Boileau, chez La Bruyère, chez Pierre Bayle. Entre déterminisme et indéterminisme, au xviie siècle, la tension est constante. Et c'est peut-être cette tension qui donne à ce siècle sa valeur et son importance.

BÉRULLE

Il n'y a pas de mot qui revienne plus souvent dans les écrits de Bérulle que le mot de *vide* ou de *néant*, appliqué à la créature humaine. Mais ce vide ou ce néant ne se trouve jamais, chez lui, présenté isolément. Jamais l'homme n'est considéré ici séparément, détaché de son Créateur, dans la négativité intrinsèque de son être. Jamais Bérulle ne s'attarde à le décrire dans son état initial de non-être, ni encore moins dans la progression par laquelle on pourrait l'imaginer en train de se rapprocher sans aide d'une quelconque positivité ontologique. Tout cela serait inconcevable aux yeux de Bérulle. L'homme, dans son esprit, tel qu'il est créé, tel qu'il apparaît dans l'existence, n'est qu'un pseudo-être, un être-néant, à qui est dénuée par sa nature négative la possibilité d'accéder jamais par ses propres forces à un état proprement *déterminé*. Impossible de le concevoir sortant par lui-même de cet état premier d'indétermination, à peine moins rigoureux que celui imposé à cet autre néant qu'est la matière. Livré à lui-même, l'être bérullien ne pourrait jamais trouver en lui les ressources nécessaires pour se compléter et se développer selon sa nature. Car il n'a pas véritablement de nature, si on entend par là une qualité positive. En fait, il n'est ni un non-être pur, ni une créature librement engagée dans l'accomplissement de sa fin et l'épanouissement d'elle-même, comme les anges. C'est un être absolument passif, qui, dès l'abord et pour toujours, voit se confronter, en quelque sorte de façon inexorable, son manque d'être initial à la plénitude d'être, qui est celle de Dieu. Il est un vide qui a besoin d'être rempli, mais qui, de lui-même, ne peut jamais l'être. Il est un néant, mais un néant entouré de Dieu. Le néant humain n'existe donc pas dans la solitude de sa réalité négative. Il n'existe pas, non plus, dans un mouvement initié par lui-même, qui le rapprocherait de Dieu. Son seul espoir, sa seule issue, c'est que Dieu remplisse le vide qui est en lui, et qui est lui. Son manque, son insuffisance, la négativité inguérissable de son être ne peuvent être réparés, compensés, que par une incessante intervention divine. L'homme ne peut que la demander, l'implorer. Elle seule peut conférer à cette vague indétermination qui est le fond de sa nature, une vraie détermination.

Citons à ce propos les remarques excellentes de L. Kolakowski dans *Chrétiens sans église*, p. 414 :

L'idéal de Bérulle est une passivité mystique poussée jusqu'à ses conséquences dernières, c'est-à-dire l'anéantissement de la personnalité... C'est là un dépouillement du « moi » qui le réduit à la passivité complète, une dépersonnalisation, le passage à un mode d'existence où l'esprit humain est en quelque sorte un récipient totalement vidé et qui attend que la substance vienne le remplir.

BÉRULLE : TEXTES

Au regard de Dieu, il faut nous mettre par esprit et par grâce en un état de néant... (*Opuscules*, Ed. Aubier, p. 142.)

L'homme est un néant environné de Dieu, indigent de Dieu, capable de Dieu et rempli de Dieu s'il le veut. (*Opuscules*, Ed. Aubier, p. 119.)

Dieu est tout et en lui-même et dans sa créature, et la créature hors de Dieu n'est rien. Cette pensée nous lie à

Dieu et nous délie des choses créées... Si vous êtes en ce dégagement d'esprit, vous trouverez suffisance dans l'indigence et abondance dedans le manquement de la créature... (*Corr.*, Ed. Dagens, I, p. 199.)

Nous devons regarder notre être comme un être manqué et imparfait, comme un vide qui a besoin d'être rempli. (*Œuvres*, p. 665.)

Dieu nous soutient en nous confondant, il nous vivifie en nous anéantissant, et il se donne à nous en nous privant de nous-mêmes... (*Corr.*, t. 2, p. 372.)

BOEHME

Ce qui différencie peut-être le plus nettement le Dieu de Boehme du Dieu conçu par les grands mystiques du Moyen Age, c'est que pour ces derniers l'inaccessibilité de ce Dieu était essentiellement due à la distance infinie qui nous séparait de lui. L'obscurité qui le dérobait à notre regard ou à notre pensée n'avait pas pour cause directe et unique l'essence de son Etre, mais l'indignité infinie de la nôtre, qui ne pouvait qu'étendre entre lui et nous un épais voile de ténèbres. Ce n'était pas la nature même de la Divinité qui était ténébreuse, c'était notre imperfection qui nous empêchait de la voir dans sa clarté insoutenable. Dieu était donc, à rigoureusement parler, non pas obscur mais « mystérieux ». Dans notre effort pour nous rapprocher de lui, les ténèbres que nous rencontrions ne pouvaient être qu'engendrées par nous-mêmes. Elles n'existaient pas pour les Anges, ni peut-être pour les Saints. Pour ceux-ci, il n'y avait pas de voile, ou celui-ci avait une transparence plus grande. Dieu ne pouvait être considéré, à aucun degré, sans impropriété grave des termes, comme un être obscur.

Or, avec la pensée de Boehme, une révolution presque inconcevable se produit dans une certaine théologie. Pour celle-ci, Dieu *est*, primitivement ou primordialement, un être obscur. Ou, plus exactement, il est un être qui, par un prodige presque impensable, dans le fond insondable de sa propre nature, ne peut être conçu, originellement, que comme obscur — et obscur non seulement pour notre pensée, mais — chose la plus impensable de toutes — obscur par et pour lui-même, dans l'opacité initiale et totale de sa nature divine première. Quelqu'un qui essayerait donc de concevoir la Divinité dans la génération éternelle qui s'accomplit en elle-même devrait d'abord l'imaginer dans cette obscurité initiale, comme impénétrable, non en raison de la faiblesse de notre entendement de simples créatures — cela va sans dire — mais en raison du mystère même qui affectait dans la pensée de Dieu son être propre, et qui était d'une telle nature qu'il ne pouvait être pénétré et surmonté, par Dieu lui-même, qu'au cours d'un infini développement.

Le Dieu boehmien est donc essentiellement un Dieu désireux et qui ne consiste même qu'en son désir. C'est une volonté abysmale infiniment désireuse de l'Etre inconnu qu'elle se sent être. Désir qui, par conséquent, n'a pas de forme, pas d'achèvement ni d'assouvissement, qui ne saurait en avoir, puisqu'il est infini, et qui ne peut se manifester qu'en tant que soif de soi, une soif obscure, confuse, aveugle, et d'instant en instant de plus en plus dévorante, puisqu'elle ne trouve aucun objet déterminé qui puisse la satisfaire et grâce auquel elle pourrait se définir. Désir qui, d'autre part, en affrontant, en surmontant, en vainquant ce qui le nie, avance en tâtonnant dans sa course incertaine, créant ainsi à mesure dans son progrès renouvelé une *forme* en laquelle il veut se reconnaître et aller ainsi toujours de l'avant vers une réalité de plus en plus déterminée.

BOEHME : TEXTES

Maintenant comprends ceci : dans l'éternité, c'est-à-dire dans l'abîme où il n'y a rien et qui est en deçà de toute nature, il n'y a qu'un vide sans substance et pareil à rien, un abîme sans commencement ni fin, sans limites, sans circonscription ni place. (*Traité de l'Incarnation*, part. I, cap. I.)

Or, dans ce vide réside une volonté.
Dans cette volonté réside la Divinité
C'est une volonté désireuse...
Et ce désir est une attirance...

(*Ibid.*)

Tout ce qui est, consiste en un Oui ou un Non, qu'il soit divin, diabolique ou terrestre. L'Un, ou le Oui, ou l'Affirmation, est pure puissance, pure vie, pure vérité, ou Dieu même. Le Non, ou la Négation, manifeste l'existence du Oui en s'opposant à lui. Il y a deux centres, comme le jour et la nuit, la chaleur et le froid. Le Non est l'image renvoyée du Oui. Le Oui révèle, et le Non dissimule. Le Oui est un jaillissement issu du Non, ou une émanation du Rien qui est le fond de toutes choses. (*Les 177 questions théosophiques.*)

ANGELUS SILESIUS

Chez Angelus Silesius, disciple libre de Boehme, ou, en tout cas, très influencé par lui, il y a ce que nous nous risquerions à appeler un renversement de direction dans le mouvement de la pensée. Chez Boehme, en effet, le mouvement du devenir qu'il décrit avec grand soin va normalement de la négativité à la positivité. Chez Angelus Silesius, c'est le plus souvent le mouvement opposé qui est révélé. L'indétermination le fascine. Sa pensée rebrousse chemin pour s'y loger.

TEXTES

Perds toute forme, mon enfant, tu deviendras semblable à Dieu; et tu seras, dans une immobile quiétude, ton propre royaume des Cieux. (*Pèlerin chérubinique*, II, 54.)

La pureté parfaite n'a *ni figure, ni forme,* ni amour : elle est dépouillée de toute qualité, comme l'essence de Dieu. (*Ibid.,* II, 70.)

Si tu reçois toute chose *sans aucune distinction,* tu restes calme et égal, dans la joie et la peine. (*Ibid.,* I, 38.)

JEAN-JOSEPH SURIN

Le thème dominant chez le P. Surin est bien celui de l'indifférence mystique. On le voit développé chez lui avec une ampleur et une profondeur dont il serait difficile de trouver l'équivalent chez quelque autre mystique. Ce thème a pour principe négatif de ne jamais tenir compte dans l'expérience mystique des « qualités limitatives et différenciatrices » que présentent les choses dans la vie normale, toutes étant autant de manifestations égales de la divinité. Il en résulte la disparition provisoire chez celui qui en est le sujet, de la faculté et même de la volonté de distinguer et de différencier entre les objets, quels qu'ils soient, dont il a la perception. « L'âme, apprise à se séparer de toutes choses distinctes et particulières en l'oraison, ne s'attache plus à aucune chose, ne distingue plus les conditions des objets créés, pour en avoir sentiment. Elle n'est touchée ni de la douceur, ni de l'amertume. Le haut et le bas lui sont un. Elle ne tend qu'à la vérité qu'elle connaît et en sa façon qu'elle la connaît, c'est-à-dire universelle, *dépouillée de ses qualités individuelles...* Sa pratique est de se dépouiller et de se dessaisir sans cesse de tout ce qu'il y a d'individuel et de limité et de particulier, et de se porter à ce qui est innommable et impénétrable » (*Catéchisme,* p. 112, cité par Leszek Kolakowski : *Chrétiens sans église,* Gallimard, 1969, p. 488).

A ce texte il faut en rattacher un autre, plus important encore (*Catéchisme,* part. 8, chap. VI) sur ce que Surin appelle *la connaissance indistincte,* celle où « l'être est comme englouti dans une lumière qu'on pourrait appeler aussi ténèbres ». Il n'y a pas de doute que cette connaissance proprement mystique, pour Surin, ramène l'être qui la pratique à une perception de la réalité divine, en deçà de toute distinction, à un état où il n'y a ni lumière, ni ténèbre, ni détermination aucune, donc un état tout semblable à celui où se trouve la divinité boehmienne, un état de pure indétermination. Une différence évidente entre Surin et Boehme, c'est que, pour le premier, il s'agit là, non d'une réalité doctrinale et ontologique, mais d'une pure appréhension psychologique expérimentée par le mystique.

Une autre différence c'est que l'indétermination chez Surin, à la différence de ce qu'on trouve chez Boehme (ou chez Poiret) est un *état passif* et non un processus dynamique et dialectique engendré par un manque ou un vide se transformant en positivité, en détermination.

J.-J. SURIN : TEXTES

Il arrive souvent que l'âme dans son oraison est remplie d'une lumière céleste qui ne lui donne aucune idée particulière de quoi que ce soit; elle ne sait ce qu'elle connaît. Tout ce qu'elle peut assurer, c'est qu'elle adore Dieu, pour ainsi dire, au plus haut de son esprit... Ensuite dans la pratique elle est merveilleusement aidée par la vertu de cette lumière tranquille qu'elle a reçue dans son oraison : les connaissances distinctes viennent à propos à son secours; par exemple lorsqu'il s'agit de parler de Dieu, elle tire ses pensées comme d'un Trésor. Ce Trésor n'est autre que cette lumière confuse, qui semblait n'être rien dans le temps qu'elle était communiquée, et qui se trouve ensuite être tout. (*Catéchisme spirituel*, éd. 1801, t. I, p. 203.)

On peut comparer cette connaissance indistincte à la lumière qui occupe l'air, laquelle rend les objets visibles sans se laisser apercevoir elle-même, ou bien au rayon de soleil qui entre dans une chambre bien fermée...

Si la lumière est toute pure, c'est-à-dire si *elle ne se fixe sur aucun objet distinct*, elle ne se fait point remarquer. Tout ce qu'on peut dire dans cette opération, c'est qu'on est abîmé en Dieu et comme englouti dans *une lumière qu'on pourrait appeler aussi ténèbres*, parce qu'elle ne découvre rien à l'entendement dont on puisse dire qu'elle ait acquis la connaissance... L'Etre incompréhensible et sans bornes, ne se communiquant à l'âme qu'à la faveur d'une lumière indistincte et illimitée, demeure plus caché que découvert... (*Ibid.*, part. 8, chap. 6.)

DEUX AUTRES MYSTIQUES :
HOPIL ET LABADIE

Ces deux mystiques, on peut les conjoindre ici, non pas parce qu'ils se ressemblent beaucoup, mais parce que leur dissemblance très évidente se présente comme la disparité finale très nette de deux attitudes d'esprit pourtant à l'origine très semblables.

Chez l'un comme chez l'autre ce qu'il y a en effet de similaire, c'est le principe de l'identification des contraires. Il y a l'obscurité et il y a la clarté : mais en Dieu, comme en moi (moi, Claude Hopil, moi, Labadie), ces deux réalités contraires se confondent. L'un parle d'obscurité claire, et pour l'autre, la foi est en même temps lumière et nuit; l'un « voit le néant simple en la nature belle, l'autre perçoit à la fois sa pensée comme obscure et claire, comme une Lune et comme un Soleil ».

Mais chez Hopil cette fusion des contraires apparaît comme la chose la plus simple et la plus naturelle. Le triomphe de la foi s'accomplit, non par un effort surhumain, mais dans la sérénité. Chez Labadie, à l'inverse, l'union mystique a quelque chose de tumultueux et de tragique. Le cœur devient « un vrai désert où l'âme s'enfonce et se perd ». Cela ressemble non à une extase ineffable, mais presque à une catastrophe : « C'est Dieu qui me fait disparaître — et me réduit jusqu'au non-être — où je ne suis que pâtissant. » Il est frappant ainsi de voir ces deux êtres, animés de la même foi, aboutir, non à des conclusions intellectuelles différentes, mais à des façons de sentir qui sont presque à l'opposé l'une de l'autre. Cela nous incite à croire que la pensée indéterminée faisant en quelque sorte, chez tous ceux qui la pratiquent, la même table rase, n'élimine nullement chez ceux-ci les tendances affectives les plus diverses et même les plus contraires.

CLAUDE HOPIL : TEXTES

Au rayon ténébreux où se cache l'Essence,
Dans l'obscurité claire où loge le silence,
   J'entrevois ces beaux Trois...
Ces ténèbres ne sont qu'une extrême lumière
Qui dérobe à nos yeux le divin trône d'or
   De l'Essence première...
O brouillard lumineux ! Lumière inaccessible !
          (*Divins élancements d'amour*, 1629.)

JEAN DE LABADIE : TEXTES

Le Dieu des Dieux...

Son cœur est comme un vrai désert
Où l'âme s'enfonce et se perd,
Ne voit rien, demeure en silence,
Sentant simplement que le lieu
Auquel elle se trouve est Dieu,
Et que son air est son Essence.
     (*Cantique sur le sujet de l'Union avec Dieu
     de l'âme purgée et anéantie mystiquement.*)

DANIEL DE SUPERVILLE

Ajoutons à ces différents textes mystiques, ou hétérodoxes, le petit passage suivant, détaché d'un sermon du pasteur protestant Daniel de Superville, qui vécut, en réfugié sans doute, à Rotterdam, à la fin du xviie siècle. Dans ce texte, les thèmes de ténèbres, de liberté et d'indétermination se retrouvent comme chez les auteurs religieux cités précédemment — avec une différence cependant, que nous jugeons importante. L'image des ténèbres dans la pensée du réformé qu'était Superville, ne se joint nullement, comme chez les mystiques, à l'idée d'un Dieu à la fois ténébreux et lumineux. Les ténèbres, ici, ne sont ni glorieuses, ni lumineuses. Elles représentent au contraire l'état d'un être abandonné par la grâce et errant au hasard dans une existence enténébrée. L'indétermination apparaît donc ici comme un phénomène tragique et destructeur.

Voici le texte en question (Daniel de Superville, *Sermons sur divers textes*, 3 vol., Rotterdam, 1717, t. 3, p. 209) :

« Enfin nous sommes inconstants par l'état présent de notre âme ténébreuse, ignorante, vaste, vide. Elle a une liberté fort étendue, indéterminée; elle cherche toujours le bien et elle prend sans cesse les faux biens pour le véritable. Ainsi elle court d'objet en objet, et son peu de lumière, joint à la vaste étendue de ses désirs, la rendent inquiète, curieuse, avide de la nouveauté, capricieuse et bientôt lasse et dégoûtée de tout. Après cela quel fonds faire sur cette âme, tandis qu'elle est abandonnée à elle-même, qu'elle n'est point fixée par la grâce ! »

PIERRE POIRET

Au lieu de nous occuper de Pierre Poiret, nous aurions pu nous contenter de choisir comme unique représentant de la mystique protestante au xviie siècle celui qui fut sans conteste son maître et son inspirateur, Jacob Boehme, et cela avec d'autant plus de raison que de leurs pensées, l'une et l'autre admirables d'ailleurs, la plus originale, la plus géniale même, voire la plus profonde, est, à n'en pas douter, celle de Boehme. Mais, d'une part, il est possible, à travers les textes de Poiret, d'aborder plus aisément la pensée boehmienne, qu'en affrontant directement celle-ci ; et d'autre part, si Poiret n'a pas toujours exactement suivi celui qui fut son maître, les variations qu'il a introduites dans sa doctrine enrichissent et même approfondissent plus d'une fois celle-ci. Poiret, il faut le reconnaître, tempère considérablement la violence, ou l'âpreté plutôt, qu'on trouve chez Boehme ; il adoucit le caractère intensément tragique, caractéristique de la pensée du philosophe silésien. Grâce aussi à ce ton plus serein dans l'expression des idées et des sentiments, il n'est pas sans rapprocher le prophétisme boehmien, qui est le sien, de la pensée plus suavement méditative des grands mystiques allemands et flamands du xive siècle. D'autre part, Poiret apporte à la pensée chrétienne française de l'époque classique, où il faut le situer, une contribution précieuse à cause du contraste qu'il offre d'un côté avec l'intellectualisme pieux qui domine en France entre l'époque de Descartes et celle de Malebranche, et à cause aussi du fait qu'il laisse pressentir quelque chose de ce que sera, bien plus tard, la pensée religieuse romantique. De la sorte, Poiret nous fait songer tantôt à Tauler, à Suso, à Ruysbroeck, et tantôt à Joubert, à Chateaubriand, voire à Lamennais.

Ce qu'il faut retenir en premier lieu dans l'œuvre de Poiret, c'est une admirable description de l'âme humaine, telle qu'elle apparaît immédiatement après la chute. Il la voit tourmentée par un regret inapaisable, par un besoin avide de la lumière dont elle a été privée : « Je ne suis qu'un principe de désirs et de recherches », écrit-il, résumant en ces termes l'état de l'être humain obsédé par la conscience de la perte infinie qu'il a subie, et sans cesse à la recherche d'objets qui pussent compenser ce dont il avait été privé.

L'homme tombé est hanté par le désir de retrouver et de refaire sien quelque bien passionnément désiré, dont il continue de rêver, mais qu'il est devenu incapable de définir. D'où, au dire de Poiret, dans l'esprit de l'homme tombé, « une suite de pensées informes, confuses, ténébreuses, embrouillées, sans ordre et sans certitude, sujettes à enfanter mille chimères et mille désirs ».

Dans cette première peinture de l'homme, présentée par Poiret, aucune place n'est prévue pour la vie sociale, ni pour le rôle d'une Eglise. On n'y distingue, en somme, que des individus, ou plutôt des âmes solitaires, chacune absorbée, soit dans ses passions, soit dans ses croyances, et n'ayant de rapport qu'avec les réalités spirituelles. Entre Dieu et l'âme, aucun agent interposé : l'âme se trouvant réduite à une vie purement intérieure, enclose en elle-même, sans intermédiaire social ou ecclésial, et ensevelie dans ce que Poiret appelle « une ténèbre générale ». Dans cette solitude profonde dont rien ne vient le distraire, l'homme est livré à la fois à une confusion perpétuelle, en même temps qu'à l'angoisse, ayant perdu le contact avec la seule source vivante qui pût l'abreuver. Mais le pire est que dans cette situation sans issue, faite de désirs renaissants qui ne peuvent être contentés, l'être est inlassablement ramené au vide, à une sorte d'atonie ou de vacuité, de temps à autre interrompue par de brèves tentatives d'action. Ce sont des déterminations passagères, en coups de tête, passionnément vécues, mais dont l'esprit se fatigue aussitôt. De la sorte, les objets successifs et variés qui tour à tour se présentent à la conscience, les diverses formes dont l'esprit les revêt, s'affirment à un moment donné comme irrésistiblement désirables, et l'instant d'après, comme sans attrait. Tel est pour Poiret, un peu comme pour tous les grands moralistes de l'époque, l'état ordinaire des êtres. Harcelés par des déterminations urgentes, multiples, étroitement limitées dans le temps et instantanément remplacées par d'autres, les êtres *vont de détermination en détermination* sans pouvoir s'arrêter à aucune.

Sans doute, ce tableau pessimiste de toute activité individuelle n'a rien d'original. Il est néanmoins indispensable à son auteur pour faire saillir, dans toute sa force, le contraste qu'il veut établir dans ce tableau des activités humaines entre, d'une part, le long cortège des déterminations particulières, et, d'autre part, la négation répétée de celles-ci, le vide récurrent qui possède l'être, dès qu'il se soustrait à cette multiplicité factice.

Il s'agit donc, pour échapper à ce que Poiret appelle « la multiplicité des formalités particulières », de « se défaire de tous attachements, de toutes idées, de toutes les opérations de la volonté, de l'esprit et de toutes les puissances, pour — dit Poiret — *se recueillir en silence, en vacuité et en ténèbres* dans le centre de l'âme en la présence de la Divinité incompréhensible ».

Insistons sur ce *rejet de toute détermination particulière*, recommandé par Poiret comme l'objet essentiel de la pensée mystique, ou, si pas comme l'objet de cette pensée, au moins comme l'étape indispensable par laquelle l'âme doit passer pour échapper à ce qu'il appelle le cycle des opérations particulières de la volonté. Il s'agit, en effet, d'atteindre à un état profondément différent, celui où se trouvent « le centre et la force suprême de l'âme, le fond de celle-ci », dont il est parlé si souvent, dit Poiret, chez les auteurs mystiques, et qui, affirment-ils, dans la vie présente, est « *divinement obscur* et le siège de la vraie contemplation ». — « Là réside, écrit encore Poiret, *la Ténèbre fondamentale de Dieu* », expression tout à fait boehmienne.

A la vacuité de la pensée humaine, éliminant de son centre toute volonté, toute activité personnelle, tout désir, hormis celui de Dieu, correspond donc une vacuité égale de l'intellect, ramené à l'absence de tout objet déterminé, afin de parvenir ainsi, par une voie négative, et par la dénudation résultante de la pensée, au centre même de l'âme humaine, lieu où secrètement Dieu réside. Dans ce « centre indivisible et très profond », dit toujours Poiret, « règne un silence uniforme », où il n'y a aucune forme, aucune durée, ni continuation, ni diversification qui y soit manifeste : « Ce sont là, ajoute l'auteur, les silencieuses et adorables Ténèbres de la Divinité. »

L'on voit ici combien étroitement la doctrine mystique de Poiret se relie à celle des mystiques du XIVe siècle, et, en particulier, à Ruysbroeck. Poiret et Ruysbroeck conçoivent dans les mêmes termes, comme centre de la pensée mystique, un lieu mental qui ne peut être perçu et décrit que négativement : lieu de silence et de paix, investi d'un calme sacré. Dans la profondeur de l'être existe, comme siège de l'âme ou de ce qu'il y a de plus saint en elle, une infiniment mystérieuse présence. C'est la présence divine qui ne peut se révéler que dans une totale absence de forme, et même aussi d'activité. Elle est, dans les termes de Poiret, comme « un abîme infini de repos, de paix, de joie, de gloire ». Aucune représentation de cette présence mystérieuse entre toutes n'est concevable. Car la Divinité dont il est parlé ici est une Divinité *sans forme, sans figure, dépourvue de toute détermination particulière*, et mieux définie par des négations que par des affirmations.

Ici Poiret suit une longue tradition d'écrivains mystiques, se rattachant à ce qu'on appelle la théologie négative du pseudo-Denys l'Aréopagite. Et il est frappant que pour lui, disciple le plus souvent très fidèle de Boehme, ce soit précisément ce côté entièrement négatif, ou, dans le cas présent, rigoureusement inactif, d'une Divinité conçue comme exemple de toute activité externe, que retient Poiret. Il en fait le trait essentiel de sa méditation. Visiblement, rien ne lui apparaît comme plus précieux que cet aspect de *repos*, attribué à l'Etre divin. Il le considère comme plus digne de vénération que tout autre. Or, par cette préférence, Poiret se montre ici très nettement différent de Boehme. Car, pour ce dernier, l'aspect prédominant de la Divinité, celui qui prime dans sa théodicée, c'est celui d'un être qui, si insondable que soient sa nature originelle et le caractère indéterminé que, de ce fait, il présente, ne peut être conçu par notre esprit que comme engagé dans un étrange conflit d'activités, qui se croisent et se heurtent, et où éclatent de violentes tendances antagonistes.

Le Dieu de Boehme est un Dieu sans repos, engagé dans une guerre intestine qui apparaît sans issue.

Sur ce point, à n'en pas douter, Poiret se montre beaucoup plus proche d'un Tauler ou d'un Ruysbroeck que d'un Boehme. Ceci se laisse voir dans le ton de sa pensée. Il est aisé de relever chez lui, jusque dans son langage, un mode de réflexion marquant une certaine répugnance pour les conflits violents qui constituent l'essentiel de la dialectique boehmienne. La douceur de son ton, la sérénité heureuse de ses humeurs, tempèrent considérablement chez lui les âpres affrontements de tendances qui abondent dans l'œuvre de son prédécesseur. Cela n'implique nullement que sa propre pensée s'abandonne sans interruption à la contemplation passive d'une Divinité enveloppée dans son mystère. Mais à la place d'une oscillation perpétuelle de l'une à l'autre des tendances opposées, ce que Poiret conçoit le plus souvent, c'est par une sorte de phénomène d'émergence, la manifestation parallèle, à l'intérieur même de la Divinité, d'une puissance active, issue de la profondeur impénétrable où elle réside, et qui aurait pour conséquence de la rendre perceptible aux yeux ou à l'imagination des contemplateurs. Dieu apparaîtrait alors, non plus, cette fois, exclusivement, dans la simplicité de son essence, mais dans la multiplicité des aspects d'elle-même qu'elle peut révéler en se manifestant. Cette nouvelle ou autre révélation de Dieu serait d'ailleurs continue, en ce sens que la présence du divin, enclos dans ses ténèbres, ne cesserait jamais d'être perceptiblement accompagnée par les activités diverses qu'elle manifesterait au-dehors. Il y a en Dieu, d'une part, une unité fondamentale, absolument indéfinissable, et d'autre part, une pluralité d'actions qui inlassablement émanent de lui :

Dieu, écrit Poiret, comme il lui plaît, recommence à saillir du centre de son éternité dans la multiplicité de ses manifestations, pour renouveler l'adorable et toujours nouveau jeu de sa contemplation infiniment multiple. Cette saillie, dit encore Poiret, quand elle se fait en lui-même, c'est la Trinité; mais cela peut être aussi un mouvement inépuisable qui, s'élançant au-dehors du centre, s'épanouit dans un espace divin sans borne et *sans définition*.

Dieu rejaillit comme de son centre et du centre de chacune de ses perfections vers son immensité.

Ainsi, dans la sorte de rêverie spéculative à laquelle volontiers Poiret s'abandonne à l'extrême de ses réflexions, il conçoit un Dieu qui, en même temps, se tiendrait caché dans la centralité infinie de sa nature, et qui, d'autre part, saillirait hors de son indétermination originelle, pour s'épanouir par une manifestation expresse de sa nature, dans un espace également infini.

La prise de conscience que nous pouvons avoir de Dieu reste donc voilée de deux façons : en ce sens que dans sa centralité et sa profondeur Dieu se dérobe à nous ; mais qu'il se dérobe encore à nous par l'immensité de la circonférence que son activité remplit. D'un côté comme de l'autre, la même indétermination se manifeste. Nous sommes ici beaucoup plus près des néo-platoniciens de la Renaissance que de Boehme. On pense même à Giordano Bruno. En effet, un univers doublement infini est doublement indéterminé, puisque cette indétermination se découvre aussi bien du côté du centre que du côté de la circonférence. Comme Poiret nous l'explique lui-même, il s'agit là de ce qu'il appelle une « contemplation infiniment multiple ». En tant que telle, elle échappe à toute détermination. Dieu lui-même est « liberté infinie », et la pensée que nous pouvons nous former de lui, nous ne pouvons la concevoir, elle aussi, que « dans un fond de liberté infinie ». C'est déjà vrai dans toute méditation où se plonge le mystique. Ce le sera plus encore, dit toujours Poiret, là où règne « le bonheur des Elus ». Et ce bonheur, il le décrit de la façon suivante : « Rien de limité, *rien de déterminé*, mais un pur choix, une libre disposition à l'égard de tous les trésors de Dieu. »

Je vois que je ne suis qu'un principe de désirs et de recherches, qui, à vrai dire, se porte à être éclairé et apaisé, qui s'y porte invinciblement et naturellement, mais qui s'y porte obscurément, d'une manière générale, vague et confuse, qui ne sait distinctement et vivement ce qu'il veut; une source de pensées informes, confuses, ténébreuses, embrouillées... (*Œconomie divine*, I, p. 47.)

L'âme ne doit pas être inagissante absolument et physiquement... mais son inaction est de *ne pas se déterminer à des choses bornées et particulières. L'âme ne doit pas de son choix déterminer ses actes*... (*La paix des bonnes âmes*, Amsterdam, 1687, p. 242.)

(Il faut) se défaire de tous attachements, de toutes idées, de toutes les opérations particulières de la volonté, de l'esprit, et de toutes les puissances, et se recueillir en silence, en vacuité et en ténèbres dans le centre de l'âme en la présence de la Divinité. (*Œconomie*, I, p. 175.)

L'éternité... abîme la contemplation de la Divinité dans un centre indivisible et très profond... dans un silence uniforme, où il n'y a aucune forme... Ce sont les silencieuses et adorables ténèbres de la Divinité. (*Ibid.*, I, p. 345.)

YVES DE PARIS

Ce qu'Yves de Paris considère avec une ferveur particulière, c'est l'homme, non dans les rapports qu'il établit avec des objets déterminés, mais au contraire dans la relation qu'il se découvre avec sa propre pensée, lorsque celle-ci ne s'attache à aucun objet distinct que ce soit. « Alors, dit-il, elle est comme un centre auquel toutes les choses imaginables se rapportent, et qui, en sa qualité de centre, est immobile et affranchie des lois de la mort, immobile en son être, *indéterminée en son pouvoir.* » (*Théologie naturelle*, p. 339.)

C'est avec un certain étonnement qu'on peut relever en plein XVIIe siècle un tel passage qui fait penser simultanément à Platon pour l'Antiquité et à Lamartine pour l'époque moderne. On y trouve simultanément une appréhension à la fois la plus intérieure et la plus universelle, de la réalité, appréhension qui a nécessairement pour caractère d'être à la fois très vaste, très intime et très vague. Ceci se trouve confirmé par cet autre admirable passage :

« Nos pensées doucement confuses s'emportent au-delà du monde dans je ne sais quelle étendue infinie de lumière. » Et Yves de Paris ajoute : « L'esprit se sent en rapport avec *je ne sais quoi de vaste et d'indéterminé* qui ne peut être l'objet de la vue et qui l'étonne comme les abîmes qui ne montrent point de fonds ». (Cité par Bremond, I, p. 488.)

Le *Je ne sais quoi* dont il s'agit ici deux fois n'a rien à voir avec le *Je ne sais quoi* pascalien ou marivaudien. Rien d'angoissé comme chez Pascal, rien de purement sensuel comme chez Marivaux. Quelque chose plutôt qui ferait penser au Rousseau des *Rêveries* ou des *Lettres à Malesherbes*. L'indétermination y a la même valeur à la fois tout intérieure et cosmique.

CORNEILLE

Il n'est pas douteux que Corneille ait fait sienne la théorie moliniste et jésuite de la liberté. Pour lui, comme pour Molina, la liberté est la faculté de n'être déterminé que par soi-même. Il n'y a donc de liberté que lorsqu'il y a possibilité d'*indifférence*, c'est-à-dire un équilibre parfait entre les tendances opposées entre lesquelles il faut choisir, ou entre la possibilité d'agir et celle de n'agir pas. Toutefois la liberté ne consiste pas dans cette indifférence. Elle consiste dans le fait qu'elle est cause première, principe absolu, indépendant à l'égard même de Dieu.

Mais il semble que ce qui a d'abord fasciné Corneille, c'est moins la liberté elle-même que la volonté. Il ne faut pas les confondre. Pour Molina, comme pour ses adversaires, il peut très bien y avoir une volonté non libre, une volonté esclave et capable cependant d'une grande énergie, ou, plus exactement, d'une grande efficacité, dans la conduite de ses réalisations. Ce qui a frappé Corneille, c'est le pouvoir effectif de la volonté, s'engageant, ou déjà engagée, dans l'action. Il la peint le plus souvent, non exactement à l'instant où — librement ou non — elle se détermine, mais, très précisément, dans celui où elle devient force déterminante. Il en voit surtout la face prospective, celle qui est orientée en avant, vers le futur, vers l'objet qu'elle s'est donné comme fin.

Peu à peu, néanmoins, Corneille semble avoir évolué. Il tendit à peindre l'être, non tant, comme plus haut, dans l'exercice *actuel* de sa puissance, que dans la source de sa détermination. En deçà de celle-ci, en deçà de l'acte par lequel la volonté se manifeste, dans une primauté qui est non de temps mais de nature, il remonta plus d'une fois dans son théâtre jusqu'à la notion d'une liberté *sur le point* de se transformer en acte (mais non encore engagée dans celui-ci).

Dans ces derniers cas, dans *Suréna* ou *Pulchérie*, par exemple, il s'agit d'une liberté qui apparaît initialement comme indéterminée, quoique prête à se métamorphoser en détermination.

CORNEILLE : TEXTES

Et *maître de son âme* il n'a point d'autre foi
Que celle qu'en soi-même il ne donne qu'à soi
(*Othon*, 5, 1.)

Je suis *maître de moi* comme de l'univers
(*Cinna*, 5. 3.)

Tant que vous serez roi, souffrez que je sois reine.
Avec la LIBERTÉ d'aimer et de haïr,
Et sans nécessité de craindre ou d'obéir.
Voilà quelle je suis et quelle je veux être.
(Sophonisbe, 2.4.)

Je suis *toujours le même* et mon cœur n'est point autre
(Cinna, 3.4.)

Et toujours en état de disposer de moi
(Place Royale, 1.4.)

C'est un grand charme...
De n'espérer ni craindre rien,
. . . .
D'être *maître de ses pensées*
A nous D. L. T., 1632.)

[...] mon cœur se conserve au point où je le veux,
Toujours libre.
(La Veuve, 1.3.)

DESCARTES

Contrairement à ce qu'on pourrait supposer, la pensée cartésienne ne débute que rarement par une affirmation ou par une certitude. C'est souvent, au contraire, par une question, et, derrière cette question, par l'aveu d'une certaine ignorance, voire d'un doute, d'une incertitude, que Descartes préfère commencer, ou, plus exactement, entrer en rapport avec un interlocuteur qui peut être son lecteur, mais qui peut être aussi lui-même. Combien de fois, en lisant les premiers textes de Descartes, ne sommes-nous pas tombés, non sans quelque surprise, sur tel ou tel passage, où se trahit ce qu'on ose supposer être l'état préalable de sa pensée, et où perce quelquefois une note indéfinissable d'inquiétude. Rappelons-nous cette lettre d'avril 1619 à Beeckmann, où il écrit : « Mon esprit est déjà parti en voyage. Je suis encore dans l'incertitude.

Où le destin va-t-il m'emporter ? Où me sera-t-il donné de faire halte ? »

Est-ce trop forcer le sens de ces lignes si émouvantes que de les relier, même en les opposant, aux paroles fameuses de la *Seconde Méditation* : « Je suis, j'existe : cela est certain. Mais combien de temps ? » Il semble que ce « combien de temps ? », même s'il est immédiatement compensé par la réponse qui fait suite : « Combien de temps ? Autant de temps que je pense », n'exprime pas une parfaite assurance, et qu'il contient aussi une part, infinitésimale peut-être mais réelle, de perplexité. Un dialogue existe à l'intérieur de la pensée de Descartes. Il s'ouvre entre ce qui est certain et ce qui n'est pas certain, entre ce qui est positif et ce qui est négatif, entre ce qui se révèle comme clair et distinct et d'autre part ce qui est douteux et confus. Et cela se manifeste à chaque instant, dans chaque occasion, à propos de n'importe quelle expérience. Il nous faudra toujours, en lisant Descartes, faire méticuleusement la part du négatif et du positif, de l'incertain et du certain : « Si nous apercevons quelque chose par nos sens, soit en veillant, soit en dormant, pourvu que nous *séparions* ce qu'il y a de clair et de distinct en la notion que nous aurons de cette chose de ce qui sera obscur et confus, nous pourrons facilement nous assurer de ce qui sera vrai. » Ainsi tout Descartes apparaît dans la satisfaction qu'il éprouve à posséder la propriété, pour lui sans prix, de *séparer* le clair et le distinct de l'obscur et du confus, et, par conséquent, d'éliminer dans sa pensée, le second de ces deux termes.

D'éliminer s'il se peut, mais, en tout cas, de ne jamais confondre. Voir à cet égard *Les passions de l'âme*, 1re partie, art. 28 : Descartes y parle de perceptions, que l'étroite et périlleuse alliance existant entre l'âme et le corps, rend confuses et obscures. Cela n'est pas fait pour lui plaire. Il préférerait sans doute, en tout point, une clarté continue. Mais, en fait, le second de ces termes (l'obscur, le confus) n'est pas vraiment éliminable. Bon gré, mal gré, il faut lui faire sa part. Descartes, philosophe, avant tout, de la pensée claire et distincte, ne reste pas moins guetté à chaque moment et à chaque pas — il le sait, il ne s'en cache pas — par la pensée inverse, la pensée obscure dont il voudrait ne pas avoir à tenir compte. Il rêve d'une pensée qui dans tout son champ et dans tout son développement, serait inaltérablement, lumineusement claire. Il voudrait pouvoir l'analyser, l'épurer, la traiter comme, sur tout leur parcours, se traitent les réalités mathématiques. Le monde mathématique, en effet, a l'avantage immense de se limiter exclusivement à des certitudes (réelles ou fictives). Mais le monde de Descartes n'est pas le monde des mathématiques. Il est fait d'objets déterminés, mais aussi d'objets indéterminés, et même indéterminables. Plus Descartes s'obstine à définir ce qui pour lui est définissable, plus évidemment s'impose à son attention, non pas au centre mais à la périphérie de sa pensée, et pour ainsi dire, en bordure de sa réflexion, une zone indéfinie, celle de la pensée non claire, non distincte, et cependant réelle, indéniable. Aux alentours des fameuses déterminations cartésiennes, s'étend, non pas nié, anéanti, mais refoulé, tenu à distance par le philosophe, un univers mental où il ne s'aventure pour ainsi dire jamais lui-même, mais où s'aventureront certains de ses continuateurs, un Malebranche, un Leibniz, et, en fin de compte, un peu tout le monde.

Cet univers mental ignoré de Descartes et exploré plus tard par combien de pensées issues pourtant de la sienne, c'est le monde immense et voilé de la pensée indéterminée.

DESCARTES : TEXTES

(Il faut) être le plus FERME et le plus RÉSOLU... imitant en ceci les voyageurs qui se trouvent ÉGARÉS en quelque forêt, ne doivent pas ERRER EN TOURNOYANT tantôt d'un côté, tantôt d'un autre, mais marcher le plus droit qu'ils peuvent vers un même côté, et ne le changer point pour de faibles raisons. *(Discours sur la méthode.)*

Je suis, j'existe; cela est certain. Mais combien de temps ? Autant que je pense. *(Première méditation.)*

... Notandum est in omni quaestione per deductionem resolvenda quamdam esse VIAM PLANAM et DIRECTAM...
(*Regulae.*)

Si nous apercevons quelque chose par nos sens, soit en veillant, soit en dormant pourvu que nous *séparions ce qu'il y aura de clair et de distinct* en la notion de ce que nous aurons de cette chose *de ce qui sera obscur et confus*, nous pourrons facilement nous assurer de ce qui sera vrai. (*Regulae.*)

MOLIÈRE

Basant ces quelques analyses du personnage moliéresque sur celles de G. A. Goldschmidt, qui me paraissent concluantes, je dirais que le personnage présenté le plus souvent par Molière, est une *conscience vide*, une sorte de creux qui ne peut être comblé. Ainsi Don Juan essaie continuellement, par les intrigues variées qu'il multiplie, de combler le vide perpétuel qu'il éprouve, ou de remédier au désœuvrement où le plonge la fin d'une de ses intrigues en en nouant aussitôt une autre. Dans *Tartuffe*, c'est Orgon qui apparaît comme dépossédé de lui-même par celui que passionnément il admire. Dans l'*Avare*, c'est Harpagon, qui, ayant placé son être profond dans son trésor, se trouve privé de son âme quand il est volé. Le cas de George Dandin est celui d'un être qui, en voulant être autre qu'il n'est, annule son être vrai. L'Alceste du *Misanthrope* montre l'insécurité fondamentale de celui qui perçoit la non-coïncidence de la vérité et du langage. Enfin le Sosie d'*Amphytrion* représente le cas idéal, celui du conflit qui éclate à l'intérieur d'un être, lorsqu'il sent la disparité entre la conscience qu'il a intuitivement de lui-même, et, d'autre part, l'être fictif qui se trouve substitué à lui par le monde extérieur. De toute façon, ce qui apparaît comme le thème essentiel dans la plus grande partie de ce théâtre, c'est le trouble, le vertige même causé à l'individu par la mise en question de sa personnalité authentique. Le vide éclate là où il y avait un plein. Un être mal défini tend à remplacer, même dans l'abstrait, la représentation nettement déterminée qu'il se faisait de lui-même. Il se sent menacé, parce qu'il sent son être vrai lui échapper, et appréhende qu'il ne soit remplacé par rien[1].

MOLIÈRE : TEXTES

Puis-je cesser d'être moi ?

(*Amphitryon*, I, sc. 2.)

Il me semble que je suis moi.

(*Amphitryon*, I, sc. 2.)

Moi, vous dis-je, ce moi plus robuste que moi,
Ce moi qui s'est de force emparé de la porte,
    Ce moi qui m'a fait filer doux,
    Ce moi qui le seul moi veut être...

(*Amphitryon*, II, sc. 1.)

Mon argent... Qu'est-il devenu ? Où est-il ? Où se cache-t-il ? Que ferai-je pour le trouver ? Où courir ? Où ne pas courir ? N'est-il point là ? N'est-il point ici ? Qui est-ce ? Rendez-moi mon argent, coquin. (Il se prend lui-même le bras). Ah ! C'est moi. Mon esprit est troublé, et j'ignore où je suis, qui je suis, et ce que je fais.

(*L'Avare*, IV, sc. 7.)

LA ROCHEFOUCAULD

Quels que soient les mouvements inconnus qui agitent le cœur et l'esprit de l'homme, leur origine est souvent reportée à des temps extrêmement reculés. Surgissant

---

1. Georges-Arthur Goldschmidt, dans son excellent livre intitulé *Molière, ou la liberté mise à nu* parle de « l'insécurité fondamentale de la certitude de soi » chez le personnage moliéresque.

du fond de l'être pour venir troubler la surface des pensées humaines, on suppose volontiers l'existence de certaines perturbations confuses, prenant leur source dans une sorte de nuit. L'existence de cette nuit est souvent conçue comme une ténèbre initiale que rien encore ne vient éclairer et qui régnerait dans les profondeurs indéterminées. Hypothèse qui n'est pas sans avoir été souvent reprise par les philosophies de l'inconscient, commençant à avoir cours au xixe siècle, mais qui dérive vraisemblablement de croyances beaucoup plus anciennes, comme celles des mystiques juifs et chrétiens des débuts de l'ère chrétienne, concevant à l'origine de toutes les existences une réalité première indéfinissable mais virtuellement puissante, demeurant longtemps inactive ou purement occulte, mais qui, pour quelque raison mystérieuse, aurait, au cours des âges, plus ou moins lentement émergé de son état latent. C'est à quelque hypothèse de ce genre qu'on pourrait rattacher les théories de La Rochefoucauld, bien qu'il ait totalement omis de les situer lui-même sur un plan métahistorique ou métaphysique. On peut en effet concevoir une ressemblance curieuse entre d'une part les rêveries profondes du *Zohar* ou des mystiques chrétiens des premiers siècles, et, d'autre part, les spéculations de type purement psychologique, enserrées de façon assez inattendue dans les maximes écrites par ce membre important de l'aristocratie française au cours du xviie siècle. Remplaçons la Ténèbre divine selon Denys l'Aréopagite, ou l'*Ensof* sans forme et sans figure du *Zohar*, par une sorte d'activité sourde et aveugle, résidant au fond du cœur humain, mais se transformant peu à peu en passions, en désirs, en tendances de toute sorte, et nous reconnaîtrons les analogies qui existent entre deux doctrines ayant pour point commun la croyance en une dangereuse activité intérieure se manifestant secrètement dans les tréfonds de l'être, et susceptible ainsi de relier deux façons d'exister très différentes, l'une enfouie dans la nuit, l'autre éclatant à la surface, mais de l'une à l'autre desquelles une espèce de développement pouvait être supposé.

S'il y a quelque vérité ou non dans cette filiation hypothétique, ce n'est pas notre objet d'en faire la preuve. Il y a cependant quelque utilité peut-être à montrer l'intérêt offert par ces similitudes. Elles nous révèlent, en effet, dans la pensée d'un grand seigneur contemporain de la Fronde, et de Louis XIV, une hardiesse et une profondeur de pensée tout à fait extraordinaires, qui font de ce psychologue-amateur, procédant à une mise en maximes des comportements du cœur humain, un des rares penseurs du siècle où il vivait, qui eût le désir de dépasser ces limites assez étroites et d'imaginer, en deçà de l'univers psychique essentiellement déterminé, où on avait l'habitude à l'époque de ranger les âmes, un autre univers mental où, derrière les passions, les intérêts et le cortège de tous les *mobiles déterminés*, retenant l'attention des moralistes, il était possible de concevoir d'autres activités psychiques plus secrètes, moins définissables, presque anonymes, mais opérant de façon puissamment affective. Sans doute il n'était pas impossible de trouver quelque chose d'approchant dans la psychologie des grands jansénistes de l'époque, en particulier Pascal et surtout Nicole. Mais chez ces derniers la hardiesse n'était pas allée jusqu'à concevoir l'existence d'une vaste organisation occulte de la vie intérieure, englobant dans son sein le fond originel de toute vie mentale. En somme, tout se passe pour La Rochefoucauld, comme s'il avait été le seul, ou presque, à soupçonner l'existence au fond de l'être humain, d'un ensemble de « terres inconnues » s'étendant dans une nuit sans lumière. Là certains mouvements s'accomplissaient, procédant à des changements imperceptibles. En parlant d'eux, l'auteur les situait volontiers dans des profondeurs occultes auxquelles il donnait parfois le nom d'*abîmes*. Dans ces lieux il plaçait volontiers les « tours et les détours » d'une pensée crépusculaire. Ainsi de ce monde premier, se dérobant au regard, jusqu'aux lieux de la surface, inondés de lumière, il y avait pour La Rochefoucauld toute une région intermédiaire où il n'était pas impossible de surprendre les mouvements de l'âme dans leur état de formation. Mais essentiellement, pour l'auteur des *Maximes*, avant que les passions n'accédassent à une forme déterminée, on ne pouvait pas leur reconnaître une structure véritable. Elles étaient donc *informes*, ou, en tout cas, encore incertaines, troubles, dépendant des occasions fortuites qui devaient finalement leur donner des caractéristiques précises. Ce mélange de formes achevées et de formes douteuses, d'apparences déterminées, issues de tendances indéterminées, attirait merveilleusement l'attention du grand découvreur. Il en discernait avec une admirable netteté les nuances, il projetait sur elle un maximum de clarté. Cependant la subtile exploration par lui des changements qui affectaient l'homme passionné, était peut-être à ses yeux chose moins fascinante que cette première perception de la force occulte des passions, sentie ou plutôt pré-sentie par lui dans son *informité* primitive.

LA ROCHEFOUCAULD : TEXTES DES « PENSÉES »

On est assujetti à une incertitude éternelle, qui nous présente successivement des biens et des maux qui nous échappent toujours.

... Nos qualités sont incertaines et confuses, nos vues le sont aussi. On ne voit point les choses précisément comme elles sont.

... découvrir la vérité à travers des obscurités qui la cachent aux autres.

... Il y a encore bien des terres inconnues.

Il semble que la nature ait caché dans le fond de notre esprit des talents et une habileté que nous ne connaissons pas.

De toutes les passions, celle qui est la plus inconnue à nous-mêmes c'est la paresse... Les dommages qu'elle cause sont très cachés.

On ne peut sonder la profondeur ni percer les ténèbres de ses abîmes. Là il est à couvert des yeux les plus pénétrants ; il y fait mille insensibles tours et retours ;

là il est souvent invisible à lui-même... Cette nuit... le couvre...

[Il y a] une génération perpétuelle de passions... [Elles existent] *à notre insu...*

MADAME DE LA FAYETTE

Toute une série de textes indique dans les romans de Mme de La Fayette les rôles divers joués par la pensée indéterminée.

Il y a d'abord le rôle de la surprise : thème banal, mais qui, chez Mme de La Fayette, est d'une grande portée. La surprise est ce qui surgit imprévisiblement dans un milieu familier et paisible, pour en détruire la tranquillité. C'est la création soudaine d'un hiatus dans l'existence, par l'ouverture duquel tout peut basculer. Il en va souvent ainsi chez Mme de La Fayette. La surprise est, avant tout, chez elle une sorte d'invasion. Elle a pour effet de briser le rythme régulier de la vie, d'introduire une discontinuité, le plus souvent inattendue, en celle-ci. La surprise n'est donc pas en elle-même une chose positive. C'est un événement essentiellement négatif, le passage sans transition du connu à l'inconnu, du déterminé à l'indéterminable. Tel est le grand thème de Mme de La Fayette. Dans la scène de l'aveu, l'héroïne dira : « Je vous avoue que vous m'avez inspiré des sentiments qui m'étaient inconnus. » S'ils étaient inconnus, ils étaient nécessairement ignorés. C'est à partir de la découverte de cette ignorance que l'action proprement dite commence. C'est donc l'irruption de l'inconnu, donc de l'indéterminé, qui constitue le véritable début du drame. Toute découverte de l'indéterminé est liée à une ignorance.

A l'ignorance s'associe naturellement la confusion, l'indistinction : « Ses pensées étaient si confuses qu'elle n'en avait aucune distincte. » « Cet objet était trop proche pour me laisser voir des voies claires et distinctes. »

De l'indistinction il est impossible aussi de séparer l'incertitude, qui n'est que la conscience du caractère imprévisible de ce qui nous arrive. A l'extrême, ce sentiment confus devient en nous la difficulté, l'impossibilité même de se reconnaître en l'être qu'on craint de devenir. On a peur de devenir pour soi-même une espèce d'étranger. On s'apparaît méconnaissable. C'est pourquoi, chez Mme de Clèves, comme chez sa créatrice et peut-être son prototype, Mme de La Fayette elle-même, l'on peut percevoir le désir, parfois presque désespéré, de contrebalancer à tout prix cette incertitude par une certitude. L'héroïne de Mme de La Fayette se demande plus d'une fois avec angoisse : « Puis-je me mettre en état de voir *certainement* finir cette passion ? » Finir, terminer, tracer une limite ferme et certaine à l'aventure incertaine, tel est le vœu profond de la princesse de Clèves. Il se résume, en somme, à ceci : tâcher, coûte que coûte, d'échapper au danger mortel de l'indétermination.

MADAME DE LA FAYETTE : TEXTES

Si je ne suis *surpris* d'abord, je ne puis être touché.

Je vous avoue que vous m'avez inspiré des sentiments qui m'étaient *inconnus*.

Ses pensées étaient si *confuses* qu'elle n'en avait *aucune distincte*.

Cet objet est trop proche pour me laisser des vues *claires et distinctes*.

Je n'ai que des sentiments *violents* et *incertains* dont je ne suis pas le maître.

Puis-je me mettre en état de voir *certainement* finir cette passion ?

PASCAL

Le point de départ de Pascal est rigoureusement cartésien. Le moi, dit-il, consiste dans ma pensée. C'est une chose toute mentale. Sans pensée, je n'aurais pas de moi, je n'existerais pas. Je dépends donc pour mon existence d'une activité de mon esprit que je suppose incessante. Mais est-il sûr qu'elle le soit ? Cette activité n'est pas nécessaire, elle est simplement contingente. Sans doute, mon existence ne pourrait se concevoir autrement que liée étroitement à cette activité. Mais rien ne me prouve qu'elle fonctionne toujours avec la même intensité. Bien au contraire, elle semble tantôt se ralentir et tantôt s'accélérer. A de certains moments elle paraît entièrement s'interrompre. Ou, du moins, ce qui se trouve suspendu, c'est la conscience de cette activité. Il y a en nous des arrêts et des reprises. Il y a des moments où nous nous percevons dans toute l'ampleur de notre vie intérieure, il y en a d'autres où tout se brouille, où nous ne percevons plus rien, où nous nous découvrons tragiquement dans le silence, dans un silence qui semble observé par nous-mêmes sur nous-mêmes. Alors nous ne savons plus qui nous sommes, et c'est presque comme si nous doutions que nous soyons. Qui sommes-nous ? Qu'est-ce que le moi ? Où est ce moi ? L'être qui doute de son être entre dans une angoisse qui est expressément l'angoisse pascalienne. Elle implique une incertitude intolérable relativement à l'identité de celui qui s'interroge. Ce doute s'élargit, devient immense. Pour savoir qui je suis, lorsque mon doute porte sur l'existence de mon être, je ne puis me contenter de m'interroger sur mon être actuel, il faut que je fasse porter ma question sur mon moi passé comme sur mon moi futur, sur l'être que j'ai été comme sur celui que je pourrais être : Qui suis-je ? Où suis-je ? Je l'ignore. C'est l'expérience fameuse de celui qui, ayant été transporté pendant la nuit dans une île déserte, se réveille au matin sans savoir où il est, dans quel temps il est, pour quelle raison il a été jeté en cet endroit de l'univers ou dans ce moment précis de sa vie. Comme Proust, à la première page de son roman, se réveillant en pleine nuit dans le noir et ne sachant en quel moment de son temps perdu il se trouve, l'homme de Pascal se trouve de toutes parts environné par l'inconnu. Toute détermination des lieux, des temps, des causes, lui est interdite.

A cette situation de vide, d'ignorance, de non-détermination absolue, il convient de raccorder cette autre phrase fameuse : « Le silence éternel de ces espaces infinis m'effraie. » Le silence, l'absence d'un Dieu, ou son refus de nous donner les déterminations nécessaires, tout cela constitue encore une sorte de vide ou de manque. Le vide de l'univers « muet » et le vide du monde intérieur se ressemblent. Ces deux silences n'en font qu'un. Rappelons-nous que, chez Pascal, non pas une fois, mais presque à chaque fois, l'incapacité de déterminer par soi-même les lieux et les temps dans l'univers externe se trouve associée à l'ignorance analogue éprouvée par Pascal relativement à l'être qu'il est. Le *où*, le *quand*, le *pourquoi*, tous ces facteurs de connaissance interrogés par Pascal pour le renseigner sur le monde du dehors, sont les mêmes qu'il emploie — vainement d'ailleurs — pour se renseigner sur son être même. Le *où*, le *quand*, le *pourquoi* ne sont pour ainsi dire jamais séparés de la situation concrète où, en vain aussi, il s'appréhende lui-même. Les deux ignorances, les deux silences, se recouvrent. Etre ignorant, c'est être *égaré*. Ne pas savoir pourquoi l'on est placé dans un lieu plutôt que dans un autre, c'est au fond la même chose que ne pas savoir qui l'on est ou dans quel temps l'on est jeté. Personne n'a lié avec autant d'insistance l'ignorance cosmique avec l'ignorance intérieure. Et même, par exception, quand l'auteur des *Pensées* considère pour une fois, exclusivement, l'ignorance de soi-même, où vit chaque être (« personne ne sait s'il est digne d'amour ou de haine »), l'effet tout intérieur que fait sur lui cette ignorance effrayante ne semble pas différer de l'effroi que lui cause le spectacle non moins effrayant du monde externe. La crainte et le tremblement, ces sentiments religieux qui inspirent à saint Paul une émotion toute personnelle, se retrouvent chez Pascal exprimés sur le même ton que les angoisses du savant confronté par le spectacle que lui offre le monde extérieur. Ils traduisent le même *égarement* en présence du même *silence*. L'indétermination cosmique et l'indétermination psychique se confondent.

PASCAL : TEXTES

Voilà ce qui me trouble. Je me regarde de toutes parts, et je ne vois partout qu'obscurité... Ignorant ce que je suis et ce que je dois faire, je ne connais ni ma condition, ni mon devoir. (429, Ed. Lafuma, Seuil.)

Ce repos dans cette ignorance est une chose monstrueuse. (428.)

Qui ne voit par tout cela que l'homme est égaré, qu'il est tombé de sa place, qu'il la cherche avec inquiétude, qu'il ne la peut plus retrouver. (430.)

Je suis dans une ignorance terrible de toutes choses. Je ne sais ce que c'est que mon corps, que mes sens, que mon âme et cette partie de moi-même qui pense ce que je dis... (427.)

Je vois ces espaces effroyables de l'univers qui m'enferment, et je me trouve attaché à un coin de cette vaste étendue, sans que je sache pourquoi je suis placé en ce lieu plutôt qu'en un autre... (427.)

Comme je ne sais pas d'où je viens, aussi je ne sais où je vais... (427.)

Qu'est-ce que le moi... ? Où est donc ce Moi ? (688.)

... J'entre en effroi comme un homme qu'on aurait porté endormi dans une île déserte et effroyable et qui s'éveillerait sans connaître où il est et sans moyen d'en sortir... (198.)

... Immensité des espaces que j'ignore et qui m'ignorent...

NICOLE

Pour Nicole, comme pour saint Augustin, Pascal et tous les jansénistes (Arnaud peut-être excepté), l'expérience première vécue par tout homme est incontestablement celle de l'ignorance. Ignorance de celui qui ne sait ce qu'il est et qui il est. Ignorance expérimentée par chacun, non comme une simple lacune dans l'ensemble de ses connaissances, mais comme une viciation générale du cœur et de l'esprit, analogue et peut-être même identique au péché originel ; situation essentiellement négative et privative qui affecte l'homme au centre de lui-même, altère en chaque instant ses rapports avec le monde externe, et se révèle enfin comme le trait le plus important et le plus funeste de toute existence. Notre être, avec tout ce qu'il possède apparemment de substantialité, avec tous les liens aussi qu'il est susceptible de nouer avec le monde du dehors n'a pour ainsi dire en lui-même rien de véritablement positif. Sa réalité repose on ne peut même pas dire sur un vide, sur un néant qui serait au moins peuplé d'êtres réels et consolidé par leur présence certaine. Elle ne repose pas non plus sur quelque imposture flagrante dont le caractère illusoire serait un masque derrière lequel on pourrait espérer trouver quelque chose d'authentique. Non, l'être humain s'avère être tout simplement une espèce de forme douteuse et ambiguë parmi d'autres formes tout aussi suspectes, de telle façon qu'il serait impossible de voir jamais aucune avec netteté. Bref, l'homme, aux yeux de Nicole, est une sorte d'être vague, perdu au milieu d'êtres tout aussi vagues que lui. La confusion dont ils font montre est infinie. Elle se retrouve partout. Elle affecte d'une semi-irréalité et d'une imprécision totale tout ce qui est perçu au-dehors et pensé au-dedans. Elle empêche de faire toute distinction entre le vrai et le faux, entre le réel et l'irréel, entre le moi et le non-moi. Elle n'est donc pas identique à un vide, à un trou, à un pur néant. Mais elle offre cette sorte de négativité seconde, pire peut-être encore que la première, qui déguise et corrompt partout la vérité, sans jamais totalement l'anéantir. Ainsi le moi et le monde de Nicole se présentent à lui (et au lecteur) comme gravement altérés par on ne sait quoi d'indéfinissable encore que de très évident, qui pourrait être une suite du péché originel, la faiblesse inhérente à la nature humaine, la culpabilité ou la sottise de toute personne, ou peut-être encore ce brouillard ou ce rideau étendu sur le monde comme sur le moi, et qui aurait pour effet de modifier gravement toute vision de la réalité sans pourtant jamais l'abolir tout à fait.

Bref, il en résulte que toute forme visible dans le monde de Nicole ne peut jamais se montrer que sous un aspect à la fois perverti et trompeur. Tout y est simultanément obscur, incertain, dénaturé et difficilement déchiffrable. L'être humain s'y trouve, à son grand dam, perdu dans un univers équivoque. Il est tout juste capable de percevoir des figures fallacieuses ou embrouillées, sans pouvoir à aucun moment s'en faire une représentation nette. En raison de ce voile déformant qui recouvre chaque être, tout ce qui se trouve à la superficie de celui-ci est *ipso facto* altéré. Ce serait donc folie d'y ajouter foi, tel qu'il se présente, car dans tout ce qui est ainsi perçu, le vrai et le faux se trouvent invariablement mêlés sans qu'on puisse faire la différence. De plus, et fait plus grave encore, ce voile épais qui laisse pourtant transparaître tant de formes douteuses à la surface *ne laisse rien passer venant du fond*, par suite de cette extrême épaisseur, et peut-être aussi de l'extrême distance nous séparant des objets gisant tout au fond. La confusion de nos sens se trouve donc aggravée par l'opacité de nos perceptions. Tout cela obscurcit le voile qui s'étend entre notre être profond et notre image flottant à la surface. C'est là pourtant, tout au fond, que se cache la racine de notre ignorance, l'impossibilité de connaître notre moi véritable, et, par suite, le mystère qui entoure l'état où nous sommes vis-à-vis de Dieu.

L'incertitude fondamentale qui règne sur toute la pensée de Nicole n'est donc pas, à proprement parler, une indétermination. Ce n'est pas non plus la description d'un monde mental, en lui-même indéfini et indéterminé, qui existerait par priorité avant l'univers défini et déterminé de l'existence quotidienne. Loin de supposer l'antériorité d'une réalité première non définissable, d'où procéderait notre monde actuel, et qui serait la source de ses richesses, Nicole est plutôt d'opinion que l'état de confusion, qu'il discerne partout, est une sorte de maladie mentale ou morale affectant universellement la nature humaine et empêchant la pensée de l'homme de concevoir ou de percevoir clairement ce qui est. La vision de l'homme serait donc réduite à un simple mélange du faux avec le vrai, substituant ainsi, dans l'image qu'elle se fait du réel, des formes déformées et trompeuses aux formes distinctes et vraies.

Prise dans ce sens, l'indétermination serait une conséquence de la chute de l'homme. Elle aurait pour effet de troubler, et par conséquent de fausser gravement, non seulement la nature de celui-ci, mais, plus spécialement, son pouvoir de saisir le vrai.

NICOLE : TEXTES

Nous naissons dans le monde environné de ténèbres... (*Essais de morale*, t. 4, p. 88.)

Je suis dans une ignorance terrible de toutes choses. (*Instructions sur le symbole*, t. 1, p. 180.)

C'est une chose étrange... Combien Dieu a soin de rendre tout incertain et obscur en cette vie, afin de nous tenir dans l'humilité. (*Essais de morale*, t. 8, p. 45.)

L'incertitude rabaisse et humilie l'âme. (*Essais de morale*, t. 8, p. 49.)

... Mouvements violents qui naissent d'un fond inconnu et d'un abîme caché. (*Essais de morale*, t. 1, p. 136.)

Nous avons si peu de lumière pour pénétrer le fond de notre cœur, que nous ne distinguons point avec certitude par quel principe nous agissons (*Les imaginaires*, t. 2, p. 217.)

On ne connaît jamais avec certitude ce qu'on appelle le fond du cœur ou cette première pente de l'âme qui fait qu'elle est ou à Dieu, ou à la créature. (*Premier traité de la connaissance de soi-même*, t. 3, p. 109.)

Tous les objets du monde sont des miroirs... mais ce sont des miroirs confus et rayés. (*Essais sur la morale*, t. 6, p. 257.)

Les idées les plus vives s'évanouissent peu à peu, les passions se chassent les unes les autres, et les traces de ces choses passées deviennent peu à peu si obscures qu'il n'en reste presque rien. (*Essais de morale*, t. 7, p. 132.)

Nous ignorons ce que nous sommes devant Dieu et de quel œil il nous regarde. (*Les Imaginaires*, t. 2, p. 230.)

... Incertitude où nous sommes de l'arrêt éternel de notre prédestination. (*Essais de morale*, t. 1, p. 148.)

Nous devons souvent considérer Dieu comme une mer infinie qui contient tout et conserve toutes choses et nous regarder comme des poissons, ou plutôt comme des atomes qui y sont abîmés et dont l'être disparaît en quelque sorte dans l'immensité de cet être souverain qui les engloutit. (*Essais de morale*, t. 4, p. 318.)

RACINE

Depuis saint Augustin jusqu'à Pascal et Nicole, l'on peut voir se manifester presque sans interruption dans la littérature ou la pensée philosophique un phénomène qui appartient à la fois au domaine du sentiment personnel et en même temps à celui de la pensée réfléchie. C'est l'expérience de la non-connaissance de soi. Sans doute, il est aisé d'en trouver des exemples chez les écrivains antérieurs à l'ère chrétienne ou étrangers au christianisme, mais c'est seulement à partir de l'avènement de la religion nouvelle et du profond changement qu'elle causa dans les âmes, que l'être humain découvrit dans toute son intensité troublante l'incapacité où il se trouvait de se définir avec la moindre précision. A partir de l'ère chrétienne, toute littérature, toute réflexion philosophique devient interrogative; non pas au sens où l'entendait Socrate, comme une façon plus ou moins ingénieuse de décrire la voie que l'on suit pour accéder à la vérité, mais, au contraire, pour mieux prendre conscience de l'improbabilité, voire même de l'impossibilité, d'obtenir par nos propres forces une réponse. Nous découvrons que nous ne savons pas qui nous sommes. Et nous aurions un immense intérêt pourtant à le savoir. Aussi, dans le vocabulaire des chrétiens, la question *Qui suis-je ? Que suis-je ? Où suis-je ?* est le plus souvent, presque toujours même, une question intensément angoissée. Elle exprime, avant tout, comme par anticipation, la crainte, presque le désespoir de celui qui sait à l'avance qu'il va se heurter à un silence, et que l'effort qu'il fait pour se renseigner sur lui-même est voué à un échec.

Mais il y a plus encore. La question que nous nous posons ici n'est pas seulement vaine, elle risque de nous être nuisible en nous faisant prendre conscience, parfois avec une brutalité insupportable, de l'absence de toute réponse. Elle introduit celui qui la pose dans une sorte d'univers négatif, où rien de certain ne peut être obtenu. Univers indéfinissable, indéterminable, où l'être qui cherche une réponse sait déjà à l'avance que si par chance il lui arrivait d'en obtenir une, cette réponse ironiquement le laisserait dans la même ambiguïté, comme si l'unique réponse possible ne pouvait jamais être que la certitude de ne jamais pouvoir obtenir sur n'importe quel point la moindre certitude. Certitude décourageante et même désespérante, puisque l'être ne cachant rien de soi, sinon qu'il ne peut rien en savoir, se trouve ainsi livré à tous les sentiments qu'entraîne une telle ignorance : c'est-à-dire le trouble, le doute, l'humiliation, l'extrême méfiance envers soi-même, l'expérience d'une opacité intérieure dont jusqu'alors il n'avait aucune idée, la peur enfin d'être un monstre et de l'être à son propre insu. Toute l'angoisse de l'être, angoisse sans limite, sans démenti ni consolation, mais aussi sans rien de déterminable, se trouve condensée dans la question qu'on se pose et dont on sait à l'avance qu'elle n'aura pas de réponse. Ou si, comme c'est le cas le plus fréquent, la réponse apparaît, mais comme une moquerie, parce qu'elle est ambiguë, en ce cas l'état d'esprit engendré par cette nouvelle indétermination se révèle comme plus insupportable que le silence. L'être pénètre dans une région de l'esprit qui s'avère plus perfide encore que celle du pur silence. C'est l'univers de la confusion et de l'égarement. Il suffit de parcourir le théâtre racinien pour en trouver de multiples exemples. Contentons-nous simplement de citer brièvement, à la suite les uns des autres, les plus éloquents des textes où le personnage racinien témoigne de ces expériences. On y voit l'ignorance qu'il a de lui-même se mêler à une sorte de désorientation tragique :

> Moi-même en ce moment, sais-je si je respire ?
> Je crains de me connaître en l'état où je suis.
> Un je ne sais quel trouble empoisonne ma joie.
> Maintenant je me cherche et ne me trouve plus.
> Qui suis-je ?... Sais-je si je respire ?
> Que fuis-je ?... Où ma raison se va-t-elle égarer ?
> Je connais mes fureurs... J'ignore qui je suis.

Tous ces textes, et cent autres, trahissent le même égarement, la même confusion. Il révèle dans la nature du personnage de Racine, ou, plus exactement, dans la conscience de soi qui, à un moment donné ou l'autre, se manifeste infailliblement en lui, quelque chose qui le rapproche étroitement de l'être confus que Nicole perçoit toujours en lui-même, et dont cet autre grand janséniste, Pascal, prend conscience quand, simultanément dans son for intérieur et dans l'immensité du monde, il constate la même angoissante énigme. Cette similitude, bien entendu, n'est pas fortuite. Elle se rattache à la même croyance, ou plutôt à la même perspective religieuse, lourde d'angoisse, qu'on trouve chez ces trois esprits et leurs amis.

A cela, liée étroitement à cette ignorance angoissée, au point d'être le plus souvent confondue avec elle, s'ajoute ce que nous pouvons appeler la conscience morale ou l'expérience éthique de l'être racinien. Dans la plupart des cas, l'ignorance de soi dont il souffre et qui le trouble est associée, parfois dubitativement, parfois avec un sentiment de remords intense, à la conscience d'une culpabilité, dont il ne mesure pas toujours exactement la portée. Là encore, il y a dans le théâtre racinien, comme dans le témoignage que nous possédons sur certaines actions de Racine lui-même, un mélange équivoque d'incertitude et de certitude. Coupable, le suis-je, et si je le suis, jusqu'à quel point ? Le sentiment, ici encore, nous apparaît comme essentiellement ambigu; mais non plus aisément supportable pour être dépourvu de netteté. Le *Qui suis-je ?* racinien se transforme d'ailleurs souvent en un *Où suis-je ?* exactement d'ailleurs comme dans les méditations angoissées de saint Augustin sur lui-même.

> Insensée, où suis-je et qu'ai-je dit ?...
> D'où peut naître à ce nom le trouble de votre âme ?
> De ce trouble fatal par où dois-je sortir ?
> Eclaircissez le trouble où vous voyez mon âme.

Le sentiment de culpabilité, ou, en tout cas, de doute, d'appréhension angoissée quant à la situation physique et surtout morale, où l'on se trouve, est un des traits les plus évidents du personnage racinien. On le trouve souvent exprimé par un mot qui, plus qu'un autre peut-être, joue un rôle dans ce théâtre et y a un son proprement racinien : c'est le mot *égarement*. Exactement comme chez Pascal, encore que le théâtre racinien n'ait pas le caractère cosmique que prend souvent la pensée pascalienne, le mot *égarement* suggère chez Racine une idée confuse mais extraordinairement intense : celle de l'être humain, se découvrant *perdu* sur une *scène* où il est en quelque sorte offert à un *regard*. Quel est ce regard ? Quel est précisément ce lieu où l'on est offert ? Il n'y a pas véritablement de réponse, et cette absence de réponse crée chez celui qui l'attend, qui l'espère ou la craint, un malaise insupportable ; pire parfois qu'un désespoir franchement reconnu et avoué.

A moins que, comme dans les dernières paroles prononcées par Phèdre, il y ait enfin de la part de l'être perdu jusqu'alors dans ses équivoques une reconnaissance expresse, un aveu certain, par lequel, à l'heure de la mort, l'ambiguïté est vaincue et l'incertitude dissipée par un aveu déterminé.

Détermination finale qui ne dissipe pas cependant cette tragique absence de certitude interne, marquant le théâtre de Racine comme les écrits de Nicole ou de Pascal. Chez ces différents représentants de la pensée janséniste, se distingue le même trait de ressemblance : le caractère essentiellement indéterminé que présente chez eux l'être profond, confronté par un silence.

Ajoutons à ces textes pour la curiosité de la chose, mais aussi pour la parfaite ressemblance qu'offrent avec les passages déjà cités ces autres textes tirés d'un poème de Louis Racine, fils du grand Racine (le poème de *La Religion* publié en 1751) :

> Qui suis-je ? Mais, hélas, plus je veux me connaître,
> Plus la peine et le trouble en moi semblent renaître.
> . . . .
> Il faut donc me résoudre à m'ignorer toujours.

Et surtout le texte suivant où Louis Racine, digne fils de son père, reprend délibérément le grand thème pascalien de l'homme transporté à son insu dans une île déserte :

> Je me figure, hélas ! le terrible réveil
> D'un homme qui, sortant des bras d'un long sommeil,
> Se trouve transporté dans une île inconnue.
> Tremblant il se soulève, et d'un œil égaré
> Parcourt tous les objets dont il est entouré...

Comme son père, comme Pascal, Louis Racine se découvre

Egaré dans un coin de cet espace immense.

On peut relever encore dans la Préface de son poème de *La Religion* le texte suivant qui souligne la hantise racinienne du *silence* : « La raison qui me démontre avant tant de clarté l'existence d'un Dieu *me répond si obscurément* lorsque je l'interroge sur la nature de mon âme, et *garde un silence si profond* quand je lui demande la cause des contrariétés qui sont en moi, qu'elle-même me fait sentir la nécessité d'une révélation, et me force à la désirer. »

Signalons enfin que le grand thème racinien de l'ignorance de soi dans le trouble de la passion se retrouve chez plus d'un auteur à l'époque de Racine. Citons par exemple ce texte tiré des fameuses *Lettres portugaises* : « Je ne sais ni ce que je suis, ni ce que je fais, ni ce que je désire; je suis déchirée par mille mouvements contraires. Peut-on s'imaginer un état plus déplorable ? »

BOSSUET

« Il y a des âmes, dit Bossuet, qui se voient en chaque moment en état que leur volonté leur *échappe*. Elles sont toujours prêtes à tomber. » Ailleurs, s'adressant directement à ses auditeurs, il leur dit : « Il ne faut pas vous étonner que votre volonté soit prête à *s'échapper à soi-même*. » Enfin, dans un autre texte, presque avec des mots identiques, Bossuet parle d'une « faiblesse de l'âme à qui tout *échappe* et qui *s'échappe à elle-même* ».

A différentes reprises donc, Bossuet parle d'une grave faiblesse de l'homme. Cette faiblesse, il la dénonce. Le choix de ce terme de faiblesse pourrait surprendre dans la bouche du grand athlète de la vie chrétienne qu'il était.

Au lieu de le voir insister sur la fragilité de la nature humaine, prise en elle-même, on l'eût plus volontiers vu faire appel à ses auditeurs pour qu'ils surmontent leurs défaillances et rallient leurs forces. Et pourtant l'on constate que, dans tous ces cas, Bossuet ne les exhorte pas à bander leurs énergies, mais uniquement à prendre conscience de ce qu'il y a de profondément faible en eux. Et ceci vaut tout aussi bien en ce qui le regarde lui-même. Comme tous les êtres auxquels il s'adresse, il s'éprouve dans la faiblesse de son âme, il sent s'évanouir sa force et s'échapper sa volonté. Telle est la situation dans laquelle il se reconnaît être, en même temps qu'il la perçoit partagée par la communauté de ses auditeurs. Il est, comme eux, un être qui, lorsqu'il s'interroge, se voit non dans sa force, mais, à l'inverse, dans le mouvement de recul ou de fuite, causé en lui par la défaillance de la volonté. Il sait que ce qu'il y avait en lui de plus ferme se dissout et se dérobe à son emprise. Aussi, ce que Bossuet constate en lui, ce n'est pas une assise solide, un point d'appui sur lequel il pourrait reposer, c'est au contraire l'expérience confuse et angoissante d'une fuite de l'être. L'être *échappe* à lui-même. Comme tous les êtres qui l'entourent, Bossuet se découvre sujet à une perpétuelle défaillance. Sur ce point il n'est nullement différent des autres grands écrivains religieux de son siècle, mais il est peut-être le seul qui avec tant de force dénonce en lui comme en tous tant de faiblesse. En chaque instant, comme il le dit, il voit l'être humain en train de choir dans une sorte d'abîme : chute sans cesse renouvelée ou prolongée, qui, durant tout le temps qu'elle a lieu, apparaît comme une durée confuse, où tout se mêle, où il est impossible de rien considérer avec quelque netteté. De ce point de vue, toutes les existences se confondent, tous les temps se ressemblent et offrent le même néant. Une grande partie de la hauteur de vue dont fait montre Bossuet et avec laquelle nous le voyons si souvent *survoler* les existences humaines vient du fait qu'il a la capacité exceptionnelle d'embrasser celles-ci en leur généralité, mais aussi, en même temps, de nous faire sentir à quel point, prises isolément, ces existences sont personnelles. Dans la vaste perspective où Bossuet retrace toujours avec une hauteur admirable les faits et les méfaits d'une humanité contemplée dans son ensemble, le sort de chacun lui apparaît à la fois comme plus ou moins perdu dans la masse mais se présentant aussi, simultanément, dans le tragique particulier qui est le sien. Bossuet, en chaire, s'adresse à tout le monde, mais dans un discours où chaque cas prend valeur d'exemple et est considéré séparément. D'où dans ces sermons consacrés à la peinture de toutes les âmes, une combinaison exceptionnelle de deux tendances ordinairement opposées : l'une où les êtres sont saisis individuellement, l'autre, à l'inverse, qui *uniformisent* les situations en ramenant les existences particulières à un même état général, comme si la chute du pécheur individuel disparaissait dans l'ampleur du cataclysme universel réduisant tous les êtres au même néant et à la même uniformité. Le génie descriptif de Bossuet a cette propriété remarquable de savoir *niveler*, quand il le veut, les individualités même les plus saillantes en les ramenant à une identique nullité.

On aurait pu supposer un instant que pour faire sortir les êtres de cet anonymat tragique où ils se trouvaient ainsi réduits, Bossuet aurait naturellement fait allusion à la vigueur originelle de l'homme, et aux ressources que la sagesse ou la miséricorde de Dieu aurait placées en lui. Etant donné la virilité de Bossuet lui-même et son goût de l'énergie, il n'aurait pas été inconcevable de le voir prêchant l'action et exaltant les vertus humaines. Mais ç'aurait été là concéder que pour le sévère prédicateur chrétien qu'était Bossuet, l'homme eût encore gardé l'intégrité de ses forces morales. Or telle n'est pas évidemment l'orientation prise par Bossuet. Un peu partout, dans le *Discours sur l'histoire universelle* comme dans les *Sermons*, il s'est donné expressément pour objet de nous montrer comment les intentions humaines sont invariablement déjouées par les fins divines, en sorte que celles-ci se réalisent immanquablement, sans que l'homme y puisse jamais mêler ses desseins propres. Dans quasi tous les écrits de Bossuet, la seule issue présentée par l'auteur est celle de l'anéantissement de la volonté humaine devant la volonté divine. La seule contribution que l'homme puisse apporter à l'œuvre de Dieu, c'est, par un étrange renversement, seule la faiblesse de l'homme qui puisse l'offrir. L'homme est faible. L'homme est nul. Il n'a ni forme ni consistance. Tout le prouve. Il s'agit donc pour lui, non de lutter contre ce manque de forme et de consistance, mais de pousser au contraire jusqu'à ses extrêmes limites la singulière propriété qui lui est donnée de se réduire au néant. Telle est la vraie voie, la *voie négative*. Il faut « abaisser nos entendements », balayer nos intérêts, annuler notre volonté, abandonner sans réserve aucune notre inclination pour les objets *déterminés*, quels qu'ils soient, auxquels nous avions eu le tort d'attacher une valeur; bref, il faut, en nous et autour de nous, faire le vide; il faut aussi, pour accéder à la lumière divine, passer, comme Bossuet l'indique, par les ténèbres divines : *Entrons dans la nuée*, dit-il. Et ailleurs : *Aimons les ténèbres de la foi.*

Dès lors il ressort des textes cités que la pensée du grand prédicateur se situe dans un temps qui n'est pas celui de la lumière, qui est celui de l'obscurité et des énigmes. Comme il en va chez les mystiques, l'on voit cette pensée renoncer à la possession directe de la clarté. Elle abandonne les précisions, les déterminations, les fausses certitudes de la vie courante, pour *ne se nourrir que d'espérance*. Et, pour nous servir d'une expression de Bossuet lui-même, elle se satisfait d'être une *lampe*, mais *une lampe située dans un lieu obscur.*

BOSSUET : QUELQUES POINTS
GÉNÉRALEMENT TRAITÉS DANS SES SERMONS

D'abord un être qui se découvre dans l'ignorance il est sans savoir, interdit et confus.

Cette ignorance est liée de la façon la plus étroite à sa condition temporelle. Le temps est un voile, c'est une espèce d'obscurité. L'on est comme perpétuellement enveloppé dans la confusion. On est dans l'informité.

Confusion dans laquelle on tombe, dans laquelle on s'enfonce, comme dans une nuée où l'on voit trouble, comme dans une nuit où l'on ne voit rien.

Mouvement par lequel on échappe sans cesse à soi-même, par lequel l'on sent son être toujours en train de se dérober à soi.

Alors que faire ? Transformer cette fuite intérieure en un abandon. Entrer dans la nuée, c'est entrer dans les ténèbres de la foi — foi obscure et nue — perte de soi-même, mais en Dieu.

Ainsi l'on transforme le temps, qui en lui-même n'est rien, qui en lui-même n'a ni forme ni consistance, qui ne se forme qu'en se dissipant. Par la perpétuelle dissipation de soi-même on entre dans les ténèbres divines : ténèbres comparables à l'état de la création avant que Dieu ne lui eût donné une forme.

FÉNELON

Dans le chapitre consacré par nous à la pensée indéterminée de Bossuet, nous citions cette phrase de celui-ci : « Il y a des âmes qui se voient en chaque moment en état que leur pensée leur échappe. » Cette phrase s'applique aussi bien à la pensée de Fénelon qu'à celle de Bossuet. Fénelon, lui aussi, et avec une acuité de perception peut-être plus intense encore, sent son être qui, dans le moment même, lui échappe. Mais il sent aussi, presque simultanément, ce que Bossuet n'expérimente peut-être pas, le mouvement inverse, celui par lequel, avant de disparaître et d'échapper, le moment qu'on pressent est sur le point d'apparaître, de sorte qu'avant qu'il ne devienne actuel, on peut craindre — ou espérer — qu'il n'arrive pas. « Je ne puis jamais un seul moment, écrivait Fénelon, me

trouver fixe et présent à moi-même pour dire simplement :
Je suis. » Et il concluait : « Ma durée n'est qu'une défaillance perpétuelle. »

L'anxiété de Fénelon se rapporte donc aussi bien à l'existence de celui qu'il sera qu'à l'existence de celui qu'il a pu être. Ou, plus exactement encore, elle se rapporte à celui qui, pour ainsi dire en même temps, n'est déjà plus et n'est pas encore, c'est-à-dire à ce *moi* qui se perçoit parfois dans l'espèce de trou ou de vide se situant pour un instant infinitésimal *entre* les moments. Intervalles imperceptibles, souvent aussi indéfinissables, que certaines personnes expérimentent avec une intensité particulière, et qui ont pour caractéristique singulière d'être parfois très distincts, bien qu'on se trouve incapable de réellement les déterminer : « Je suis, dit encore Fénelon, celui qui n'est pas encore ce qu'il sera ; et dans cet entre-deux que je suis, un je ne sais quoi qui ne peut s'arrêter en soi, qui n'a aucune consistance, qui s'écoule rapidement comme l'eau. » Ailleurs Fénelon dira encore : « Je me vois comme un milieu incompréhensible entre le néant et l'être. »

Ce qui est important dans cette dernière phrase, c'est que la remarque formulée par Fénelon est valable aussi bien pour l'être se situant entre son passé et son présent que pour celui qui se place entre son présent et son futur. Ceci implique une conception particulièrement rigoureuse de ce que les théologiens et les philosophes désignent sous le nom de création continuée. Pour Fénelon, comme pour beaucoup d'autres d'ailleurs, notre être qui, en fait, est toujours sur le point de mourir, est aussi, du même coup, un être qui est toujours en train de surgir dans l'existence. Il se découvre exactement entre deux vides. Son existence positive est extrêmement réduite. Elle n'a lieu actuellement que dans un instant infinitésimal, plus bref même qu'un battement de cœur. Il ne se possède donc pas, il n'a pas le temps de prendre conscience de sa vraie vie. Celui qu'il avait été une seconde auparavant est déjà un étranger. Celui qu'il sera — s'il lui est donné d'avoir le moindre futur —, il ne le possède pas, il faut qu'il comble ce manque. L'être humain, pour Fénelon, *n'est* jamais, il n'est qu'une entité absente et qui se cherche.

Comme l'instant bergsonien, l'instant fénelonien se présente comme dépourvu de presque toute réalité. Cet instant, on peut le comparer, comme le faisait Bergson lui-même, au *nunc fluens* des anciens scolastiques. C'était pour eux la plus humble sorte de durée. Au-dessus d'elle s'établissaient, de la durée animale à celle des anges et de Dieu lui-même, toutes sortes de durées étagées. Ici, au contraire, dans l'horizon extraordinairement rétréci de l'âme humaine, il n'y a qu'une existence instantanée. Un simple moment actuel, où la conscience se découvre, sans qu'elle puisse relier ce moment à ce qui précède et à ce qui suit. Cette situation n'est pas sans rappeler quelque peu celle du cartésien se saisissant dans l'éclair du moment où il pense, avec abolition de tout le reste. La différence notable, cependant, c'est que le moment de conscience cartésien : « *Je pense, je suis* », est absolument positif et s'ouvre sur toutes les entreprises possibles du penseur. Mais l'instant fénelonien, il faut le constater, ne ressemble en rien à cette instantanéité conquérante. Il ne constitue même pas une halte, un lieu de repos suffisamment stable pour qu'on puisse y asseoir, si c'est nécessaire, sa pensée. Rien, non plus, chez Fénelon, de cette espèce de contentement profond qu'au siècle précédent un Montaigne, ou, au siècle suivant, les sensualistes, avaient éprouvé et éprouveront dans la découverte de leur existence personnelle. D'autre part, dans cette prise de conscience fénelonienne, le caractère essentiellement éphémère et menacé de la vie spirituelle ne ressemble pas du tout à *l'élan* qui, plus tard, chez Bergson, le soulèvera et le transportera. Aucune sorte de continuité n'existe pour Fénelon dans le cortège des instants qui se suivent. D'un côté, il est vrai, il y a bien quelque chose de vaguement prébergsonien dans la conception d'un instant qui n'est jamais fixe, qu'on ne peut jamais isoler totalement de ceux qui précèdent, comme de ceux qui suivent. Mais cette durée est l'inverse même de la durée bergsonienne. Elle ne consiste pas en un mouvement créateur et mélodique. Bien au contraire ! C'est une apparition fragile et précaire, sans cesse interrompue, sans cesse recommencée, et qui se fait — c'est le point le plus important — sur un fond de néant. Cette expression doit être entendue dans toute la force expressive qu'elle comporte. Le *fond* dont il s'agit ici, le *néant* qui se trouve ici évoqué expriment ce qui est aussi peu bergsonien que possible, quelque chose comme une permanence négative. C'est sur un fond de non-être éternel que se découpe en chaque instant un fragment d'existence, en lui-même désespérément incomplet, qui apparaît, qui disparaît imprévisiblement. Et si l'on peut dire qu'il est dés-espérément incomplet en lui-même, en donnant au mot désespoir son sens originel de *manque d'espoir*, c'est qu'en effet le temps fénelonien a pour base un manque. Il est, dans ce sens, un des temps les plus désespérés qui soient; différent, en cela, du temps décrit par un Bossuet, où l'espoir joue au contraire un si grand rôle.

A cette absence « désespérante » de durée, chez Fénelon, se joint une absence correspondante de forme : « Donnez-moi une forme », disait Fénelon, implorant Dieu, « car je n'en ai aucune ». — « Défaites pour refaire », lui disait-il ailleurs. Fénelon se résigne à accepter indifféremment toutes les formes qu'il plaira à Dieu de lui donner. Il est tout prêt aussi à n'avoir qu'une pensée sans forme, du moins sans forme déterminée, et ce grand écrivain qui manie une des langues les plus pures qu'on puisse trouver dans l'histoire littéraire ne songe jamais, ne fût-ce qu'une seconde, à imprimer sa personnalité dans ce qu'il écrit, qui est d'une justesse de style merveilleusement impersonnelle.

Absence de forme, qui se révèle encore différemment, comme absence — consentie — de caractère, d'intention, d'affirmation de soi-même et de ses objets propres. Fénelon est l'être qui accepte le plus facilement du monde de renoncer à toute consistance. Comme Amiel plus tard, il consent sans résistance à passer d'une forme à l'autre, ou plutôt à accepter que les formes se succèdent en lui les unes aux autres sans fixer définitivement son esprit. Il n'a pas de système permanent de pensée. Protéisme, certes, mais protéisme dépourvu de toute passion, sauf quand la vérité lui semble menacée, et, dans l'ordinaire, se contentant d'un choix négligent, comme le ferait n'importe quel grand seigneur de lettres.

Enfin — trait essentiel — ce qui se remarque sans cesse chez lui, ou plutôt ce que lui-même sans cesse remarque en lui-même, c'est une défaillance, non, il va de soi, de la pensée, qui reste toujours incomparablement lucide, mais du sentiment de soi, si l'on entend par là non la claire et nette conscience de soi, un peu sèche, de Descartes, mais une certaine façon de se sentir être, façon chez lui souvent anxieuse, prête à s'interrompre, vite fatiguée de raisonner, et marquant les fléchissements par lesquels toute pensée est, quoi qu'elle en ait, plus ou moins obligée de *passer*. C'est dire que le glissement ici n'est plus un glissement protéen de forme en forme, mais un glissement de l'être au non-être, et cela, non par une chute brusque, mais, semble-t-il, par une baisse du *tempo* vital, par une fuite lucidement perçue, si imperceptible qu'elle fût, de la substance, par la conscience sans cesse présente, que garde le patient, de sa faiblesse ontologique.

De la sorte, un singulier phénomène se manifeste. Cet écrivain merveilleux de souplesse, cette pensée si flexible et si apte par conséquent aux nuances les plus délicates, cette âme enfin si complexe et si naïve à la fois qu'elle ne se lasse pas d'être surprise par ce qui se cache et se révèle en elle, parvient, sans le faire exprès, à une espèce d'unification de sa vie mentale qui va jusqu'à la monotonie.

Unification ou uniformisation de l'informe. Uniformisation qui en arrive à estomper et même à annihiler sans résistance les distinctions parfois les plus fines — et qui, par conséquent, n'est pas loin d'établir dans la pensée, dans le sentiment, dans l'écriture, et sans doute aussi dans la routine de l'existence, une permanence négative. Le fond tend à se confondre avec le non-être, ou, du moins, à se faire si docile, si indifférent, si abstraitement résigné à n'être rien, qu'il devient impossible de lui trouver encore quelque vertu positive. C'est sur ce fond incolore, infiniment monotone, que se profilent, mais à peine, les moments vécus. Celui qui avait d'abord conçu sa vie — et toute vie — comme composée d'une infinité de brefs moments séparés égalise maintenant tout cela, sans trop le vouloir, ni ne pas le vouloir. Reste une paix sèche, obscure et languissante, une paix faite de privation, de résignation, de renonciation à tout espoir personnel. Là est la grande différence avec Bossuet, chez qui toute privation personnelle avive et rehausse la vertu d'espérance. Et là aussi, mais en sens contraire, réside la grande différence avec Mme Guyon, satisfaite, au fond, d'accéder à la nullité. Fénelon, lui, ne peut se déguiser à lui-même tout à fait, ne disons pas son désespoir, disons son manque douloureux d'espoir.

FÉNELON : TEXTES

Je ne suis pas, ô mon Dieu, ce qui est... Je suis celui qui n'est plus ce qu'il a été; je suis celui qui n'est pas encore celui qu'il sera; et, dans cet entre-deux que je suis, un je ne sais quoi qui ne peut s'arrêter en soi, qui n'a aucune consistance... (*Traité de l'existence de Dieu*, 2ᵉ partie, chap. 5.)

La non-permanence... (c'est) la défaillance de l'être. (*Ibid.*)

Abandonnez-vous à cette vicissitude qui donne tant de secousses à l'âme, et qui, en l'accoutumant à n'avoir ni état fixe ni consistance, la rend souple et comme liquide pour prendre toutes les formes qu'il plaît à Dieu... C'est à force de changer de forme qu'on n'en a plus aucune à soi. (*Lettres spirituelles*, Ed. Gaume, t. 8, p. 663.)

Tout s'imprime. Tout s'efface. Cette âme n'a aucune forme propre, et elle a également toutes celles que la grâce lui donne. Il ne lui reste rien, et tout s'efface comme dans l'eau... (*Explications des Maximes des Saints*, art. XXX.)

Je ne puis expliquer mon fond. Il m'échappe. (*Lettres spirituelles*, Ed. Gaume, t. 8, p. 589.)

Lorsque Dieu et tous ses dons se retirent de l'âme, l'âme éprouve un état d'angoisse et une espèce de désespoir. On ne peut plus se supporter, tout tourne à dégoût; on ne sait plus où l'on en est... (*Instructions et avis sur divers points*, XXIII.)

Alors tout devient peu à peu recueillement, silence, dépendance de la grâce pour chaque moment, et vie intérieure en mort perpétuelle. (*Lettres spirituelles*, Ed. Gaume, t. 8, p. 593.)

Pour moi, je suis dans une paix sèche, obscure et languissante. (*A la Comtesse de Grammont*, 8 novembre 1700.)

MADAME GUYON

Il est difficile, peut-être même impossible, de définir avec précision un être qui, mentalement, spirituellement, se trouve dénué de toute *forme*. Or, c'est le cas de Mme Guyon. Sans doute, en remontant dans son passé, on peut toujours supposer l'existence d'un temps, celui de l'enfance, de la première jeunesse, où il eût été possible de distinguer en elle une créature déjà entièrement formée ou en voie de l'être, et révélant ainsi une vraie personnalité. Mais ce temps premier, s'il a jamais existé, a dû très rapidement céder la place à un autre, faisant apparaître une personne toute différente, si différente même qu'il serait vain de vouloir à toute force lui trouver des points de ressemblance avec qui que ce soit. Du moins, avec qui que ce soit, ayant la moindre personnalité. Toute personnalité, tout trait individuel chez Mme Guyon, semble n'avoir jamais existé, ou avoir disparu très tôt sans laisser de trace, et, en ce dernier cas, sans avoir été remplacé par rien. Certes, au moral comme au physique, elle présente certains traits qui permettent de ne pas la confondre avec quelque autre créature, elle s'en distingue même de façon extraordinaire par ses idées, sa conduite, par le retentissement que son comportement n'a pas manqué d'avoir ; mais toute la rumeur et le scandale qui en furent les conséquences ne doivent pas nous induire à croire que Mme Guyon fût naturellement un être hors du commun. Au contraire ! Le singulier paradoxe que révèle son existence nous laisse voir une personne sans rien d'exceptionnel, sinon une dose d'obstination remarquable. Médiocrement douée pour quoi que ce soit et s'appliquant d'autre part à effacer soigneusement les quelques caractéristiques qu'elle pouvait avoir, Mme Guyon nous offre d'elle-même une image assez neutre, celle d'une personne dépourvue de tous les signes qui permettent aussitôt de reconnaître les êtres doués de qualités positives, rendant facile la tâche de les définir. A l'inverse, Mme Guyon apparaît immédiatement à qui s'intéresse à elle comme un être mal définissable. Elle est mal définissable, non en raison de la nature occulte ou profonde qu'aurait sa vie intérieure, mais plutôt parce que celle-ci, assez vide et presque superficielle en elle-même, est rendue plus vide encore, plus complètement privée de toute marque personnelle par la volonté constante qu'elle avait de ne jamais rien laisser subsister en elle qui lui appartînt en propre. Aussi est-il difficile de trouver dans l'histoire des individus un être qui eût aussi complètement réussi à éliminer de son moi tout ce qui s'y trouvait d'individuel. Il est vrai que Mme Guyon n'est pas sans être douée de qualités remarquables. Celles-ci sont variées et continuellement maintenues en activité. De plus, elle est une personne incontestablement vertueuse, quoi qu'en ait dit Bossuet. Mais toutes ces qualités ne semblent pas avoir de fondement positif. Elles ne paraissent pas devoir *former* un caractère, ni affirmer une véritable originalité. Il n'y a rien de net, de clair, d'indubitable dans la pensée et dans la vie de

Mme Guyon. Cette pensée comme cette vie sont curieusement dépourvues de personnalité. Non pas tant par une sorte de privation naturelle que par la volonté expresse de celle qui choisissait d'en rester démunie. Tout se passe comme si l'absence de toute forme d'esprit déterminée avait justement été l'objet constant, peut-être unique, de Mme Guyon. Parlant d'elle-même dans un ouvrage où elle décrit longuement sa propre existence, elle écrit ceci : « Il en est de la forme de même que de la couleur. Comme l'eau est fluide et sans *consistance*, elle prend toutes les formes des lieux où on la met. » A n'en pas douter, Mme Guyon se reconnaît ici semblable à cette eau qui, prenant toutes les formes, n'en a par elle-même aucune. C'est son cas, comme c'est aussi celui de Fénelon. Ecrivant à celui-ci, elle lui dit : « Vous savez que l'eau prend toutes les couleurs, toutes les formes, tous les goûts. » Mais, ajoute-t-elle, « c'est parce que l'eau n'a ni couleur, ni goût, ni forme. *Soyons de même* ».

Ce dernier trait met singulièrement en relief ce qu'on pourrait appeler la volonté maîtresse, le mobile essentiel de Mme Guyon, à supposer que dans l'état auquel elle était volontairement parvenue il pût y avoir encore place pour une volonté quelconque : volonté qui, à ce point, n'aurait plus pu être que la volonté de ne plus avoir de volonté — ou, en d'autres termes, volonté de renoncer à toute consistance mentale, à tout état d'esprit qui nécessiterait en celui qui l'adopterait une structure déterminée. Devenir semblable à l'eau, c'est devenir semblable spirituellement à quelque chose qui n'est jamais précisé, arrêté, qui n'est jamais déterminé. C'est devenir fluide, malléable, et faire de cette malléabilité interne le principe de son existence. Ainsi l'on peut dire que l'absence de forme particulière, quelle qu'elle soit, qu'on trouve chez Mme Guyon n'est pas une faiblesse, une défaillance de l'esprit, pas plus qu'une renonciation désintéressée, imposée héroïquement à sa nature profonde. C'est la reconnaissance en elle, par elle, d'un état entièrement négatif, qu'elle accepte, qu'elle s'impose, ou que, tout simplement, elle reconnaît comme étant depuis toujours son être vrai. Et cet état serait le contraire même de tout état positif, en sorte que sa négativité a quelque chose de fondamental. Ce serait un état caractérisé par la nullité totale de l'être qui s'y soumettrait, comme si cet être non seulement n'avait pas ou n'avait plus de caractéristiques quelconques déterminables, mais était devenu (ou avait toujours été) un être absolument nul, impersonnel, et tel qu'il ne pouvait apparaître à la personne même qui se reconnaissait en lui autrement que comme un étranger avec lequel on n'avait aucune attache. Le nom de cet état est *désappropriation*. Désappropriation d'une telle rigueur que celui ou celle qui s'y trouverait sujet ne pourrait même plus reconnaître son moi comme sien, et se verrait même interdire de dire de soi-même : *Je suis.* « Le moi, dit Mme Guyon en parlant d'elle-même, est tellement disparu que si vous me demandez de mes nouvelles je n'ai qu'une chose à vous répondre : *Je ne suis.* »

L'être qui arrive ainsi à cet état extraordinaire, consistant à refuser à soi-même la qualité d'être, se trouve du même coup contraint de se dénier jusqu'aux attributs les plus essentiels, attachés d'ordinaire invariablement à la reconnaissance, par le sujet, de son caractère proprement subjectif. Il cesse, ou il croit cesser, d'être sujet. Il devient à ses propres yeux une espèce d'objet, d'entité impersonnelle, dénuée de toute caractéristique particulière, et qui aurait pourtant toujours le don de la conscience : conscience cependant anonyme, conscience d'automate, dépourvue de sentiments, réduite à la sécheresse la plus inhumaine. Sans attraits, sans attache, sans sympathie, sans préférence, cette étrange entité assisterait donc à tout ce qui lui arriverait comme si cela arrivait à quelqu'un d'autre et que ce quelqu'un d'autre lui inspirât la même indifférence qu'il aurait pour lui-même et pour tous les autres objets. Indifférence générale, universelle, entraînant de toute part, à la circonférence comme au centre, le même état d'esprit, la même impression que tout serait réduit au même nivellement, à la même insignifiance

— sauf, peut-être, placé hors du cercle des facteurs naturels, un acteur divin, devenu seul opérant et, par conséquent aussi, seul efficace dans l'esprit de celle qui a fait d'elle-même, comme du reste, une quantité nulle : « Le propre de l'abandon à Dieu, écrit Mme Guyon, est de mettre l'âme dans une certaine indifférence qui fait qu'elle veut tout et ne veut rien. Elle est sur un pivot où on la remue et fait tourner du côté qu'on veut. » — « Il va de soi, ajoute-t-elle, qu'une telle disposition ne peut qu'éteindre tous les désirs. »

Cette extinction générale des désirs, des volontés, des représentations et des déterminations particulières, ne pouvait conduire Mme Guyon qu'à un seul résultat — résultat tout négatif, bien entendu. C'est la suppression du pouvoir d'ordinaire exercé par tous les êtres et par chacun pris en soi, qui consiste à fixer sa pensée avec une intensité toujours variable, mais toujours agissante, sur quelque objet que ce soit. Tous les objets étant réduits à une égale insignifiance, ils sont affectés du même coup par une égale indétermination. Aucune chose, aucun être, aucune idée particulière ne peut obtenir de celui qui pose son regard sur cet objet la moindre attention. Abolie est cette opération de l'esprit par laquelle les objets sur lesquels le regard fermement s'arrêtait devenaient distincts en raison de cet acte même. L'indétermination ne peut qu'être totale. Elle a pour effet de ramener tout ce qui existe, tout ce qui est pensé, y compris le penseur lui-même, à zéro. Comme tout le reste, la vie de Mme Guyon, dans ses propres termes, se trouve donc muée en un « néant vécu ». Et cet anéantissement illimité du monde extérieur et intérieur ne peut même simplement se borner au moi et au monde. Certes, Dieu semble survivre à ce total holocauste, mais le Dieu de Mme Guyon est appelé par elle-même un « *Dieu-abîme* », une « *Essence nue* ». Poussée à l'extrême, l'indétermination devient une totale annulation.

Je pensais hier au matin : Mais qui es-tu ? (*Vie de Mme Guyon*, t. 3, p. 100.)

Je suis une machine qui parle. (*Vie de Mme Guyon*, t. 3, p. 100.)

En m'abîmant dans ce grand Tout, je deviens étrangère à moi-même (*Poésies*, t. 1, p. 137.)

Ce qui n'a plus ni sentiment ni forme — Est dans le rien, en possédant son Dieu. (*Poésies*, t. 1, p. 51.)

Dieu, ayant consommé l'âme dans son amour, la met dans une indifférence sans égale. (*Discours chrétiens*, t. 1, p. 419.)

Le propre de l'abandon à Dieu est de mettre l'âme dans une certaine indifférence qui fait qu'elle veut tout et ne veut rien. (*Lettres chrétiennes*, lettre 76.)

Si nous regardons saint Jean comme un saint particulier, nous remarquerons qu'il a été infiniment grand par son anéantissement. Trois fois il répète : *Je ne suis.* (*Discours chrétiens*, t. 1, p. 96.)

MASSILLON

C'est sur un fond d'ennui et de tristesse, de pensées profondément pessimistes et désabusées, que se présente l'ensemble des sermons de Massillon. En somme, la vision de l'être humain que se fait le grand prédicateur ne diffère pas sensiblement de celle des autres moralistes de son siècle. Elle est basée principalement sur ce que nous pouvons appeler le cercle vicieux dans lequel se trouvent tragiquement enfermés l'homme en général, et, plus particulièrement, l'homme de cour. Dévoré par mille inquiétudes, incapable de se supporter lui-même et de supporter la conscience de sa misère intime, l'homme de cour s'engage dans un mouvement agité qui se renouvelle sans cesse, et qui le fait passer tour à tour par l'ivresse, l'inconstance, l'anarchie interne, et la retombée dans une inaction si insupportable qu'elle ne peut que l'engager à se fuir et, par conséquent, à recommencer le cycle. Au centre de celui-ci, rien de positif ni de déterminable, rien qu'un ennui indéracinable, qui a pour particularité de consister, non en une connaissance réelle de l'être qu'on est, mais dans une prise de conscience intolérable du vide, de l'absence d'être, qui est la vraie cause de tout ce cycle. Ainsi l'homme s'agite. Il se dément d'un moment à l'autre. Il passe, au gré de son impatience, par une série de sursauts, terminés chacun brusquement par une nouvelle chute. Tout cela, dans la perspective tracée par Massillon, nous montre l'être humain engagé dans un cercle d'activités et de non-activités assez comparable à celui que présente, chez d'autres écrivains de l'époque, le dogme de la création continuée; mais avec cette différence capitale pourtant qu'ici le mouvement perpétuel de l'existence n'apparaît pas comme engendré par Dieu dans l'homme, mais par celui-ci en lui-même, opérant à chaque instant une nouvelle destruction de soi, pour se retrouver ensuite, chaque fois, confronté par son propre néant, qui ne lui laisse toujours qu'une seule issue, celle de se fuir.

Comment échapper à ce cycle ? Il n'y a qu'un recours possible : accéder à la seule *volonté déterminée* qui existe. Elle ne se trouve pas en l'homme. Elle ne se retrouve qu'en Dieu : « On n'est en repos, dit Massillon, que lorsqu'on s'est donné à Lui avec cette volonté déterminée dont je vous parle quelquefois. »

Quelquefois, oui, mais moins souvent qu'il ne parle de l'homme. Il est peut-être curieux de constater que Massillon, du moins dans ses *sermons*, s'est toujours plus régulièrement occupé du manque de détermination qu'il trouve dans l'homme que de cette « volonté déterminée » qu'il reconnaît en Dieu.

Nous vivons toujours incertains de nous-mêmes; ne pouvant nous faire un état fixe, ni dans le crime, ni dans la vertu... (Il y a en nous) un fonds d'inconstance... (*Œuvres*, Paris, 1754, t. 6, p. 492.)

Tout nous échappe, tout fuit, tout court rapidement se précipiter dans le néant. (*Ibid.*, t. 7, p. 55.)

(Les hommes) n'ont jamais de consistance assurée; chaque moment est pour eux une situation nouvelle. Ils flottent au gré de l'inconstance des choses humaines... Toujours emportés par le tourbillon, ils n'ont rien qui les fixe... (*Ibid.*, t. 7, p. 63.)

(L'homme) est inconstant et ne se ressemble jamais d'un moment à l'autre de lui-même... Il se dément sans cesse dans ses voies. (*Ibid.*, t. 14, p. 10.)

Toute votre vie est une absence continuelle de vous-même; une vie toute de soins, de plaisirs, d'agitations... Le seul moment qui vous est laissé est cet instant d'ennui mortel qui vous accable et dont vous ne pouvez soutenir la tristesse. (*Ibid.*, t. 3, p. 508.)

Qu'est-ce que votre vie, qu'un vide éternel. (*Ibid.*, t. 6, p. 225.)

PIERRE BAYLE

TEXTES

I. « Il est très difficile, dit P. Bayle (dans *Objectiones in libros quatuor de Deo, anima et malo*, liv. II, chap. II), de faire consister la nature de l'âme dans la pensée prise en général... *Ce que l'âme a toujours, c'est* UNE *PENSÉE PARTICULIÈRE ET DÉTERMINÉE*, laquelle ne constitue pas son essence, mais lui est purement accidentelle, attendu qu'en son absence l'âme n'en persévère pas moins dans son être... Outre cela, il s'ensuivrait qu'à chaque instant l'âme perdrait son essence et changerait d'espèce. »

II. Dans ses *Objectiones in Poiret de Deo, Anima et Malo,*
liv. II, Poiret, au dire de Bayle, « indique assez clairement
qu'il fait consister la nature de l'âme dans la pensée
prise en général. Mais, dit Bayle, ceci est très difficile à
soutenir. Car je demande ce qu'est une pensée particulière à l'égard de l'âme... Si elle en est un accident,
il s'ensuit que nulle pensée PRISE DÉTERMINÉMENT ne
constitue l'essence de l'âme. Mais comment la PENSÉE
VAGUE ET ILLIMITÉE en constituera-t-elle la nature ?
Assurément, ce qui est en soi DÉTERMINÉ est d'une
plus grande valeur que ce qui est INDÉTERMINÉ; et si
nulle pensée existant en acte n'est l'essence de l'âme,
la pensée en général ne la constituera pas. Il conviendrait
donc de dire que la nature de l'âme consiste dans la
faculté de penser, surtout si l'on considère qu'autrement
l'âme serait privée toujours de son essence; car CETTE
PENSÉE VAGUE qu'on lui donne pour essence, elle ne l'a
jamais. CE QU'ELLE A TOUJOURS, C'EST UNE PENSÉE
PARTICULIÈRE ET DÉTERMINÉE, laquelle ne constitue pas
son essence, mais lui est purement accidentelle. »

Bref, selon Bayle, on pourrait imaginer que chaque
moment particulier dans la vie de n'importe quelle personne est déterminé par « la passion dominante » qu'elle
a en ce moment précis. On pourrait aussi bien l'imaginer
DÉTERMINÉE par la PRÉMOTION PHYSIQUE fonctionnant en
chaque moment particulier. Dans un cas comme dans
l'autre, il n'y aurait jamais que des déterminations particulières se succédant les unes aux autres. C'est là la création
continuée dans toute sa rigueur.

BOILEAU

Boileau est l'homme qui va toujours droit au but
et qui affecte de parler sans ambages. Il a horreur des
voies détournées, du parler équivoque et des formes
incertaines. Aucune ambiguïté, mais une franchise totale,

une ouverture d'esprit qui ne tolère ni réserve, ni embarras, ni dissimulation. Il faut se montrer tel qu'on est, tel qu'on pense, sans rien cacher, sans rien atténuer avec une assurance entière. Pas d'hésitation, pas de nuance, pas de mystère. Toute obscurité serait un défaut, sans compter qu'elle serait ridicule, nuisible et condamnable. C'est de cette façon, et de cette façon seule, qu'il faut apprécier la poésie. Non dans ses pudeurs, ses circonlocutions ni ses confusions. La seule poésie tolérable est celle qui dit toujours ce qu'elle a à dire directement, sans détour, en pleine lumière. Si Villon, par exemple, est un meilleur poète que ses prédécesseurs, c'est qu'il ne s'embarrassait pas comme eux d'un langage embrouillé. Il faut écrire, au contraire, dans la simplicité et la clarté maximum. Tout doit « s'énoncer clairement ». Ainsi protégée de tout ce qui pourrait l'encombrer, l'affaiblir, l'œuvre se présente telle qu'elle est, dans sa nudité, absolument nette, en pleine lumière. Elle atteint sans tergiverser ce qu'elle vise : car elle est tout entière dans sa visée. Aucune hésitation, aucune voile, aucune lenteur. Nulle œuvre ne fait montre plus lumineusement de sa qualité maîtresse : la *détermination*.

BOILEAU : TEXTES

Je ne puis rien nommer, si ce n'est par son nom.
                                                    (*Sat.*, I.)

Chacun suit dans le monde une route incertaine,
Selon que son erreur le joue et le promène
. . . .
Le plus sage est celui... qui...
Se regarde soi-même en sévère censeur,
Rend à tous ses défauts une EXACTE justice
                                                    (*Sat.*, IV.)

J'aime un Esprit aisé, qui SE MONTRE, qui S'OUVRE,
Et qui plaît d'autant plus que plus il se découvre
... Le vice toujours sombre aime l'obscurité.
                                                    (*Epître*, IX.)

S'adressant à lui-même) : ... « *Vous cherchez le grand jour* »
(c'est-à-dire la pleine lumière). (*Epître*, X.)

Villon sut le premier
Débrouiller l'art confus de nos vieux Romanciers
(*Art poétique*, I.)

Il est certain esprits, dont les sombres pensées
Sont d'un nuage épais toujours embarrassées.
Le jour de la raison ne le saurait percer
Selon que notre idée est plus ou moins obscure
L'expression la suit, ou moins NETTE, ou plus pure.
Ce que l'on conçoit bien s'énonce CLAIREMENT...
(*Art poétique*, I.)

(Paroles d'un soi-disant ami à Boileau)
Votre construction semble un peu s'obscurcir :
Ce terme est ÉQUIVOQUE, *il le faut ÉCLAIRCIR* ».
(*Art poétique*, II.)

LA FONTAINE

Quand on songe à La Fontaine, on songe naturellement, en premier lieu, au fabuliste et au conteur. L'un et l'autre sont admirables. Mais l'un et l'autre ne s'occupent que de ce qu'ils perçoivent, et ce qu'ils perçoivent est le plus souvent situé en plein jour, au-dehors. La Fontaine est un observateur, doublé d'un humoriste. Il trouve son bien dans l'étude du monde extérieur. Tout cela l'intéresse de façon si active — en dépit de sa nonchalance un peu affectée — qu'il n'a guère l'occasion de diriger son regard vers le monde intérieur. Ou, en tout cas, il ne le fait que dans de rares occasions. Or, deux occasions de ce genre, très importantes l'une et l'autre, se sont présentées à lui. Il les a saisies. Ce sont deux poèmes, les plus beaux que La Fontaine ait écrits. L'un est *Psyché*, l'autre, *Adonis*. Ne cherchons pas à les analyser. Cherchons-y seulement ce qu'il est difficile de trouver dans les *Contes* ou les *Fables*, c'est-à-dire une pensée qui oublie ses paysages habituels pour prendre conscience de son mystère intérieur.

Que trouvons-nous dans les *Amours de Psyché* ? Le grand thème de la nuit : « La nuit venant sur un char conduit par le silence », comme dit La Fontaine lui-même. Mystérieuse, parce que silencieuse, la nuit pour La Fontaine est le lieu, le lieu mental, où les choses sont voilées, secrètes, encloses dans un monde qui, pour être exploré, doit être atteint par une autre voie que celle qui s'ouvre sur le jour. Pour la première fois peut-être, La Fontaine se décide à peindre un univers qui gît dans l'ombre. C'est dans cette pénombre, plus intérieure qu'extérieure, qu'il place la visite que fait l'Amour à Psyché.

Ne soyons donc pas surpris si, en entrant dans ce poème, nous entrons nous-mêmes aussi dans un monde qui n'a plus la netteté du monde externe si souvent décrit par le poète. Ici nous sommes dans le « dedans d'une grotte », et le paysage secret qu'elle recèle ne se dévoile qu'à demi aux regards qui l'explorent. Ceux-ci, troublés, incertains, « courent de toutes parts ».

Bientôt d'ailleurs cette métamorphose de la clarté muée en ombre se trouve renforcée par un phénomène analogue : non plus une altération de la lumière, aboutissant à des jeux du jour et de l'ombre, mais des changements non moins capricieux dans l'ordre de la matière qui devient aquatique par l'intervention d'une multitude de jets d'eau. Nous voici transportés dans un univers incertain comme les pensées du visiteur qui le contemple, univers où les plaisirs sont « mêlés », les vues « capricieuses », lieu imaginaire ou réel, peu importe, mais profondément différent, en tout cas de la réalité externe, puisqu'il est celui des formes changeantes et de la confusion. Car c'est bien dans le domaine de la confusion que nous sommes introduits. Sans doute, aux yeux du poète, entre la confusion et l'eau courante, il y a le même rapport équivoque qu'entre le trouble de l'âme et la nuit. Tout cela ne constitue qu'un préambule troublant à l'aventure centrale constituée par l'impossibilité délicieuse et angoissante de déterminer de claire façon la nature du dieu nocturne qui viendra visiter l'âme confuse. Le thème de la nuit, associé comme il l'est à l'apparition intermittente d'un être inconnu, avec qui l'on noue des liens charmants, mais dont on ne connaît même pas l'identité, ne ressemble plus aux thèmes habituels du fabuliste, exprimant un jugement précis sur des actions perçues en pleine lumière : thème à demi dissimulé et à demi révélé par ce que La Fontaine appelle « les longs replis d'un voile ténébreux ». Parlant des jets d'eau dont il avait été le spectateur récent, le poète avait déjà exprimé le ravissement que lui avait causé cette conduite ambiguë des êtres et des choses ; il avait écrit : « Plus les jets sont confus, plus leur beauté se montre. » Jamais le spectacle ne paraît si confus que dans les incidents survenant dans cette nuit. Rappelons la tapisserie magique suspendue dans l'une des pièces du palais où Psyché attend le visiteur. On y voit « un chaos, une masse confuse ». Rappelons que l'amant inconnu ne paraîtra jamais ni si désirable, ni si redoutable, que lorsqu'on « n'en verra point le visage ». La Fontaine y insiste lui-même : « Le meilleur, dit-il, est l'incertitude, et qu'avec la possession l'on ait toujours de quoi désirer. »

Il faut donc bien le reconnaître. Tous ces détails donnés avec la plus grande discrétion révèlent chez La Fontaine une esthétique aussi différente que possible de celle de Boileau, qui, comme on le sait, exige, avant tout, de la netteté et, par conséquent aussi, de la détermination. L'esthétique de La Fontaine, au moins dans les textes cités plus haut, mais aussi ailleurs, par exemple dans l'*Adonis*, est une esthétique de l'instabilité et de l'incomplétion. Valéry y insiste lorsque dans *Variété* il écrit à propos du poème d'*Adonis* les paroles suivantes : « Plus la proie que l'on convoite est inquiète et fugitive, plus il faut de présence et de volonté pour *la rendre éternellement présente dans son attitude éternellement fuyante.* »

Ce côté incertain et délicieusement *inachevé* d'une expérience volontairement indécise contient toute une esthétique qui est à l'inverse même d'une esthétique de la netteté et de la forme arrêtée. Elle nous fait songer à une philosophie de l'époque qui va à l'encontre de la philosophie cartésienne : la philosophie de Gassendi. Parlant du temps, Gassendi écrit ceci : « Il ne peut être arrêté ni, pour ainsi dire, suspendu par aucune force, mais *va coulant*. » Et il le compare à « la flamme d'une chandelle dont l'essence consiste dans l'écoulement, car ses parties ne sont jamais ensemble ».

Il semble que La Fontaine ait été très frappé par cette peinture ambiguë de la fugacité.

Rappelons à ce propos les vers merveilleux où La Fontaine décrit la disparition de Vénus et l'évanouissement du bonheur :

> Semblable à ces amants trompés par le sommeil,
> Qui rappellent en vain pendant la nuit obscure
> Le souvenir confus d'une douce imposture,
> Tel Adonis repense à l'heur qu'il a perdu...

LA BRUYÈRE

L'homme *inégal*, dit La Bruyère, se dément toujours. Il n'est pas *un* mais multiple. D'où la difficulté de le définir. Il est sujet à de fréquents changements. Ceux-ci sont dus à des interventions du dehors. Seul l'être que La Bruyère appelle *vertueux* ne se dément pas. C'est sans doute qu'aux yeux de l'auteur, même s'il ne le dit pas en ces propres termes, une des caractéristiques principales de la vertu est la constance avec laquelle elle se trouve pratiquée. L'être « vertueux » ne change pas. Il persiste dans ses caractéristiques. Une conclusion importante de cet état de choses (mais encore une fois La Bruyère ne le dit pas explicitement), c'est que seul l'être ayant un comportement stable, des façons d'agir persistantes et répétées, est susceptible d'être *défini*. Et cela — La Bruyère le laisse entendre — parce que, ne variant pas dans ses manières d'être, il est ainsi aisément le sujet d'une estimation elle-même non variable, donc exacte, de son *caractère* propre.

Bref, l'excellence du jugement tel que le pratique La Bruyère dépend, avant tout, d'un certain pouvoir d'estimation n'opérant, bien entendu, que sur les êtres du dehors. Eux seuls peuvent être un objet d'observation et de recherche, car cet objet, exclusif de tout autre, c'est *la détermination par l'observateur de toutes les valeurs constantes.* Or cela n'est possible que si elles se présentent sous la forme de comportements habituels. La Bruyère ne retient des objets qu'il étudie que les actions répétées, révélant une vertu, ou, plus généralement, une *habitude* de l'être. Elles seules permettent à l'observateur de *définir* avec sûreté celui qu'il observe.

LA BRUYÈRE : TEXTES TIRÉS DES *Caractères*

Tout l'esprit d'un auteur consiste à BIEN DÉFINIR et à bien peindre.

Qu'est-ce que le sublime ? Il ne paraît pas qu'on l'ait DÉFINI.

Tout écrivain, pour ÉCRIRE NETTEMENT, doit se mettre à la place de ses lecteurs, examiner son propre ouvrage comme quelque chose qui lui est nouveau, qu'il lit pour la première fois, où il n'a nulle part et que l'auteur aurait soumis à sa critique, et se persuader ensuite qu'on n'est pas entendu seulement à cause que l'on s'entend soi-même, mais parce qu'on est en effet intelligible.

... depuis vingt années... l'on a mis enfin dans le discours tout l'ordre et toute la NETTETÉ dont il est capable.

L'amour naît brusquement, sans autre réflexion, par tempérament ou par faiblesse : un trait de beauté nous fixe, nous détermine.

L'on peut DÉFINIR l'esprit de politesse, l'on ne peut en FIXER la pratique; elle suit l'usage et les coutumes reçues... L'esprit seul ne la fait pas dévier.

Tout ce qui est mérite, se sent, SE DISCERNE, se devine réciproquement.

Quel moyen de VOUS DÉFINIR, Téléphon ? On n'approche de vous que comme du feu, et dans une certaine distance; et il faudrait vous développer, vous manier, vous confronter avec vos pareils, pour porter de vous un JUGEMENT sain et raisonnable.

JOHN DONNE

Chez Donne, dans une étude tout à fait révélatrice, Robert Ellrodt voit surtout la manifestation très fréquente d'une rupture dans la continuité de la durée : une *disruption*, comme disent les Anglais. Donne s'interroge sur lui-même. Son cœur est un labyrinthe où il se perd. D'où un dédoublement réflexif, accompagné d'une incertitude sur les sentiments qu'il éprouve, les motifs qui l'ont fait agir, les projets qu'il a conçus. Il constate que *la conscience même d'hésiter et de changer d'objet de réflexion suscite en lui un sentiment d'indétermination fondamentale.* « Cherchant à se définir, dit Ellrodt, et n'y parvenant pas, Donne sera hanté par l'idée du néant. »

A cela s'ajoute, toujours selon Ellrodt, le sentiment d'un manque (je dirais plutôt d'une interruption), comme dans certaines de ses *Elégies funèbres* : « Le soleil est perdu, et la terre, et nul artifice de la pensée ne pourra plus diriger l'homme où il voulait aller. » D'où, inversement, la mort considérée comme un jaillissement de l'être après la brusquerie du décès. Ellrodt y voit une volonté de considérer la mort comme une détermination finale s'appliquant à ce qui précédemment en était dépourvu.

Tout ceci n'est pas sans rapport avec la pensée shakespearienne, basée, elle aussi, très souvent, sur l'expérience soudaine, et brutale même, d'une interruption dans le rythme habituel de l'existence — hiatus créant comme une sorte de vide mental, par-delà lequel l'existence réapparaît, mais radicalement changée.

... Il s'interroge sur lui-même. Son âme est un laby-rinthe où il se perd. « *Riddling, perplexed, labyrinthical soul*». Il échoue à préciser ses désirs les plus profonds. Il avoue, dans le poème *Négative Love*, « ne savoir ce qu'il voudrait avoir » ... D'où un dédoublement réflexif qui, chez Donne, est accompagné d'une INCERTITUDE sur ses sentiments, ses motifs, ses projets. Or la conscience même qu'il eut d'hésiter et de changer devait susciter un SENTIMENT D'INDÉTERMINATION fondamentale : « Je ne puis sans errer me nommer quelque chose... »

Détachant le sujet pensant du sentiment éprouvé, la *self-consciousness* lance Donne à la poursuite de lui-même. Cherchant à se définir et n'y parvenant point, il sera hanté par l'idée du NÉANT... (Il y a chez lui) un effort pour combler ce « manque » qui est la première mani-festation du désir.

« Je veux trouver une autre mort, *mortem raptus*, une mort de ravissement et d'extase... et en cette mort... je me découvrirai moi-même enterré avec tous mes péchés, enseveli dans mes blessures ; et comme un lys jailli de la terre rouge au Paradis terrestre, je verrai mon âme s'élever et jaillir de sa hampe dans le candide éclat de l'innocence. »

Aussi est-ce à travers la fascination exercée par la mort sur l'imagination de Donne que la conscience de soi se révèle le plus subtilement. S'il se complaît sans cesse à se figurer mort, à s'imaginer enseveli, c'est que la mort le transforme en OBJET, le DÉTERMINE, le change en lui-même, lui confère la réalité dont il semble éprouver le manque. (Cf. Robert Eldrodt, *Genèse de la conscience moderne*, p. 73-75.)

H. VAUGHAN

« Ce que j'écris, dit Vaughan, *vient du pays de l'obscurité.* » Pour la plupart des êtres le pays de l'obscurité est un lieu (ou un temps) qui se situe avant leur réveil ou après leur vie diurne, avant leur naissance ou après leur mort. C'est un temps qui ne coïncide jamais avec leur moment de vie. Mais il n'en va pas de même avec Henry Vaughan. Pour lui, le lieu, le temps de l'obscurité, c'est le lieu, le temps de vie. C'est de cette ténèbre actuelle que le chant du poète s'élève; et il semble qu'en s'élevant il se trouve accompagné, supporté, enveloppé par cette nuit.

Mais peut-on vraiment dire que ce chant s'élève ? S'élever, n'est-ce pas se détacher, se hisser au-dessus du milieu ambiant où l'on baigne ? Chez Vaughan, pour ainsi dire toujours, l'âme ne s'élève pas, ou, en tout cas, préférerait ne pas s'élever. La ténèbre où l'on baigne, la ténèbre quotidienne, est plus belle, plus riche, plus profonde que n'importe quel autre endroit, on serait presque tenté de dire : fût-ce le ciel. Le ciel, en effet, est entièrement baigné de lumière, alors que ce qu'il y a de plus beau au monde, du moins pour nous qui y vivons, c'est le lieu qui nous permet de voir cette lumière à travers les ténèbres, de percevoir celle-ci du fond même de la région ténébreuse d'où il est permis de la percevoir ?

Est-ce dire qu'il est toujours préférable de ne voir ce qu'on voit que dans une lumière lointaine ? Que dans une espèce de transcendance établie par la distance ? Oui et non. Vaughan est de tous les poètes celui qui nous fait le mieux sentir le mystère des liens qui rapprochent ténèbre et lumière, terre et ciel, notre âme et Dieu. C'est à partir de la terre, à partir de la nuit, à partir de nous-mêmes que se perçoit ce qui est au-dessus d'elles, au-dessus de nous; ou plutôt, c'est par une sorte d'association entre la terre et le ciel, entre nous et Dieu, que tout devient, non clair, certes, mais tamisé, pénétrable, communicable, qu'à la transcendance se marie l'immanence. Une affinité profonde relie la nuit et le jour.

C'est cette affinité profonde entre l'obscurité et la lumière que met en valeur la poésie d'Henry Vaughan. On la trouve également formulée dans la pensée de son frère jumeau, le théosophe Thomas Vaughan, avec qui il vivait en étroite union. Thomas Vaughan met en rapport les extrêmes qui pour lui deviennent conciliés. La lumière et l'obscurité se retrouvent unies comme le feu et l'eau, comme le commencement et la fin, comme la monade et la myriade. Chez Robert Fludd, qui a influencé T. Vaughan, toutes choses, à l'origine, ne sont qu'une seule et même chose, le rien et le tout, l'être et le non-être, l'obscurité et la lumière. C'est là une tradition cabalistique. Elle implique l'hypothèse d'un temps originel, où, même en Dieu, il n'y aurait pas de distinctions ni de déterminations.

H. VAUGHAN : TEXTES

... laisse-moi seul, pour que je puisse prendre quelque peu confort, avant que je ne parte pour le lieu d'où je ne reviendrai pas, même au lieu des ténèbres et de l'ombre de la mort. (Citation de Job, 10.21, par Vaughan.)

Il y a en Dieu, dit-on, une profonde mais éblouissante ténèbre — comme il en va pour ceux qui disent qu'il se fait tard et obscur, parce qu'ils ne distinguent plus rien clairement. — Oh ! que ne suis-je dans cette nuit où moi-même je pourrais vivre quasi invisible et à peine distinct en lui ! (*La nuit*, poème.)

L'âme pieuse, dans la nuit, est comme une étoile voilée dont les rayons, à ce qu'on dit — répandent leur lumière sur quelque nuage — et qui pourtant plane au-dessus de lui — et scintille et se meut bien au-delà de ce brumeux linceul. *(La veillée matinale.)*

Une obscurité illuminée par des rayons soudains...

Le pays des ténèbres s'étend sous nos pieds, et pourtant combien peu d'êtres étudient cette région...

Ce que j'écris vient du pays de l'obscurité...

La lumière n'est jamais si belle qu'en présence des ténèbres...

O mort, ô mort si belle, Joyau du Juste — qui ne brille que dans la nuit. *(Poèmes.)*

Le point fut avant toutes choses, mais non à la façon de l'atome ou du point mathématique. Ce fut un point qui se diffusait. Ce qui était présent, c'était explicitement une monade, mais implicitement ce qui était présent était myriade. *Il y avait la lumière, mais aussi l'obscurité,* le commencement et la fin y étaient contenus, toutes choses et aucune, ce qui est et ce qui n'est pas. *(Lumen de Lumine.)*

Par la médiation de l'air les deux extrêmes, le feu et l'eau, deviennent amis et réconciliés. Ainsi vous voyez que les éléments opposés peuvent être unis par cet ordre et contexture en lesquels Dieu sagement les a placés. *(Coelum Terrae.)*

TRAHERNE

Traherne est le modèle parfait d'une catégorie d'esprits assez rares, ceux qui, ayant décidé une fois pour toutes de remplacer le monde réel par un monde issu de leur imagination, commencent par se figurer cette imagination elle-même comme un champ libre de recevoir toutes les formes et déterminations imaginables. Il est vrai qu'en s'instituant ainsi créateur d'un monde qui aurait commencé par ne pas exister, ou à n'exister que sous la forme d'un vide préalable, Traherne ne suppose rien d'autre que la possibilité pour lui de refaire à son échelle et à l'intérieur de son esprit une sorte d'opération créatrice calquée sur la création divine du monde réel. De la même façon, tout apparaîtra au poète comme se manifestant et se développant dans un certain espace et dans un certain temps, tenus d'abord pour entièrement libres d'être imaginés par lui. Dénués originellement de toute forme particulière, temps et espace seront ensuite, selon un plan plus ou moins fixé, peuplés, comblés, nourris d'une infinité de choses destinées à déployer dans la vacuité originelle une profusion d'objets plus ou moins nettement définis. Il est possible, en effet, que le Créateur n'ait pas procédé autrement. Il est peut-être parti d'une absence d'être pour aboutir à une plénitude. Or, l'entreprise imaginée par le poète Traherne obéit assez bien au même ordre de marche. Traherne aussi commence par l'établissement d'un vide préalable. Ce vide est tout intérieur. L'esprit du poète se présente comme initialement dépourvu de toute substance et de toute forme. Il est un vide mental, et rien d'autre. Mais ce vide n'a rien de tragique. Il n'est à aucun degré une privation d'être. Il est, au contraire, dans la perspective que Traherne en a, une promesse inépuisable de richesses, une capacité illimitée, la faculté de réaliser tout ce que l'esprit se propose d'imaginer. Il est vrai que, dans le cas du poète, toutes ces réalisations sont purement imaginaires. Mais pour celui-ci l'imaginaire est toujours réel. Il l'est même bien plus que le réel matériel. Donc le poète se découvre, à la suite de Dieu, et, si l'on peut dire, dans la foulée de celui-ci, le possesseur privilégié d'une puissance imaginative infinie, grâce à laquelle le rien devient un tout, le négatif un positif, et cela pour ainsi dire sans effort, rien qu'en s'abandonnant à sa veine créatrice, avec l'heureuse facilité, que possèdent les dieux créateurs et les poètes rêveurs, de réaliser sans embarras leurs rêves. De plus, cette transformation ou re-création magique du monde, chez un rêveur-créateur comme Traherne, n'a pas seulement l'avantage de se trouver réalisée sans le moindre effort. Si elle s'accomplit dans un mouvement merveilleusement facile, elle a pour mérite supplémentaire d'être menée avec un extraordinaire enthousiasme. De ce point de vue il n'y a pas de poète qui fasse jaillir du vide avec autant de joie toute la richesse latente qu'il ne contient pas en lui-même mais que l'esprit créateur peut lui donner. Ou, pour décrire encore sous un jour à peine différent cette création onirique, l'ardeur qui est en elle transmet à l'objet sur lequel elle s'exerce un cachet d'authenticité et un lustre particulier. Ainsi le néant lui-même acquiert ici une vraie positivité. Peu d'œuvres, peut-être aucune, ne manifestent plus clairement le bonheur de créer. Créer un poème, créer un monde, créer son âme propre, peut-être même créer Dieu. Car ce qu'on peut dire du poète, on peut le dire du Dieu qu'il est devenu. Dans la perspective qui se révèle, le Dieu dont il s'agit est un Dieu qui, en créant le monde, semble se créer lui-même. Il trace sa propre image sur le vide qui l'avait précédé.

Mais par là même un dernier problème se pose. Le Dieu-créateur, qui crée le poème, à quel moment devient-il vraiment lui ? Est-ce au moment où il crée, ou au moment où il se dévoile en se créant ? Dans la mesure où il est créateur, est-il vraiment déjà Dieu, ou ne l'est-il pas encore, puisqu'il a besoin de se compléter par l'opération même qui l'occupe ? Il est une puissance déterminante qui n'est pleinement elle-même que lorsqu'elle arrive à déterminer pleinement son image dans sa création.

Il va de soi que le Dieu dont il s'agit ici n'est rien autre que le poète lui-même. Ne s'invente-t-il pas finalement comme l'auteur du monde qu'il a imaginé ? Or, ne court-il pas ainsi le risque d'avoir créé en fin de compte un monde moins parfait que celui que dans la vacuité initiale de sa pensée il avait désiré créer ? Toute puissance déterminante a pour fin de réaliser un objet déterminé. Mais, s'il réussit à créer ainsi une réalité déterminée en laquelle il rêvait de se reconnaître lui-même, ne perd-il pas de ce fait le privilège de rester en lui-même purement indéterminé ? Le poète, en créant son poème, ne perd-il pas d'un côté ce qu'il gagne de l'autre ? L'enthousiasme de Traherne créateur est toujours en danger de s'évanouir au milieu des formes qu'il ne cesse d'évoquer.

TRAHERNE : TEXTES

Un livre où rien n'est écrit est comme une âme d'enfant dans laquelle tout peut s'inscrire. Il a la capacité de recevoir beaucoup de choses, mais ne contient rien Il me vient le désir de le remplir de merveilles profitables. (*Œuvres*, Ed. Margoliouth, t. I, p. 3.)

Remplis les espaces ouverts entre la terre et les cieux. (*Ibid.*, p. 11.)

Il est étrange que Dieu ait à désirer quelque chose, car il y a en lui la plénitude de toutes les bénédictions. Pourtant de toute éternité il a été plein de désir. Sinon, il n'aurait pu être plein de trésors de toute sorte. Un désir infini, tels sont les lieux et la cause d'un trésor infini. (*Ibid.*, p. 21.)

Une vaste et infinie capacité
Fit mon sein comme celui de la Déité
Dans le mystérieux et céleste esprit de qui
Tous les âges et tous les mondes ensemble brillent
(Ibid., t. 2, p. 48.)

Les pensées sont de très hautes choses
Les vrais enfants du Roi des Rois,
Les pensées sont d'étranges créatures célestes...
Combien agiles et volatiles, et sans entraves,
Illimitées, *auxquelles nulle forme n'est assignée,*
Combien changeables et spacieuses et faciles et *libres...*
(Ibid., t. 1, p. 176.)

ROBERT FLUDD

On serait tenté de rapprocher la pensée de Robert Fludd de celle de Boehme. Chez l'un comme chez l'autre, l'attention est concentrée sur le caractère ambigu de la pensée divine, considérée non seulement sous son aspect positif, mais aussi d'un point de vue négatif et privatif. On peut donc trouver chez tous deux une véritable *genèse* de Dieu, caractérisée par le conflit qui y a lieu entre le bon et le mauvais principe, entre le côté de la lumière et celui des ténèbres. Lumières et ténèbres, quoique mortellement opposées, se retrouvent en Dieu. Mais, en dépit d'évidentes ressemblances, les deux doctrines divergent nettement. Chez Boehme, le conflit en question constitue l'épisode essentiel, on pourrait même dire unique, de ce qu'on aurait le droit d'appeler une histoire de Dieu. Dieu commence par être une entité indéfinie, ni bonne, ni mauvaise, essentiellement indéterminée, qui est l'*Ungrund*. Une séparation se fait dans la réalité homogène et indifférenciée. Deux principes opposés alors s'affrontent. Chez Fludd, c'est un peu différent. La séparation qui a lieu se fait entre deux aspects contradictoires, mais non en conflit, de la réalité divine : le côté positif, ou actif, d'une part, orienté vers le bien : le côté négatif ou privatif, qui est essentiellement passif, fait d'abstention, de vacuité, que Fludd appelle la *Nolunté* divine. Les deux tendances entrent en conflit dans leur application au monde créé, mais ne se contredisent pas en Dieu lui-même.

Il n'y a pas de doute que cette conception dualiste vient en droite ligne, chez Fludd, de la Kabbale. Il semble que les deux frères Vaughan, à travers Fludd, ont été très marqués par la pensée juive.

ROBERT FLUDD : TEXTES

Selon les Docteurs de la Cabbale, la Sagesse éternelle, telle qu'elle était à l'origine radicale des choses, quand elle était encore immobile, dans le repos, gisant refermée sur elle-même dans l'obscur abîme, est, relativement à nous et à nos faibles capacités, identique à l'AIN, c'est-à-dire au Rien, au Vide, au Non-Etre, au Tout en tous et en dehors de tous, en ce qui regarde le fait que ténèbre et lumière, invisibilité et visibilité, et par conséquent, d'un côté, tout ce qui n'est qu'en puissance ou matière première, et ce qui, de l'autre, est chose actuelle ne sont qu'une seule et même chose en essence, sans différence aucune. (*Philosophie mosaïque*, p. 48.)

NOTE SUR PETER STERRY
ET RICHARD CRASHAW

Mentionnons brièvement ces deux poètes : le premier, Peter Sterry, est souvent rangé parmi les *Cambridge Platonists*. En réalité, pourtant, c'était un Platonicien de l'Université d'Oxford. Par beaucoup de côtés, sa pensée est proche de celle de Traherne. Par d'autres, il semble continuer la tradition du Dieu ténébreux, chère à Fludd et à Henry Vaughan. Ainsi Dieu lui paraît contenir dans son immensité, non seulement toutes les formes de l'être, mais aussi les aspects négatifs de la réalité : par exemple, les ténèbres, la nuit, l'absence, la mort.

Ce côté négatif apparaît aussi dans l'œuvre poétique et mystique d'un des *Métaphysical Poets*, Richard Crashaw. Dans un poème sur l'Epiphanie, Crashaw écrit ceci :

> Enseigne par l'humble lumière négative
> D'une nuit très sainte et vilement traitée
> Une voie plus claire à l'humanité obscure
> Pour mieux comprendre ton premier rayon
> Et forcer notre ténèbre à servir ton jour.

SPINOZA

Etant sans limitation, sans négation, la substance divine est, dans un sens, indéterminée. D'autre part, étant parfaite et parfaitement réelle, elle est nécessairement ce qu'elle est, donc déterminée. D'un côté, elle apparaît dans son indétermination comme infiniment libre, dégagée de ses attributs, non déterminée par aucune cause étrangère, jouissant de la possession infinie de l'être; de l'autre, elle apparaît comme la seule cause efficiente de toutes choses et même d'elle-même *(causa sui)*.

MALEBRANCHE

Etant donné que, pour Malebranche, nous ne savons de nous-mêmes que ce que nous expérimentons en nous et apprenons sur nous par ce qu'il appelle le sentiment intérieur, c'est-à-dire par des « modalités » de notre conscience, confuses, ténébreuses même et limitées au champ étroit du moment présent, il en résulte que, selon lui, nous ne pouvons jamais dans cette vie nous élever jusqu'à une connaissance claire et complète de ce que nous sommes, c'est-à-dire à une connaissance d'*idées*. Dès lors, en raison de cette ignorance, nous devons nous considérer comme des êtres indéterminés, en ce sens que nous sommes incapables de déterminer qui réellement nous sommes. Le *Qui suis-je ?* malebranchien a donc une force particulière. L'impossibilité d'obtenir une réponse claire à cette question et l'ignorance de nous-mêmes qui en résulte n'ont de comparable que l'ignorance correspondante qu'on trouve dans la pensée augustinienne, à laquelle d'ailleurs elle se relie. Mais par un paradoxe curieux cette ignorance de soi se trouve associée dans la pensée de Malebranche à une connaissance — connaissance imparfaite, il est vrai, mais connaissance. A l'encontre de l'intellectualisme d'Arnauld, Malebranche affirme l'existence en nous d'une connaissance de soi trouble, obscure, étroite, mais intime et infiniment personnelle. C'est déjà là l'expérience de soi que fera l'homme du XVIIIe siècle. (Cf., à ce propos, le chapitre consacré à Rousseau et ses prédécesseurs.)

MALEBRANCHE : TEXTES

Nous n'avons point d'idée claire de notre âme. (*Recherche de la vérité*, 10e éclaircissement.)

Je pense, donc je suis... Mais que suis-je, moi qui me pense, dans le temps que je pense ? (*Entretiens sur la métaphysique*, I.)

Nous ne connaissons notre âme que par sentiment. (*Recherche,* liv. 3, part. I, chap. I.)

Nous ne savons de notre âme que ce que nous sentons se passer en nous. (*Recherche,* liv. 3, part. 2, chap. 7.)

Le sentiment intérieur que j'ai de moi-même m'apprend que je suis, que je veux, que je sens, que je souffre, etc., mais il ne me fait point connaître ce que je suis... (*Entretiens,* liv. 3.)

Je sais que je suis, que je pense, que je veux, parce que je me sens... Mais je ne sais point ce que c'est que ma pensée, mon désir, ma douleur. *(Ibid.)*

Il y a peut-être en nous une infinité de facultés ou de capacités qui nous sont entièrement inconnues; car nous n'avons pas de sentiment intérieur de tout ce que nous sommes, mais seulement de tout ce qui se passe actuellement en nous. (*Recherche,* 1er éclaircissement.)

Je pense donc je suis. Mais qui suis-je, moi qui pense, dans le temps que je pense ? (*Entretiens,* I.)

Sache donc que tu n'es que ténèbres... — inintelligible à toi-même. (*Méditations chrétiennes,* 1re méditation.)

Le XVIIIᵉ siècle

Aux yeux du penseur du XVIIIᵉ siècle, tout commence par une sorte de léthargie. Ou plutôt l'on suppose chez le sujet premier de toute expérience, non une façon d'être originelle, un état positif de la pensée ou du sentiment, mais juste l'inverse, un état sans caractéristique aucune, n'existant que dans une vacuité totale de l'esprit. Dès lors, on est bien obligé de reconnaître que cet état préalable ne saurait être considéré comme un vrai début, comme un authentique commencement d'existence. Tel est l'état pourtant que le XVIIIᵉ siècle considère comme véritablement premier, n'étant précédé par aucun autre. A la différence de tous les auteurs antérieurs, les penseurs de l'époque, s'obstinant à chercher ce que pouvait être le commencement absolu à partir duquel tout le développement de la pensée humaine eût eu lieu, ne s'arrêtent pas un instant à l'idée que les êtres humains eussent pu commencer par posséder un certain capital de pensées, voire même, simplement, une pensée à l'état potentiel, susceptible à l'occasion de donner à celui qui en eût besoin, les idées qui lui manquaient. Leur point de vue, au contraire, c'est que d'abord, dans l'homme, il n'y a rien, rien, sinon peut-être une sorte de vie végétative. L'homme, pour eux, commence par une nullité presque absolue de vie mentale. Il est un vide intérieur, d'où rien, directement, ne peut sortir. L'épithète même d'indéterminée ne saurait être appliquée à son activité mentale, car il n'en a pas. Il n'y a en lui, venant du dehors, que des sensations à la queue leu leu. Elles se succèdent. Et cela se continuerait indéfiniment, à moins que quelque occasion ne se présente, qui donnerait à ce sujet non pensant le moyen inespéré de sortir de son apathie. La conscience serait donc la pure constatation de sa propre existence que ferait fortuitement un sujet quelconque à l'occasion de ce qu'il éprouve.

Je me découvre donc moi-même en sentant ce que je suis en train de sentir. Mon moi se limite (il ne saurait faire autrement) à sa sensation actuelle, et ne saurait aller au-delà. Ce serait là la situation toute passive par laquelle je naîtrais au sentiment de mon existence. Me confondant entièrement avec ce que j'éprouve, je me trouverais même sans moyen de m'imaginer vivant au-delà du moment où je me découvre éprouvant ce que j'éprouve. Voilà, en somme, tout ce qu'on pourrait dire du premier départ de l'homme dans l'existence. Cela ne va pas au-delà d'une expérience entièrement passive, qui ne donne pas à l'être humain la moindre possibilité de se concevoir indépendamment de sa sensation. Telle est, semble-t-il, la position initiale de tout être, selon le premier en date des penseurs du xviiie siècle, c'est-à-dire Locke. Négligeant les quelques concessions superficielles faites par lui à ceux qui insisteraient sur le fait qu'il y aurait *d'abord* autre chose en l'âme que la sensation qui l'affecte, Locke donne à l'homme qu'il définit, le minimum possible de vie mentale, et absolument rien au-delà, sauf ce qui lui vient du dehors. Je suis ma sensation et rien d'autre. Je ne puis même encore déterminer ce qu'elle est (et, par conséquent, ce que je suis), puisque je ne puis la comparer avec une autre. Et je serais ainsi condamné, pour toute mon existence, à être cette sensation unique si celle-ci, par le jeu des causes externes, dont, à ce niveau, je n'ai d'ailleurs aucune idée, ne se trouvait modifiée de l'une ou l'autre de deux façons possibles : soit en s'évanouissant, et en me faisant, du même coup, disparaître aussi en tant qu'existence définie, soit en cédant la place à une autre sensation suffisamment différente pour que je constate à la fois cette différence et la propriété qui m'est ainsi donnée de passer d'un moi à un autre moi, *ad infinitum*, par le jeu des substitutions sensibles.

Telle est vraisemblablement la base minimum sur laquelle Locke et, à sa suite, les innombrables penseurs, petits ou grands, qui ont rempli le xviii⁰ siècle ont tâché d'édifier leurs systèmes. Tous commencent par réduire l'existence humaine à la *tabula rasa*.

CONDILLAC

Ce qui passionne Condillac, ce n'est pas cet état premier de l'homme, c'est la façon dont l'homme réussit à en sortir. Car c'est là, pour le philosophe français, la grande affaire. Il voit beaucoup mieux que son prédécesseur anglais le danger que court l'être humain à l'orée de son existence, lorsqu'il n'est encore qu'une créature croupissant dans une continuelle apathie. Locke ne s'occupe guère de ce qui importe avant tout à Condillac : le mouvement par lequel l'être sentant passe de l'état négatif où, dans l'assoupissement de ses facultés, il est menacé de vivre toute sa vie, à un éveil de l'être qui, pour Locke, ne s'opérera qu'à la longue, sans trop de difficultés, grâce à l'intervention des idées. Locke passe très rapidement sur le problème de la génération des opérations de l'âme. Or, c'est celui qui va entièrement absorber la pensée de Condillac. Comment transformons-nous nos confuses expériences sensibles en idées ? Comment passons-nous d'un état de sensibilité purement amorphe à l'état où nos idées, se composant, arrivent à une merveilleuse complexité purement intellectuelle, que seule peut comprendre l'analyse? D'un côté, donc, Condillac est conduit à accepter, comme Locke, un point de départ aussi proche que possible du néant, mais considère ce néant initial comme n'étant intéressant que du fait qu'il préexiste et sert de point de départ à tout un développement ultérieur de l'être. Par contre, il n'a au fond d'intérêt que pour le mouvement positif par lequel l'être, émergeant de ce néant, arrive par ses opérations propres à créer en lui une suite d'idées de plus en plus distinctes.

Si Condillac, donc, avec une grande finesse d'intelligence, se penche sur l'état premier de l'homme dans son apathie et sa confusion originelles, ce n'est pas que cet état premier l'intéresse en soi. Il n'en perçoit que le côté négatif, ce qu'il appelle « le moindre degré du sentiment ». *La pensée indéterminée n'a pour lui aucun mystère et aucun attrait.* Il n'y voit qu'une voie pour pénétrer dans ce qui le passionne exclusivement : le caractère distinct, précis, analytique, de la *pensée déterminée*.

CONDILLAC : TEXTES

Quelquefois notre conscience, partagée entre un grand nombre de perceptions qui agissent sur nous avec une force à peu près égale, est si faible qu'il ne nous reste aucun souvenir de ce que nous avons éprouvé. A peine sentons-nous pour lors que nous existons... [C'est là] une espèce de léthargie... un assoupissement. (*Essai sur l'origine des connaissances humaines* ; même passage dans le *Traité des Sensations*, part. IV, chap. 7.)

La statue de Condillac n'existe d'abord que par le sentiment qu'elle a de l'action des parties de son corps... et des mouvements de la respiration : voilà le *moindre degré de sentiment* où l'on puisse la réduire. (*Traité des Sensations*, part. II, chap. 1.)

Lorsque votre esprit embrasse à la fois plusieurs idées... qui coexistent, qui existent en lui toutes ensemble, il en résulte quelque chose de composé dont nous ne pouvons démêler les différentes parties. [Alors, on perçoit confusément]. (*Cours d'études Grammaire*, part. I, chap. 3.)

... notre âme embarrassée de notre corps, languit dans une continuelle apathie si elle n'en est retirée par le chatouillement du plaisir ou par le déchirement de la douleur. (*Œuvres posthumes*, t. 15, p. 24.)

Combien de fois n'avez-vous pas senti le besoin de quelque passion pour *sortir d'une sorte de stupeur*... Votre âme sans pensée et sans action vous a paru s'anéantir ou se séparer de vous. Vous languissiez parce que votre intelligence se taisait (t. 15, p. 175.)

CRÉBILLON FILS

Dans un roman comme *Les égarements du cœur et de l'esprit*, il est possible de voir une application presque continue de la pensée condillacienne. Le lecteur y est instruit par des nuances précises de l'incapacité initiale où se trouve le héros de comprendre d'abord ce qui lui arrive, et de la netteté avec laquelle, peu à peu, il va plus tardivement se trouver en mesure d'en percevoir la signification. Aussi l'objet essentiel du roman est de nous permettre de mesurer un progrès de l'esprit qui va de l'ignorance à une connaissance avertie, en passant par une période intermédiaire qui est celle du trouble et de la confusion. Le héros, comme nous en informe Crébillon, va d'égarement en égarement, mais le désordre sensible tend à se muer en un problème purement intellectuel. Le mouvement de l'esprit se fait dans le sens d'un déterminisme progressif. De ce point de vue, Crébillon ne procède pas autrement que Condillac.

Rien de plus utile et de plus précieux, pense Helvétius, que les sensations fortes. Elles seules, dit-il, peuvent « arracher l'oisif à l'ennui ».

Cette opinion n'est pas aussi éloignée qu'on pourrait le supposer de celle de Condillac. Considérant tous deux l'état dans lequel, selon eux, l'homme à ses débuts se trouve, et manifestant la même répugnance pour l'absence d'activité dans laquelle ils se figurent que l'homme est initialement plongé, ils en concluent de la même façon que la grande affaire pour lui est d'échapper aussi promptement que possible à cet état négatif et d'en adopter sur-le-champ un autre aussi différent que possible.

L'état auquel il s'agit aussitôt de se soustraire porte différents noms. C'est l'oisiveté, la langueur, la léthargie, l'ennui ou la paresse. Ce sont des états négatifs qui se ressemblent fort. Sur ce point, il n'y a donc encore, entre Condillac et Helvétius, que très peu de différences. Mais ils diffèrent sur les façons de sortir de cet état. Ce que Condillac recommande, c'est la transformation réfléchie de nos sensations en idées. Il penche donc pour une activité essentiellement intellectuelle. Helvétius, lui, préfère un tout autre type d'activité, l'agitation des passions. Mais dans un cas comme dans l'autre, ce que le philosophe du XVIIIe siècle préconise, c'est de sortir à tout prix d'une inactivité qui est considérée un peu par tous les écrivains avant Rousseau comme le plus funeste des états pour l'homme. Rien de plus important pour lui que d'échapper à une situation toute négative qui consiste à ne pas penser, à ne pas agir, à ne sentir qu'à peine, à ne pas désirer, bref à ne pas avoir un objet déterminé d'activité. On pourrait même soutenir que, pour tous ces écrivains, l'absence initiale de toute détermination doit être considérée comme un mal et même le mal fondamental. Notre tâche principale est de nous y soustraire. La force des passions nous y aide, comme aussi l'énergie de notre esprit. Soyons donc passionnés ou actifs, mais ne soyons jamais sans un objet vers lequel nous pouvons bander nos forces. Sinon, sans ressort, nous risquons de rester dans l'indétermination qui est, avant tout, absence d'objet, et le pire des états.

HELVÉTIUS : TEXTES

L'oisif voudrait à chaque instant éprouver des sensations fortes. Elles seules peuvent l'arracher à l'ENNUI. (*De l'homme*, sect. 8, chap. 7.)

L'objet des arts... est de plaire et par conséquent d'exciter en nous des sensations qui, sans être douloureuses, soient vives et fortes. (*Ibid.*, sect. 8, chap. 13.)

La force des passions peut seule contrebalancer en nous la force de la paresse et de l'inertie, nous arracher au repos et à la stupidité vers laquelle nous gravitons sans cesse. (*De l'esprit*, III, chap. 8.)

Sans le plaisir enfin, père du mouvement,
L'univers sans ressort rentre dans le néant.
(Epître sur les arts.)

L'ABBÉ PRÉVOST

L'abbé Prévost est un sentimental ou un sentimentaliste. Non pas le plus grand de son siècle. Rousseau, sans conteste, sera plus grand que lui. Mais il est un écrivain qui, tout autant que Rousseau sans doute, bien que par des voies assez différentes, a su, avec une réussite admirable, au moins dans quelques-uns de ses romans, explorer les vastes étendues du sentiment. Chez Prévost, ces dimensions sont celles d'une immensité intérieure si mal définie, si peu connue, si désertique même en certains de ses endroits, que le personnage décrit par lui dans ses romans nous apparaît le plus souvent comme un voyageur égaré dans un lieu sans limites et sans forme précise, sorte de terre inexplorée, de vague région située aux confins de toute autre, où il avance en hésitant, non sans appréhension, comme s'il était perdu dans la nuit.

C'est ce caractère que nous devons retenir avant tout autre chez l'abbé Prévost. Avant Nodier, avant Chateaubriand, avant l'auteur des poèmes ossianiques, il a été un des premiers à s'aventurer dans cette profondeur indéfinie à laquelle on donne parfois le nom d'espace imaginaire, mais qui est en réalité l'étendue mentale se développant à perte de vue dans le fond de nos pensées, même les plus familières. Seulement, à la différence de ceux qui viendront après lui, en particulier les préromantiques, si, comme eux, Prévost s'engage profondément dans ces régions troubles, il n'y entre, si l'on peut dire, que par la petite porte; comme un résident de l'endroit qui, sans presque se rendre compte de la portée de l'action qu'il entreprend, franchit la barrière qui sépare son champ des terres voisines et se trouve bientôt perdu au beau milieu d'une savane ou d'une forêt vierge. Ainsi Prévost, ou son personnage, s'enfonce, presque sans l'avoir voulu, dans un « pays inconnu », dans une terre mentale inexplorée et sans limite. Et d'abord il n'est qu'à demi surpris par son dépaysement. Mais peu à peu il se rend compte qu'en avançant dans une région qui lui semblait être d'abord une simple continuation de celle où il avait l'habitude de vivre, il est maintenant au-delà des lieux qui lui étaient familiers. La différence essentielle qui se révèle à lui entre son monde habituel et ce monde nouveau, où il s'aventure, c'est que le second est privé d'un plein éclairage. C'est un monde nocturne, voilé, indistinct, où il est difficile, peut-être impossible, de trouver des points de repère, de démêler ce qui est à demi éclairé de ce qui est plongé dans l'ombre, un monde où il n'y a plus de routes tracées ni de formes familières. Ce monde n'est pas le monde extérieur, celui où les objets ont un aspect reconnaissable. C'est le monde intérieur, au contraire, celui des peines et des craintes, des joies et des désirs; mais avec cette particularité essentielle que, chez l'auteur de *Cleveland*, de *Manon Lescaut* et de tant d'autres récits ayant pour thème mille aventures enchevêtrées, le monde dont il s'agit ici est le monde des sentiments, monde où rien n'est défini, où l'on perd pied à chaque instant, où ce que l'on éprouve, si intense que ce soit, n'est jamais délimitable. On s'y enfonce, on s'y égare, on y poursuit sans repos une course presque sans but, dont les péripéties se distinguent mal les unes des autres, où il semble que c'est toujours la même aventure qui se prolonge, encore qu'elle se trouve renouvelée de fond en comble, de moment en moment. C'est là le monde du sentiment pur, trop confus pour qu'on puisse définir les causes qui le déterminent, monde où la joie et la douleur, la surprise et la déception échangent leurs rôles, sans modifier le timbre de l'émotion qu'elles provoquent, où les impressions généralement les plus tranchées se fondent les unes dans les autres, sans qu'on puisse percevoir les différences. En un mot, dans cette littérature du sentiment pur, les contraires, le plus naturellement du monde, s'unissent et même se confondent. Alors qu'à l'époque de l'abbé Prévost, au cœur du xviiie siècle, tant d'écrivains spécialement lucides et avertis, comme Richardson, analysent avec exactitude la nuance exacte de chaque sentiment, Prévost va dans la direction inverse. Il unifie et synthétise, là où tant d'autres s'appliquent à différencier les expériences qu'ils décrivent. Prévost, lui, ne peut que gommer les différences et *noyer* dans un même sentiment indéterminé les tendances apparemment les plus diverses.

Or une telle démarcation du bon usage courant n'a rien de délibéré. Aux yeux de l'abbé Prévost, les forces actives diverses qui s'exercent dans l'univers mental comme dans l'univers physique, si différentes qu'elles puissent être de prime abord pour qui en est le sujet, perdent très vite leur indépendance, leur spécification particulière. Elles se ramènent toutes pour l'auteur à être en fin de compte une sorte de substance spirituelle, commune mais indéfinissable, qui est, sans spécification aucune, le sentiment tout court. Toutes les différences, quelles qu'elles soient, se trouvent ainsi éliminées. Reste un univers intérieur, entièrement indifférencié, et qui inspire parfois la même horreur que l'idée du néant.

L'ABBÉ PRÉVOST : TEXTES

Le philosophe cesse ici d'apercevoir, mais il sent dans le fond de son être une secrète inclination, un penchant actif qui le porte, il ne sait encore à quoi. Comment pourra-t-il définir ce sentiment ? C'est l'exigence de quelque besoin inconnu qui demande à être rempli. (*Cleveland*, t. 5, p. 406.)

Je me trouve comme à l'entrée d'un pays inconnu. (*Ibid.*, t. 7, p. 5.)

Quelle variété dans les événements de la vie... Quel enchaînement de choses qui ne se ressemblent point et qui ne paraissent pas faites pour se suivre. (*Histoire d'une Grecque moderne*, t. II, p. 208.)

Tous mes sentiments sont des transports. Ils m'entraînent avec une violence et une confusion inexprimables. Je passe si rapidement de l'un à l'autre qu'ils paraissent tous ensemble à mon âme, quoiqu'elle n'y distingue rien dans l'ivresse qu'ils lui communiquent. (*Cleveland*, t. 7, p. 6.)

Mon imagination troublée ne me représentait plus rien que confusément. Je n'avais ni idées, ni sentiments distincts. (*Cleveland*, t. 6, p. 24.)

J'avais tous mes malheurs présents... [mais] je n'étais plus capable de les distinguer, ni de les comparer. (*Cleveland*, t. 6, p. 93.)

Dans le trouble d'esprit et de cœur où j'étais, je ne pouvais même démêler quels étaient les mouvements qui dominaient dans mon âme. (*Cleveland*, t. 5, p. 365.)

... mes infortunes... Le sentiment qui m'en reste n'a point la variété de sa cause : ce n'est plus... qu'une masse uniforme de douleur... (*Cleveland*, t. 5, p. 266.)

[Le sentiment que j'éprouvais] semblait tendre à l'obscurcissement de toutes mes facultés naturelles et me conduire par degrés à l'anéantissement... Il n'y avait point d'instant où je ne me crusse prêt à tomber dans un vide immense, qui me causait la même horreur que l'approche du néant. (*Cleveland*, t. 6, p. 93.)

MARIVAUX

« Je ne sais ce qui m'arrive. » C'est toujours par des mots à peu près semblables que le personnage marivaudien, et, par sa bouche, Marivaux lui-même accueillent la venue de l'imprévu. Le moment où cette venue a lieu est toujours d'une grande importance. C'est comme si le personnage en question prenait vie en ce moment même. Sans doute, avant cela, il avait vécu. Mais soudain, comme le tressaillement immédiat qui l'anime nous en avertit, il nous révèle qu'il entre dans une nouvelle vie. Pourtant l'exclamation qui lui échappe semble purement négative. Mais elle pose en réalité une des questions les plus vieilles qu'un homme puisse formuler. De saint Augustin à Proust et au-delà, chacun, à un moment donné ou à l'autre, soit en son for intérieur et avec une note d'angoisse, soit tout haut, à la cantonade, s'est demandé ce qui était en train de lui arriver. Une telle parole fait donc chaque fois porter tout son poids sur l'actualité. A quelque époque que ce soit, quelqu'un se demande ce qui lui arrive. Et pourtant ce qu'il dit n'a de sens que si ce dont il parle se rapporte d'aussi peu que ce soit à un moment antécédent, celui qui précède immédiatement le moment de l' « arrivée » du moment nouveau. Pour que celui-ci « arrive », il faut bien que son point de départ ne coïncide pas exactement avec son point d'arrivée. Qu'arrive-t-il donc ? Quelque chose qu'on ne connaissait pas, qu'on ne prévoyait pas, mais que maintenant, tout d'un coup, sans préliminaire, on reconnaît pour sien. Dire : « Je ne sais pas ce qui m'arrive », c'est donc dire : je ne sais pas ce que le temps m'apporte et me force à accepter. Entre le moment émetteur et le moment récepteur il y a donc un intervalle. L'existence d'une différence est reconnue, et cette différence peut être de l'espèce la plus grave. Il implique que, si minime qu'il soit, l'intervalle est indéniable, et que, dans ce cas, quelque chose en nous, peut-être même tout, pourrait être changé.

Cet intervalle à la fois immense et minuscule, on peut le rencontrer à chaque instant dans l'œuvre de Marivaux. Il ne serait pas faux de dire que, sans lui, il ne pourrait y avoir d'œuvre marivaudienne. Parfois il consiste dans le passage d'une humeur paisible à des convulsions imprévues. Parfois il substitue à un état d'esprit triomphant un état d'esprit inquiet. Le plus souvent, cela se fait brusquement, sans préparation, sans transition. D'une humeur à l'autre il y a comme une saute soudaine, parfois inexplicable, au moins pour celui qui l'éprouve. Le changement est imprévisible. Il marque essentiellement chez un certain être la manifestation d'une non-identité entre tel moment passé et, juste après, tel moment présent.

Cette disparité chez l'être marivaudien est toujours très nette. Elle est même souvent violente. Ce n'est pas sans alarme, parfois sans angoisse, que le personnage décrit par Marivaux prend lui-même conscience de la différence d'humeur qui éclate ainsi en lui : « Que m'arrive-t-il ? » Parfois, l'incident est relativement anodin ; le plus souvent, au contraire, il révèle sans ménagement une sorte d'abîme ayant surgi d'une minute, d'une seconde à l'autre, entre l'être qu'on était et l'être qu'on vient de devenir. C'est comme si un nouveau moi se découvrait dans l'opération même par laquelle se trouvait obnubilé le moi ancien. Or cela ne peut se faire sans causer à celui qui s'en voit le sujet le plus grand trouble. Rien de plus saisissant qu'une telle métamorphose. Elle a pour effet immédiat de faire de celui qui en est le sujet un étranger à lui-même. Cet événement ne concerne que lui. Il est seul à apprécier l'ampleur de ce qui lui arrive. Elle est sans limites. C'est comme si un moi nouveau usurpait imprévisiblement la place de l'être ancien qu'il a cessé d'être. Il prend ou reprend vie, mais en se découvrant autre. D'un coup, toutes les attaches qu'il avait, même avec son passé le plus récent, tombent à ses pieds comme des formes vaines. Il ne sait plus, il ne peut plus se rattacher à rien. Tout vacille. L'exclamation la plus fréquente de Marivaux (ou de son personnage) est la suivante : « *Je ne sais plus où j'en suis.* » Ou bien encore : « *Je ne me reconnais plus.* » D'où vient le fait, se dit-il encore en substance, que je suis ce que je suis et non pas celui que j'étais, et que ce changement s'est accompli non par une évolution lente mais dans un laps de temps inappréciable ? La faille devient un abîme. Le gouffre se forme entre un temps maintenant révolu et un temps vierge. Plus grave encore, ce temps révolu, je ne puis plus l'appeler mien, même par un acte de mémoire. Ce moi au passé n'est plus mon moi. Je me vois sans transition réduit à mon existence présente, séparé pour toujours de cet être que j'étais et que je ne puis plus considérer comme mien. Voilà qu'il se détache. Je le perds de vue. Il me devient incompréhensible.

Telle est, en substance, la méditation poursuivie sur-le-champ par le personnage marivaudien. Mais cette méditation, le plus souvent, se réduit à l'exclamation la plus brève. Tout se passe en lui en moins de temps qu'il ne faut pour le dire. Son adieu au passé, sa découverte de lui-même sous la forme d'un nouvel être surgissent en lui de façon si rapide qu'ils ne lui laissent pas le temps de la réflexion. C'est comme si l'être nouveau qu'il se découvrait être était tout d'un coup *tombé des nues*.

Telle est l'extraordinaire nouveauté introduite par *l'événement* dans le monde marivaudien ; si extraordinaire qu'il a pour effet de produire, chez celui qui l'éprouve, un bouleversement indescriptible. La nouveauté du présent, ainsi allégé du passé, est absolue. D'un coup, l'être nouveau se trouve dépouillé de ses anciens attributs, sans d'ailleurs en acquérir nécessairement de meilleurs. Il ne peut plus compter que sur ce qu'il est dans la minute présente. Or il ne sait encore nullement ce qu'il est, il se perd dans des émotions forcément indéfinissables. Il est incapable de leur donner une forme quelconque, puisqu'il ne peut les relier à quoi que ce soit de son expérience antérieure. En un mot, comme il se l'avoue tout bonnement, il « n'y comprend rien du tout ». C'est comme s'il avait été privé de la faculté de mettre même un minimum d'ordre dans l'état où il se trouve. Le voici, pour tout le temps où il sera sous l'influence de cet événement, sans possibilité de *déterminer* ce qu'il est, puisqu'il n'existe plus de rapport *déterminant* entre ce qu'il était et ce qu'il est devenu. Il a l'impression d'être sans cause, de vivre en somme au petit bonheur, par hasard. Ce n'est pas nécessairement catastrophique, mais cela ne laisse pas d'être affolant. L'indétermination dont il est ici à la fois le sujet et la victime consiste donc dans la sorte de confusion extrême produite par l'impossibilité (peut-être provisoire) de rétablir en soi le fonctionnement du lien causal. Sans lui tout tourne à vide, très vite mais désordonnément. On sent vivement mais indistinctement. On ne sait plus où on en est et où on est. On ne peut se démêler dans le désordre de l'actuel.

C'est cela sans doute que l'expérience marivaudienne. Elle est intense tant qu'elle dure. Elle ne dure pas toujours très longtemps. Néanmoins, pendant qu'elle dure, l'être qui la vit devient le jouet de ce qui lui arrive et de cette espèce d'indétermination qui se nomme la surprise, le caprice, l'imprévisibilité, le hasard.

MARIVAUX : TEXTES

Je ne sais ce qui m'arrive. (*La dispute*, sc. 15.)

Ah ! Je ne sais où j'en suis... D'où vient que je soupire ? Les larmes me coulent des yeux; je me sens saisie de la tristesse la plus profonde, et je ne sais pourquoi. (*La seconde surprise de l'amour*, acte III, sc. 2.)

— Oh ! Je m'y perds, Madame ! Je n'y comprends plus rien. (*Ibid.*, acte III, sc. 12.)

— Ni moi non plus. Je ne sais plus où j'en suis, je ne saurais me démêler, je me meurs ! Qu'est-ce donc que cet état-là ? *(Ibid.)*

Je ne sais pas seulement moi-même ce que je veux dire. On rêve, on promène sa pensée, et puis c'est tout. (*L'épreuve*, sc. 6.)

Puis-je rien démêler dans mon cœur ? Je veux me chercher et je me perds. (*Spectateur français*, 2ᵉ feuille.)

Quand je serais tombée des nues, je n'aurais pas été plus étourdie que je l'étais. (*Marianne*, Ed. Garnier, p. 24.)

C'était pour moi l'Empire de la Lune. *(Ibid.)*

Un mélange de plaisir et de confusion, voilà mon état. *(Marianne.)*

Je sentais tant de mouvements, tant de confusion, tant de dépit, que je ne savais par où commencer pour parler. *(Marianne.)*

Je m'égarais dans un chaos de mouvements où je m'abandonnais avec douceur et pourtant avec peine. (*Spectateur français*, 9ᵉ feuille.)

J'allai m'enfermer dans ma chambre, où le trouble, le plaisir, la crainte, la honte, enfin mille mouvements différents m'agitèrent tous ensemble. (*Le don Quichotte moderne, Œuvres*, t. 2, p. 154.)

Agitée d'amour et de crainte, elle se perdait dans ces émotions, ne réfléchissait à rien, ne sentait rien de distinct. (*Spectateur français*, 11ᵉ feuille.)

En vérité, je me perds de vue. (*Les serments indiscrets*, acte 5, sc. 2.)

Ce sont là des hasards à qui l'âme est soumise. (*Spectateur français*, t. 9, p. 6.)

Je sais seulement surprendre en moi les pensées que le hasard me fait naître. *(Ibid.)*

On agit en mille moments en conséquence d'idées confuses qui viennent je ne sais comment, qui vous mènent, et sur lesquelles on ne réfléchit point. (*Le paysan parvenu.*)

« Je ne sais ce qui m'arrive », écrit Mme du Deffand. Et un peu plus loin, dans la même lettre : « Je n'ai que des idées confuses. »

De la part d'une personne si lucide, surtout sur son propre état, on ne saurait trouver paroles plus inexactes. En réalité, Mme du Deffand sait toujours ce qui lui arrive, et il n'y a jamais de vraie confusion dans sa pensée. Elle sait mieux que personne que, dans son état, tout provient du fait qu'elle s'ennuie, qu'elle ne cesse de s'ennuyer. Toute son activité spirituelle semble centrée sur ce seul objet. Mais il n'y a là aucun mystère. Mme du Deffand est entièrement transparente à elle-même. On ne saurait trouver quelqu'un qui mette moins d'obscurité et de réserve dans la compréhension qu'elle a d'elle-même.

Toutefois cette connaissance de soi apparaît à ses yeux comme absolument négative. Le seul élément positif que Mme du Deffand perçoit en elle-même, c'est l'ennui. L'ennui n'est pas seulement une incapacité de s'intéresser à quoi que ce soit et à soi-même, c'est une façon d'être et de vivre si générale, si complète, qui régit si bien toutes nos actions et nos sentiments qu'il est impossible de douter qu'il constitue un mode d'existence auquel tous les autres peuvent être soumis. Dire : « Je m'ennuie », pour Mme du Deffand, équivaut à dire : « Je suis en vie, voilà tout. » — Il est vrai que cette vie lui apparaît infiniment limitée par toutes sortes de négations. Vivre, c'est ne rien attendre, ne rien espérer, ne rien désirer. C'est donc, d'un coup et pour tout le temps où on existe, se trouver privée du désir, de l'espérance, de la contemplation d'un futur. Mais c'est aussi ne rien trouver à regretter, ne s'attacher à aucun souvenir. Mme du Deffand est un être chez qui la mémoire ne joue presque aucun rôle. Enfin, c'est ne tenir nullement à agir, en aucune circonstance, et d'ailleurs, la plupart du temps, s'en trouver incapable. Mme du Deffand est donc totalement dépourvue de l'envie de profiter du moment présent, d'avoir une existence positivement actuelle. La seule chose qui lui inspirerait un peu de confusion, en même temps que beaucoup d'ennui, c'est la nécessité où elle se trouverait de sortir de l'état permanent d'indifférence dans lequel elle consent à vivre. De tous côtés donc, en avant, en arrière, dans le futur, dans le passé, dans le présent, il n'y a rien qui vaille la peine qu'on s'en occupe. D'où l'ennui, qui vous force à vous demander : Que faire ? à quoi employer son temps ? à quoi s'accrocher dans le moment actuel ? à quoi *se déterminer* ?

Il est vrai qu'on pourrait accepter de se laisser déterminer — ou divertir — par les conjonctures de la réalité extérieure. On appelle cela résignation. Mais ce n'est pas du tout le genre de Mme du Deffand. Elle ne trouve même pas en elle-même la volonté d'accepter l'état où elle se trouve. Elle s'abandonne à ce qui est, à ce qui vient, mais sans complaisance. Elle souhaiterait seulement ne pas avoir à y accorder d'attention.

Mais alors, que reste-t-il ? Rien. Non ! moins que rien. Ce qui reste, et même parfois avec une intensité extraordinaire, c'est le sentiment de *l'absence d'être*. Sentiment indéfinissable. Je sens mon existence comme une manière d'être privée de toute positivité. Ma vie est un *manque* qui se prolonge, sans possibilité d'ailleurs d'escompter la moindre modification dans cette nullité de vie douée de conscience. Je ne puis même prétendre que l'état négatif où je suis coïncide avec l'être que je suis, puisque c'est le propre du néant de ne jamais coïncider avec l'être. Je suis donc sans relation directe avec le néant que je sens en moi et avec qui j'aimerais parfois me confondre. Il est le seul objet que je désirerais posséder, mais on ne possède pas le néant. On ne peut qu'en avoir la nostalgie.

Mme du Deffand vit et périt dans la nostalgie du rien. Du rien, ou du vide, ou de l'informe. On pense en effet au « sentiment de l'informe » donné comme définition par Wladimir Jankélévitch au sentiment de l'ennui.

Cf. V. Jankélévitch, *L'alternative. Métaphysique de l'ennui*, Alcan, 1938, p. 156 :

L'ennui est fondamental, parce que l'informe en toute chose précède la forme, et parce qu'une démiurgie normale va de la matière aux différences, du chaos au cosmos, du possible à l'acte : *l'ennui, c'est, en somme, la toile de fond, le gris fondamental* que nos sensations barioleront de leurs riches couleurs... L'ennui s'étale dans un présent informe.

Cf. aussi Merleau-Ponty pour qui *l'ennui serait l'impossibilité de passer de l'indéterminé au déterminé.* (*Phénoménologie de la perception*, p. 39.)

MADAME DU DEFFAND : TEXTES

Je ne sais ce qui m'arrive depuis quelque temps, je perds la faculté d'écrire, je n'ai que des idées confuses... Vous, vous avez des pensées, vous les rendez avec une netteté, une énergie singulière. Moi, je ne pense point. (*Lettre à Walpole*, 13 juillet 1770.)

La vie se passe en absences... on ne jouit jamais. (*Lettre à Voltaire*, 24 juin 1770.)

... La privation du sentiment avec la douleur de ne s'en pouvoir passer... (*A Mme de Choiseul*, 26 mai 1765.)

Je veux m'accoutumer à me passer de tout, non seulement à ne rien exiger de personne, mais à n'en rien attendre, à n'en rien désirer... (*A Walpole*, 20 novembre 1771.)

Je me livre tout entière à la paresse, à l'indifférence... (*Ibid.*, 3 décembre 1771.)

Que c'est une sotte chose que notre existence, on ne sait qu'en faire. Quand on est sans passion, à quoi peut-on employer son temps ? (*A Walpole*, 26 octobre 1977.)

A quoi se déterminer et est-il possible de se déterminer ? (*Ibid.*, 1er avril 1769.)

Il est des moments où l'on est pour ainsi dire abandonné... et qu'on se croit dans le néant. (*Ibid.*, 2 novembre 1773.)

L'ennui est un avant-goût du néant. (*Ibid.*, 8 octobre 1779.)

Vous trouvez des ressources en vous; je ne trouve en moi que le néant... Je suis donc forcée à chercher à m'en tirer. Je m'accroche où je peux. (*Ibid.*, 26 juin 1768.)

HUME

La philosophie de Hume établit deux principes, l'un et l'autre essentiels et d'application absolument générale, mais si rigoureusement indépendants l'un de l'autre qu'entre eux aucune connexion n'apparaît possible.

1) Toutes nos perceptions distinctes ont une existence distincte.

2) Notre esprit est tel qu'il est incapable de percevoir la moindre connexion entre ces existences distinctes.

Remarquons qu'il ne s'agit là, bien entendu, que de perceptions distinctes. Du coup, la réflexion de Hume nous apparaît comme ne pouvant s'appliquer aux expériences *confuses*, et, pour lui, sans doute, le sentiment de l'existence, tel qu'il est entendu par Malebranche ou Rousseau, ne pourrait justement être considéré comme rentrant dans la catégorie des perceptions distinctes, étant la chose la plus confuse du monde. Pour Hume, il ne saurait donc y avoir dans les mouvements de la vie sensible qui se succèdent en nous qu'une fluctuation incertaine de sentiments dissociés, peut-être quelque chose d'assez semblable à ce qu'on trouvera plus tard dans la prose de Virginia Woolf.

Mais ces dernières remarques sont-elles bien vraies ? Elles s'appliquent, à n'en pas douter, au cas de Virginia Woolf, chez qui il y a une sorte de glissement fluvial continu de l'expérience interne. Aucun glissement, au contraire, chez Hume. Pour ce dernier, la pensée va d'expérience distincte en expérience distincte, sans qu'entre les deux il y ait une véritable connexion. Au contraire, s'il y avait un courant pour lui, il y aurait, chaque fois, interruption de ce courant. L'image du courant n'est donc pas bonne. Il faudrait trouver une autre métaphore : celle peut-être du tic-tac de l'horloge qui isole les mouvements du temps les uns des autres.

HUME : TEXTES

« Il y a deux principes que je suis impuissant à concilier, quoiqu'il ne soit pas en mon pouvoir de renoncer à l'un ou à l'autre. Le premier, c'est que toutes nos perceptions distinctes ont des existences distinctes les unes des autres, et le second, c'est que l'esprit ne perçoit jamais aucune connexion réelle entre les existences distinctes. » (*A Treatise of Human Nature*, vol. 2, Appendix.)

« Tous les événements sont entièrement détachés les uns des autres et séparables. Ils peuvent se succéder l'un à l'autre; mais l'on ne peut jamais observer le moindre lien entre eux. Ils sont conjoints mais non liés. »

« Notre pensée est fluctuante, incertaine, fugitive, successive et composite; et si d'aventure nous négligions l'une de ces particularités, nous en annihilerions absolument l'essence. »

Rapprochons ces textes de Hume du commentaire suivant de Mérian (*Mémoires de l'Académie de Berlin*, 1792, p. 430) : « Suis-je chaque phénomène que j'aperçois ou crois apercevoir ? ... Que suis-je donc ? Quand suis-je ? Où suis-je ? Je ne sais plus où me trouver, ni même où me chercher. »

VAUVENARGUES

Chose bizarre, on peut rapprocher sur un point essentiel Vauvenargues de l'être qui lui ressemble le moins, c'est-à-dire Victor Hugo. L'un comme l'autre ne pensent que par antithèses. Les raisons de cette similitude sont toutes fortuites. Hugo aime les conflits tragiques. Ses préférences morales, pour grandes qu'elles soient, ont moins d'importance à ses yeux que le pur dramatique des oppositions. Il n'en va pas de même pour Vauvenargues. C'est un moraliste rigide, à l'âme fière, soucieux de séparer le mal du bien. Il veut donc établir des déterminations franches. L'entre-deux, la mêlée des tendances en conflit, ne l'intéresse que subsidiairement. Ce à quoi il aspire, c'est à donner une fermeté maximum à tout jugement qu'il prononce, sans s'écarter cependant si peu que ce soit de la vérité. C'est un scrupuleux. Il cherche à ne jamais dépasser ce qui ne peut se situer que dans la stricte enceinte de la justice. Il est donc honnête mais intransigeant. C'est très vigoureusement qu'il place face à face le vrai et le faux. Il tient compte des nuances, mais il condamne sans hésitation, comme coupable, tout ce qui lui paraît obscur ou confus.

Pour lui il n'y a pas de composition possible entre une certaine plénitude de pensée décisive et la pensée floue qui lui semble pire encore que le rien et le néant. Du mauvais côté, pour lui, l'on trouve les idées sans suite, les écoulements perpétuels de la pensée vague, les paroles indécises, les rêves imprécis. De l'autre, il y a les vues d'ensemble, les suites fécondes de pensées unies en un même point. Il y a les synthèses. Pensée virile, militaire même dans son allure comme dans sa substance. Elle paraît, presque désespérément parfois, dans le raidissement qu'on y trouve, soutenue par une volonté déterminante. Chaque acte intellectuel de Vauvenargues semble appuyé par une résolution.

VAUVENARGUES : TEXTES

Montaigne, choquant, par son indifférence et son indécision, les âmes impérieuses et décisives : obscur et fatigant en mille endroits, faute de méthode. (*Fragments*, p. 275.)

La clarté orne les pensées profondes.

L'obscurité est le royaume de l'erreur.

Il n'y aurait point d'erreurs qui ne périssent d'elles-mêmes, rendues clairement. (*Réflexions et Maximes*, p. 374.)

Je dis d'un homme qui rapproche... les choses humaines, qu'il a un grand génie, si ses conséquences sont justes ; mais s'il conclut mal, je présume qu'il distingue mal les objets, ou qu'il n'aperçoit pas d'un seul coup d'œil tout leur ensemble... (*Réflexions et Maximes*, p. 397.)

Il n'y a aucune vérité qui ne nous arrache notre consentement, lorsqu'on la présente tout entière et distincte à notre esprit. (*Réflexions et Maximes*, p. 444.)

Qu'il y a peu de pensées exactes ! (*Réflexions et Maximes*, p. 447.)

La clarté est la bonne foi des philosophes. La netteté est le vernis des maîtres. (*Réflexions et Maximes*, p. 475.)

C'est une politique utile, mais bornée, de SE DÉTER-MINER toujours par le présent et de préférer le CERTAIN à l'incertain... (*Réflexions et Maximes*, p. 489.)

VOLTAIRE

Un peu partout dans l'œuvre de Voltaire, mais surtout dans la dernière partie de sa vie, on constate qu'il pratique un nécessarisme absolu.

Dieu est notre cause directe. Il produit toutes nos idées. Il est dans la nature le seul principe, le seul moteur, éternel, universel et constamment agissant.

Entre Dieu et nous aucun intermédiaire. Rien ne vient tempérer en nous l'action de Dieu, pas même notre faiblesse, nos incertitudes, ni l'espèce de voile que notre pensée pourrait mettre entre l'intervention divine et notre conscience. L'action divine agit en nous, sans nous, avec la netteté la plus grande.

Il en résulte que, selon Voltaire, tout homme suit irrésistiblement sa dernière idée. Celle-ci n'est pas nécessitée par la précédente. Elle est nécessitée seulement par l'action immédiate de Dieu. Tout se passe comme si dans chaque être, entre chaque action, chaque pensée, il y avait une absence de connexion complète, un vide minuscule mais total, immédiatement rempli par l'intervention divine. L'homme n'a donc aucun intérêt à chercher une continuité dans sa vie intérieure. A moins d'être un imbécile, il oriente toujours sa pensée vers le dehors (comme le fait Voltaire). « Penser à soi, dit Voltaire, c'est ne penser à rien. »

Conséquences : point de rêveries, point de choses vagues dans l'esprit : « Vous ne dites point de choses vagues », lui écrit Mme du Deffand (29 mai 1764). Le *vide* et le *vague* ne sont donc pas synonymes dans le vocabulaire de Voltaire. Le vague est une faiblesse de l'esprit, le vide est l'hiatus incessamment renouvelé dans l'esprit de l'homme par le caractère discontinu des actions divines en lui.

Rien donc de plus déterminé que la pensée voltairienne. Chacun suit irrésistiblement sa dernière idée. Chacun est une « marionnette de la Providence », un ballon que la main du sort (ou de Dieu) pousse aveuglément. Si donc Voltaire s'interroge sur lui-même : « Que suis-je, où suis-je, où vais-je et d'où suis-je tiré ? », ses questions sont de pures questions de style, ou des questions purement oiseuses, car on sait à l'avance qu'elles ne comportent pas de réponse.

VOLTAIRE : TEXTES

Je pense, mais puis-je me donner une pensée ? (*De l'âme, Œuvres*, t. 44, p. 237.)

Nous ne sommes pas plus libres en réprimant nos désirs qu'en nous laissant entraîner à nos penchants; car dans l'un et l'autre cas, nous suivons irrésistiblement notre dernière idée; et cette dernière idée est *nécessaire*. (*Le philosophe ignorant*, Œuvres, t. 44, t. 93.)

Personne ne sait ni ne peut savoir quelle idée lui viendra dans une minute, quelle volonté il aura, quel mot il proférera, quel mouvement son corps fera. (*De l'âme*, Œuvres, t. 44, p. 157.)

Quel est l'homme qui, dès qu'il rentre en lui-même, ne sente qu'il est une *marionnette de la Providence* ? (*De l'âme*, Œuvres, t. 44.)

Ressouvenez-vous bien de la première fois que vous mîtes par écrit l'esquisse d'un sermon. Vous étiez dans votre chambre, livré à une rêverie vague sans aucune *idée déterminée*... Vous avez cru... ne faire que ce que vous vouliez, et vous avez été *dirigé sans le savoir*. (*Dictionnaire philosophique*, Œuvres, t. 62, p. 298.)

Toutes nos privations, tous nos sentiments, toutes nos idées sont des choses *absolument nécessaires*. (*A Mme du Deffand*, 24 mai 1764.)

« Dieu tient en main la chaîne et n'est point enchaîné;
Par son choix bienfaisant *tout est déterminé*. »
(Poème sur le désastre de Lisbonne.)

MONTESQUIEU

Il est difficile d'imaginer un être moins apte à devenir un romantique que Montesquieu. Il appartient tout naturellement au milieu du siècle qui précède. Il s'y trouve parfaitement à l'aise. Il eût été malheureux et un peu méprisant au siècle suivant.

Il eût en effet détesté de tout son cœur le romantisme (sauf peut-être le romantisme à la façon de Stendhal, qui, comme lui, détestera toutes les formes d'obscurité). Rien ne lui déplaît plus que la profondeur, parce que celle-ci lui paraît toujours fausse et affectée. Les choses qui méritent la peine qu'on s'y intéresse sont toutes, non pas superficielles, mais jouant à l'air libre, en surface. Elles n'ont pas lieu au-dedans, en nous-mêmes, mais au-dehors, dans la rue, en société, dans la multiplicité observable des relations humaines. Elles ne sont jamais si dignes d'attention que lorsqu'elles apparaissent dans la suite les unes des autres, sans que rien ne vienne interrompre leurs relations complexes. Aucune interruption de ce commerce n'est souhaitable. La moindre solution de continuité dans le spectacle universel qu'elles créent nous ferait retomber dans la conscience de nous-mêmes. Or, notre être intérieur n'a que peu d'intérêt. Nous ne le percevons d'ailleurs que lorsque notre absorption passionnée dans la vie externe est au plus bas. Dès que nous n'avons plus d'objet sur qui porter notre attention, nous commençons à trouver la vie terne, parce que nous ne ressentons plus alors que notre vide. Ou bien nous glissons dans une langueur qui tourne vite à la mélancolie. Le seul remède est l'intérêt que nous portons à tout ce qui est autour de nous, jamais en nous. Plus nous percevons de choses, plus nous en tirons du plaisir. Le monde ne prend tout son sens que si nous en distinguons les différents acteurs dans la multiplicité des rapports qu'ils entretiennent, et si ces rapports nous apparaissent par leur nombre, par leur fréquence et par la constance des causes et effets qu'ils révèlent comme susceptibles d'être tenus pour obéissant de façon très nette à des lois. Tout devient clair pour qui perçoit cette multiplicité intelligible des mobiles. Un rigoureux déterminisme préside à toutes les liaisons.

MONTESQUIEU

Parlant de Montesquieu, Starobinski dit : « Ni le Dieu lointain, ni le moi profond, ni la mystérieuse distance de l'être aimé ne lui ont fait éprouver leur appel. Le monde n'a pas pour lui de face nocturne... Lorsqu'il rencontre l'obscur, il y reconnaît déjà l'imminence d'une clarté... [Il] renonce à la profondeur secrète des choses... Pas d'infrastructure mystérieuse... »

Staro (p. 62) : « Nous allons enfin pouvoir juger clairement... Les songes n'obscurcissent plus notre vue... »
« Montesquieu se met en situation d'étranger en face de
son pays et non en face de sa propre vie intérieure »
(p. 64).

Staro (p. 78) appelle Montesquieu un « déterministe »
(p. 78) — « Montesquieu ne demande pas au déterminisme de simplifier tous les problèmes. La causalité ne se
déroule pas sous ses yeux comme un enchaînement
linéaire de causes et d'effets, l'histoire ne s'avance pas
sur une seule voie. [Elle] n'est pas « unicausale ».
Des causes multiples sont à l'œuvre concurremment et
simultanément. Leur moyenne et leur résultante consti-
tueront la « cause générale ». Le déterminisme historique
de Montesquieu est, si l'on peut dire, « multicausal »...
Les forces [en se composant] concourent à déterminer
une situation...

DIDEROT

Dans son Salon de 1767, parlant de la rêverie, à laquelle,
sur le moment, il s'abandonne dans une série de notations
consécutives, Diderot la décrit de la façon suivante :
« L'on est nonchalamment étendu... L'idée, le sentiment,
semble naître en nous de lui-même... Délire que l'on
éprouve... Plaisir d'être à soi... Plaisir de se voir et de se
complaire ; plaisir plus doux encore de s'oublier. » Puis,
comme pour confirmer cet état dernier, Diderot en arrive
à pousser l'exclamation suivante : « Où suis-je dans ce
moment ? Qu'est-ce qui m'environne ? Je ne le sais, je
l'ignore. » L'on perçoit que, de la même façon, essentiellement exclamative, toutes ces remarques semblent jaillir
les unes des autres, se confondant dans le même sentiment.
Pourtant elles se contredisent, ou trahissent sans la
moindre transition les sentiments les plus opposés. Comment cela est-il possible ? Et comment se fait-il d'autre
part que cela nous surprenne si peu, que nous trouvions

même aussi naturelle cette conjonction d'états d'âme contradictoires ? Ou bien il y a chez Diderot une facilité exceptionnelle à passer d'un état à un autre, ou bien il y a quelque chose de plus surprenant encore : la faculté d'être pour ainsi dire simultanément soi-même dans deux façons de sentir différentes, même contradictoires, et cela de telle sorte que, tout en restant contradictoires, ces deux états ne se heurtent pas, mais se rejoignent, se mêlent inextricablement l'un à l'autre, et révèlent même une certaine analogie de ton, sans cesser d'être différents.

L'on est tenté de rapprocher cet état vécu par Diderot lui-même de celui qu'il présente comme décrit par Bordeu dans le *Rêve de D'Alembert* : « Lorsque la vraie limite de votre sensibilité est franchie, soit en vous rapprochant, en vous condensant en vous-même, soit en vous étendant au-dehors, on ne sait plus ce que cela peut devenir. »

Il va de soi que Bordeu, ici, ou plus exactement Diderot lui-même, qui le fait parler imaginairement, sait très bien au contraire ce qu'un tel double état peut devenir : une fusion des extrêmes, une identification troublante de l'extrême dilatation de l'esprit et de l'extrême concentration. Poussée au-delà de toutes limites, une profusion de formes se rapproche de l'informe. La forme peut disparaître, soit par pléthore, soit par nullification. Ainsi, en deçà, comme au-delà des réalités conçues ou perçues comme distinctes, il y a, encadrant ou prolongeant celles-ci, des réalités indistinctes, peut-être même une sorte d'indistinction générale, à l'intérieur de laquelle les distinctions se situent, tout en se trouvant débordées de chaque côté par les extrêmes. — Nous trouvons là, chez Diderot, ce matérialiste à peine déguisé, une rêverie du même type que chez certains présocratiques, ou chez certains penseurs aventureux de la Renaissance. Mais, chez Diderot, ce côté téméraire de la pensée a, semble-t-il, quelque chose de plus passionné et de plus personnel à la fois, comme si ce qui était abstraitement pensé était aussi intensément rêvé, donc vécu, donc identifié de la façon la plus intime avec le moi de celui qui pense et qui rêve. En d'autres termes, il ne s'agit nullement là d'une spéculation purement abstraite sur une expérience hypothétique ; la parole ici vit ou revit l'expérience dans son actualité propre. Diderot est celui qui, à la fois, dans le moment où il la décrit, réalise en lui-même la fusion des deux extrêmes dont l'un implique un maximum de précision, et l'autre un maximum d'indétermination.

Est-ce vraiment possible ? N'y a-t-il pas là une pure fiction de la pensée ? La question n'est pas là. La question vraie ne consiste-t-elle pas dans le fait difficilement compréhensible, et pourtant intrigant au plus haut degré, qu'entre la détermination la plus rigoureuse et l'indétermination la plus imprécise, entre la forme et l'informe considérés dans leurs dissimilitudes les plus graves, il y a un *pont* ou un lieu de passage immédiat, dont on a parfois conscience : un pont qui nous mène de la forme à l'informe, de l'indéterminé au déterminé (ou *vice versa*), et cela sans transition, par un simple acte de l'esprit. C'est ce dont Diderot, semble-t-il, eut plus d'une fois l'intuition. Dans combien d'occasions ne voyons-nous pas cette pensée osciller, avec une rapidité déconcertante, d'un extrême à l'autre ? C'est que pour elle, à tout le moins en de certains moments privilégiés, les extrêmes se touchent, se bousculent, et même se confondent.

DIDEROT : TEXTES

La sensibilité, quand elle est extrême, ne discerne plus. Tout l'émeut indistinctement. *(Essais sur la peinture.)*

Où suis-je dans ce moment ? Qu'est-ce qui m'environne ? Je ne le sais, je l'ignore. Que me manque-t-il ? Rien. *(Salon de 1767.)*

Tous les êtres circulent les uns dans les autres... Tout est en un flux perpétuel... Il n'y a rien de précis en la nature. *(Rêve de D'Alembert.)*

Naître, vivre et passer, c'est changer de forme... Et qu'importe une forme ou une autre ?

Lespinasse : J'existe comme en un point, je cesse presque d'être matière, je ne sens que ma pensée; il n'y a plus ni lieu, ni mouvement, ni corps, ni distance pour moi : l'univers est anéanti pour moi, et je suis nulle pour lui.

Bordeu : Voilà le dernier point de la concentration de votre existence, mais sa dilatation idéale peut être sans borne. Lorsque la vraie limite de votre sensibilité est franchie, soit en vous rapprochant, en vous condensant en vous-même, soit en vous étendant au-dehors, on ne sait plus ce que cela peut devenir. *(Ibid.)*

Mais qu'est-ce qu'un repos délicieux ? Celui-là seul en a connu le charme inexprimable... qui veillait encore assez sinon pour penser à quelque chose de distinct, du moins pour sentir toute la douceur de son existence... Situation de pur sentiment... (Article « Délicieux » de l'*Encycl.*)

SAINT-LAMBERT

Il n'est pas sans intérêt de s'arrêter un instant au cas de Saint-Lambert. A l'époque où il a vécu, le type qu'il représentait n'était pas rare. C'était celui de l'hédoniste soucieux d'arranger son existence de telle sorte qu'elle comprît le plus grand nombre possible de moments heureux. Remarquons d'abord que l'hédoniste, surtout l'hédoniste vivant à l'époque de Saint-Lambert, n'avait nullement l'ambition — peut-être même pas le désir — de mener de façon continue une existence heureuse. Son ambition n'allait probablement pas jusque-là. Il se contentait le plus souvent de *moments* heureux. A cela il y avait différentes raisons, mais la principale, c'est qu'au xviiie siècle le bonheur auquel on aspirait semblait moins un état dans lequel on pût s'installer qu'une suite assez lâche de moments distincts qu'on espérait voir se succéder les uns aux autres. D'où, chez les gens de cette époque, une tendance à guetter l'arrivée de chacun de ces moments et à apprécier plus particulièrement ceux qui contrastaient par *l'intensité du sentir* avec les expériences plus ternes de la vie ordinaire. On pouvait donc trouver en ce temps-là nombre de personnes à la recherche surtout de moments d'une rare intensité. Mais il y avait aussi un autre type d'être humain, moins direct, plus subtil, plus nonchalant aussi peut-être, qui ne menait pas avec une ardeur aussi vive la chasse au bonheur. Vers la fin du XVIIIe siècle, ce n'était plus l'intensité de l'expérience sensible qui paraissait la chose la plus séduisante aux hommes de ce type. On serait même tenté de dire que c'était l'inverse, et que pour leurs goûts plus délicats un plaisir modéré, même à son déclin, pouvait avoir un grand charme. Au lieu d'un *crescendo* vers une cime, plutôt quelque chose comme un *diminuendo* qui, imposant à l'expérience un ralentissement insensible, donne à celui qui en perçoit les nuances une jouissance plus délicate. C'est évidemment le cas de nombreux épicuriens à l'époque de Saint-Lambert. Alors il n'était plus tout à fait nécessaire de se comporter sans cesse en amant passionné. Souvent, ce qui importait, ce n'était pas tellement la passion elle-même que le sentiment apaisé que l'on en gardait. On en voit des exemples chez tous les écrivains de l'époque, Rousseau d'abord, mais aussi un peu tout le monde. Saint-Lambert apparaît sans conteste comme un des meilleurs représentants de cette conduite lucide et modérée que les êtres délicats prolongent au terme d'une longue liaison.

Il convient aussi de remarquer que ce ralentissement du *tempo* pratiqué par les amateurs du type de Saint-Lambert ne va pas sans une certaine sérénité de l'être. C'est avec un abandon sans trouble qu'il cède à l'émotion dont il a le temps maintenant d'apprécier la douceur. Alors ce n'est plus de passion qu'il faut parler. L'expérience vécue ne se présente plus sans nuance comme un événement qu'il s'agirait de vivre aussitôt à son plus haut degré d'intensité. Au contraire, le phénomène qui se manifeste alors apparaîtrait plutôt comme appartenant à la catégorie des affections négatives ou, plus exactement, tempérées, et tirant de leur ralentissement une douceur qu'elles n'avaient pas à leur apogée. Cela est vrai pour les passions en elles-mêmes : cela semble plus particulièrement vrai au temps du XVIIIᵉ siècle *déclinant*. Les amours de ce siècle, un peu avant que se montre la grande ombre de la Révolution, marquent cette fidélité fragile et pourtant indéfiniment prolongée. Saint-Lambert et celle qu'il aimait appartiennent évidemment à cette catégorie. On y voit les êtres accepter de vivre et de sentir avec moins d'ardeur, moins de vivacité, moins d'esprit peut-être aussi qu'auparavant. Une confusion délicieuse amollit alors les sentiments. La pensée vague est mieux accueillie. Nous sommes bien près de la fin du siècle.

SAINT-LAMBERT : TEXTES

Quand les rayons du soleil s'affaiblissent à l'automne, nous sentons moins notre existence. *(Les Saisons.)*

Dans un état d'apathie et de langueur la vie nous échappe, l'âme paraît usée. Cet état est pour nous le passage de l'être au néant. *(Ibid.)*

Quand il y a sous l'effet de la chaleur un relâchement modéré dans notre corps — relâchement semblable à celui que l'on éprouve après le plaisir, l'esprit s'abandonne à la rêverie et jouit d'un repos délicieux. *(Ibid.)*

Les temps humides de la fin de l'automne affaiblissent en nous la vivacité des perceptions. On sent moins son existence. *(Ibid.)*

[Par une journée très chaude] l'esprit en repos, l'on se sent heureux par le seul plaisir d'être. *(Les consolations de la vieillesse.)*

L'âme après la jouissance
Dans un voluptueux silence
Se rend compte de son bonheur

(Pièces fugitives.)

Elle éprouve sans rien connaître
Une aveugle félicité
Son âme est sans idée et n'a que des désirs.

(Pygmalion.)

ROUSSEAU
ET SES PRÉDÉCESSEURS

I

Dans *The Round Table*, ouvrage du grand critique anglais, William Hazlitt, on peut trouver la remarque suivante, une des plus justes jamais écrites sur Rousseau : « He had the most intense consciousness of his own existence »[1]. Cette remarque de Hazlitt caractérise en effet le trait peut-être le plus marquant de la pensée de Rousseau, le besoin de se percevoir comme un être qui ne cesse de prendre en toutes les occasions la plus attentive conscience de lui-même. Non qu'il s'agisse chez lui d'une conscience proprement réflexive, d'une façon délibérée de se placer à distance pour s'observer comme un étranger. Rousseau est tout simplement un être qui, en pensant, en rêvant, en éprouvant des émotions souvent changeantes, ressent peut-être plus intensément qu'un autre le mouvement intérieur par lequel la vague de la pensée ou du sentiment vient l'envahir. Aussi n'y a-t-il pas de terme qui soit plus chargé de sens dans ses écrits que la fameuse expression, si fréquente chez lui, de « sentiment de l'existence ». Pour lui, le sentiment direct, immédiat, de l'existence est le premier qui affecte l'homme primitif, celui par lequel il naît à la conscience de lui-même : « Le premier sentiment de l'homme, écrit-il, fut celui de son existence »[2]. Rousseau suppose ce sentiment, lié, dès les premiers âges de la vie, à l'expérience des sens : « Ai-je un sentiment propre de mon existence, fait-il dire au Vicaire Savoyard, ou ne la sens-je que par mes sensations ? »[3]. Quelle que soit la réponse qui puisse être faite à cette question, et la priorité que le sentiment ou la sensation pourrait respectivement avoir dans cette alliance, il n'y a pas de doute que pour

---

1. William Hazlitt, *The round table*, Collected Works, I, p. 88.
2. Rousseau, *Sur l'origine de l'inégalité*, Œuvres, Pléiade, III, p. 164.
3. Rousseau, *Emile*, Œuvres, Pléiade, IV, p. 570-571.

Rousseau (tout comme d'ailleurs pour un bon nombre de philosophes de son siècle), le sentiment de soi et la sensation se découvrent souvent, dès le premier moment, confondus indiscernablement dans l'acte par lequel le sujet prend conscience de ce qui se passe en lui. — Mais il est encore une autre association dont Rousseau se préoccupe. Si, à ses yeux, chacun a la faculté de se percevoir comme un être unique, absorbé solitairement dans le sentiment et les sensations qui se mêlent en lui, et s'il peut ainsi s'appréhender comme distinct de tous les autres êtres en tant que sujet exclusif de cette expérience particulière, n'est-il pas nécessaire aussi pour lui quelquefois de la relier à l'expérience générale, de fondre ce qui se trouve éprouvé par lui personnellement dans l'expérience de tous ? A côté et au-delà de la conscience de soi, n'y a-t-il pas la possibilité et parfois aussi le besoin de participer à un état d'esprit partagé par un vaste ensemble d'êtres ? Bref, se demande Rousseau, n'importe-t-il pas de « joindre, pour ainsi dire, le sentiment de l'existence commune à celui de son existence individuelle ? »[4].

On voit donc que, chez Rousseau, le sentiment de soi (synonyme du sentiment de l'existence) n'est pas sans se confondre parfois, d'une part, avec la sensation proprement dite et, d'autre part, avec des états d'âme collectifs plus ou moins étendus. La conscience de soi n'a jamais, ou presque jamais chez lui l'aspect d'une activité uniquement intellectuelle. Et de ce fait, elle n'est pas sans avoir fréquemment quelque chose d'ambigu. Rien ne la distingue mieux, à cet égard, de l'intellection, telle qu'on la trouve chez Descartes. Chez ce dernier, l'acte de conscience de soi vise à se montrer totalement dégagé de tout caractère affectif. Au contraire, chez Rousseau, ce n'est qu'exceptionnellement qu'il se manifeste à l'état pur, rarement libéré qu'il est des sensations au sein desquelles il lui arrive le plus souvent de jaillir, et rarement aussi, affranchi des courants d'émotion, qui, venant du dehors, sont toujours

4. Rousseau, *Emile*, *Œuvres*, Pléiade, IV, p. 582.

prêts à l'assaillir. Bref, ce n'est pas seulement la sensibilité propre de Rousseau qui est trouble, c'est la conscience qu'il en prend.

Assiégé de tous côtés, l'acte de conscience chez Rousseau est gravement menacé de s'altérer. Au milieu de ce désordre qui s'installe au centre de l'esprit, il s'agit, si l'on ne veut pas se laisser submerger, de préserver l'intégrité de l'acte de conscience. Non que Rousseau aspire véritablement à atteindre dans la prise de conscience de soi ce degré d'abstraction qu'il semble n'avoir admiré lui-même chez aucun penseur et, en particulier, chez Descartes. Ce qu'il désire plutôt, au moins dans les circonstances les plus favorables, c'est constituer autour du sentiment de l'existence, exemple parfait mais fragile de l'acte de conscience de soi, une zone de retrait et de silence où le tumulte de la vie sensible puisse se calmer. Aussi s'efforce-t-il à maintes reprises d'isoler l'acte mental par lequel la pensée d'un être se saisit dans son intériorité. Ou, du moins, il essaye de profiter, du mieux qu'il peut, des rares moments de répit où, pour ainsi dire d'elle-même, la vie de la sensibilité perd de son urgence et de sa vivacité désordonnée, en sorte que l'esprit, momentanément à l'abri, puisse se recueillir.

Pureté de sentiment de l'existence ainsi expérimenté, et qui ne se retrouve chez l'auteur des *Rêveries* que dans certains moments rarissimes, si importants d'ailleurs qu'il en a fait des moments privilégiés de sa vie. Pureté qui, à ses yeux, a quelque chose de sacré. Rien ne l'émeut en effet plus profondément que l'opération, on dirait, presque religieusement perçue, par laquelle au fond de lui le sentiment de l'existence se manifeste dans l'absence ou, au moins, dans l'éloignement des facteurs de confusion qui pourraient venir en ternir la pureté. Alors la pensée — s'il s'agit encore de pensée — s'apparaît à elle-même, dans un recueillement complet. Toute autre activité mentale cesse, et la conscience de soi, désencombrée, se perçoit opérant dans la solitude, au ralenti.

L'on voit que nous faisons allusion ici au plus célèbre

des épisodes qui se placent dans les *Rêveries*, l'épisode de la cinquième Promenade, au bord du lac de Bienne[5]. Rousseau lui-même y parle de ce qu'il a éprouvé en cette occasion avec une particulière révérence, comme s'il s'agissait non pas seulement d'un des moments de sa vie où il s'est senti le plus vraiment heureux, mais aussi comme un des moments où le sentiment intérieur, affranchi comme il l'était alors de presque tout rapport avec le monde extérieur, avait paru à ses yeux investi d'une richesse, ou, en tout cas, d'une profondeur, que jusqu'à ce moment là il avait été incapable d'avoir. Aussi, le ton que Rousseau adopte pour parler de cet épisode est-il naturellement celui qu'on emploie pour décrire un événement qui se situe sur le plan de la vie religieuse. Il y a donc dans ces pages quelque chose d'exceptionnel qui a souvent frappé les critiques et qu'ils se sont efforcés de définir. Personne peut-être n'en a parlé plus délicatement que Marcel Raymond dans son livre *Jean-Jacques Rousseau : la quête de soi et la rêverie*[6]. Il n'est pas dans notre intention de reprendre ce qui s'y trouve traité avec tant de justesse, mais simplement de mettre en relief l'importance unique du grand texte qui y est étudié. Importance unique en raison du fait qu'il consiste dans la présentation d'un événement lui-même unique, événement si important mais en même temps si inanalysable, si intime, qu'auprès de lui, au moment même où il s'accomplit, plus rien d'autre n'existe et ne pourrait être considéré. Cet événement fait autour de lui le vide. Il dénie à la nature environnante le droit d'intervenir ou de faire sentir sa présence, sinon sous la forme atténuée et considérablement spiritualisée d'un murmure léger des eaux le long des flancs d'une barque. Donc cet événement intérieur subsiste seul. Il subsiste sous la forme d'une intériorisation graduelle de l'être, quand celui-ci, ayant doucement mais fermement rompu les liens qui le rattachaient au

5. Rousseau, *Rêveries, Œuvres*, Pléiade, I, p. 1046-1049.
6. Marcel Raymond, *Jean-Jacques Rousseau : la quête de soi et la rêverie*, Corti, 1962, p. 145-155.

monde externe, se réduit à être une voix qui, du dedans, se fait entendre dans le silence : exemple parfait d'une conscience de soi dépouillée de tous les éléments adventices qui auraient pu en troubler l'unité : « De quoi jouit-on dans une pareille situation ? De rien d'extérieur à soi, de rien, sinon de soi-même et de sa propre existence... »[7].

Or, l'extrême dépouillement qui s'accomplit ici, ayant pour fin de nous montrer l'être intérieur isolé dans la conscience qu'il a de lui-même, ne nous suggère-t-il pas un rapprochement ? N'y a-t-il pas un autre penseur qui, par une élimination similaire du monde ambiant, s'est réduit à n'être plus qu'une pensée qui se pense, une existence dont, à un moment donné, l'objet presque unique est de se percevoir elle-même ? La réponse est irrésistible. Si différentes que soient, comme nous l'avons vu, ces deux pensées, le pur sentiment de l'existence, tel qu'il est exprimé par Rousseau, a d'évidents points de ressemblance avec le *Cogito* cartésien. Tous deux se présentent dans la négation de toute réalité externe comme l'affirmation de l'existence d'un moi pensant ou sentant, qui tire de sa seule intimité avec lui-même la certitude de son existence propre. On dirait que chez Descartes comme chez Rousseau, dans l'effacement provisoire des réalités secondes, la conscience de soi surgit de façon presque semblable, comme une force positive détachée de tout lien avec le monde externe, s'ouvrant en quelque sorte sur une existence vierge, une existence sans antécédent. C'est le cas lors du réveil de Rousseau après sa chute et son évanouissement à Ménilmontant; mais c'est encore le cas, sur le lac de Bienne, lorsqu'il perçoit pour ainsi dire au fond de lui-même le murmure des eaux environnantes, comme si c'était un produit de sa propre pensée. Rousseau ne se comporte donc pas autrement, semble-t-il, que Descartes, prêtant l'oreille en lui-même à cette activité nue de l'esprit qu'il identifie avec son être. D'un côté comme de l'autre, la conscience de soi se révèle être un acte originel, un

7. Rousseau, *Rêveries*, *Œuvres*, Pléiade, I, p. 1047.

authentique point de départ. Ainsi l'épisode du lac de Bienne (ou celui de la chute de Ménilmontant[8]) forme-t-il chez Rousseau un *Cogito* non moins nettement marqué par la nouveauté absolue et par l'absence d'association avec quoi que ce soit d'antécédent ou d'extérieur que le *Cogito* cartésien.

Et pourtant, la différence reste grande. En un sens elle s'affirme même comme une différence maximum. Ceci a été nettement marqué par Jean Wahl dans un texte que cite Raymond : « Variété de la philosophie française ! Elle s'était fondée sur la pensée avec Descartes ; la voici qui se fonde sur un état comme étranger à la pensée. Je pense, donc je suis, disait Descartes. Mais dans ces états que nous décrit Rousseau, je suis parce que je pense à peine, on pourrait dire parce que je ne pense pas »[9].

« Je ne pense pas ! » L'être présenté par Rousseau dans cette prise de conscience de lui-même qui est la sienne peut-il être vraiment considéré comme ne pensant pas, comme ne *se* pensant pas ? Penser à peine, quoi qu'on dise, c'est, malgré tout, authentiquement penser. Il est vrai que la pensée de Rousseau est infiniment moins claire que la pensée cartésienne, qu'elle se situe à cette limite indécise où la conscience de soi émerge tout juste de l'inconscience et risque de se confondre avec celle-ci. Néanmoins, la pensée de Rousseau et celle de Descartes ont pour caractère commun d'être deux consciences de soi, se situant l'une comme l'autre au point initial, à la naissance de toute vraie pensée. L'une plus confusément, l'autre plus intellectuellement inaugurent ou reprennent, chacune à sa façon, le mouvement de l'esprit par lequel celui-ci prend connaissance de lui-même.

Il n'empêche que le *Cogito*, point de départ du raisonnement cartésien, implique de la part de celui qui le formule une certitude : celle de tenir une vérité indiscutable. Ce *Cogito* contient une affirmation qui ne laisse

8. Rousseau, *Rêveries*, *Œuvres*, Pléiade, I, p. 1005.
9. Jean Wahl, *Tableau de la philosophie française*, Fontaine, 1946, p. 94-95.

pas d'être énoncée sur un ton absolument assuré : « Je connais que j'existe »[10]. Connaissance première qui est aux yeux de son auteur immédiatement évidente et par conséquent parfaite. Elle atteint du premier coup ce qu'elle vise, non dans l'être concret et tel qu'il est appréhendé par les sens, mais, si l'on peut dire, dans l'être abstrait, dans sa substance. Le moi qui apparaît ici comme existant est moins un moi qu'une idée du moi, une façon de s'identifier avec l'idée de soi que l'on se forme. Il n'y a donc pas de conscience de soi plus rigoureusement intellectuelle que la conscience de soi impliquée dans le *Cogito* cartésien.

Est-il besoin de dire qu'il n'en va nullement de même dans le *Cogito* de Rousseau ? On peut même prétendre que toute l'histoire du concept de conscience de soi depuis Descartes jusqu'à Rousseau et bien au-delà consiste en une série de modifications imposées à ce concept par la longue file d'écrivains qui ont tenté tour à tour, sinon de définir la conscience de soi, au moins de décrire du dedans la façon dont elle se laisse appréhender. Les pages qui suivent n'ont pas la prétention de retracer cette histoire dans toute sa variété, mais de passer au moins brièvement en revue quelques-unes des formes de la conscience de soi qui peuvent être relevées dans le siècle qui s'écoule entre Descartes et Rousseau. Or, comme on va le voir, il semble bien que tout ce développement de la conscience de soi va dans le sens, non d'une conscience de plus en plus claire, mais au contraire d'un sentiment de soi de moins en moins déterminé.

Cela se voit dès l'abord dans le passage de la certitude au doute. Je pense, j'existe : telles sont les affirmations par lesquelles débutait Descartes. — « Ignorant de ce que je suis », dira par contre, aussitôt après lui, Pascal[11]. — « Je suis un je ne sais quoi que je ne puis saisir », répétera sous une forme à peine moins dubitative Féne-

10. Descartes, *Méditation deuxième*.
11. Pascal, *Pensées*, Ed. Brunschvicg, n⁰ 229.

lon[12]. « Nous ignorons ce que nous sommes devant Dieu », soupirera Nicole[13]. Toutes ces phrases expriment une incertitude fondamentale, contrastant d'une façon si évidente qu'elle en est presque étrange avec la claire affirmation cartésienne. Etrange parce qu'elles professent, à la place même où Descartes se situait pour énoncer une proposition première « indubitable », l'incertitude, le doute, une connaissance imparfaite, contestable, rongée dès le début par l'ignorance. La différence de ton est si tranchée qu'en comparant ces deux formulations de la vérité l'on se trouve confronté par deux types de connaissance entre lesquels il n'y a aucune possibilité d'accord : une connaissance en pleine lumière, absolument certaine d'elle-même, et une autre totalement dépourvue de la moindre assurance. Et c'est en effet cette dualité que remarque un contemporain des penseurs que nous venons de citer, le pasteur protestant Daniel de Superville : « Nous avons, écrit-il, deux sortes de connaissance de notre cœur, une de sentiment, une autre de réflexion et d'examen. » — Se détournant de cette dernière, qui est la connaissance cartésienne, Superville se concentre sur l'autre, cette connaissance de l'être intérieur, qui serait, comme il est un des premiers à le dire, une connaissance de pur sentiment : « Chacun de nous, continue-t-il, a cette première connaissance que j'appelle de sentiment... Elle est fort confuse, c'est plutôt une impression qui se fait en nous qu'une connaissance »[14].

Dans la seconde moitié du XVIIe siècle, ce pasteur protestant n'est pas le seul à opposer à la conscience claire une conscience obscure : « Nous sommes tant de mondes à la fois, dira par exemple le janséniste Duguet, que nous ne savons presque pas ce que nous sommes »[15]. Chez la plupart de ces penseurs, la substitution de l'incertitude à l'assurance ne se fait pas sans perplexité ni sans une

12. Fénelon, *Traité de l'existence de Dieu*, 2e part., chap. 5.
13. Nicole, *Les Imaginaires*, Mons, 1693, t. 2, p. 230.
14. Superville, *Sermons sur divers textes*, Rotterdam, 1717, t. 3, p. 311.
15. Duguet, *Lettres sur divers sujets de morale et de piété*, Paris, 1708, t. 2, p. 367.

perceptible angoisse. On dirait qu'en se penchant sur eux-mêmes, en essayant de comprendre leur intériorité, ces penseurs, loin d'atteindre à une vérité aussitôt acquise et possédée, hésitent, entrent en confusion, éprouvent devant le spectacle de leur vie profonde une impression de mystère. La connaissance de soi n'est plus pour eux une vérité immédiate et assurée. Elle ne les soutient plus. D'où chez la plupart d'entre eux une inquiétude qui se manifeste peut-être plus vivement chez les protestants que chez les catholiques, chez les jansénistes que chez les molinistes. Inquiétude fondamentale, relative à l'être que nous sommes, à la difficulté de savoir quel est le fond de notre nature. L'exemple peut-être le plus frappant, parce que l'angoisse de celui qui le fournit y est la plus visible, se rencontre dans un texte du mystique protestant Pierre Poiret : « Je vois que je ne suis qu'un principe de désirs et de recherches qui, à vrai dire, se porte à être éclairé et apaisé, qui s'y porte invinciblement et naturellement, mais qui s'y porte obscurément, d'une manière générale, vague et confuse, qui ne sait distinctement et vivement ce qu'il veut; une source de pensées informes, confuses, ténébreuses, embrouillées, sans ordre, sans certitude... Si bien que ma nature, lorsqu'elle veut être à soi, s'appartenir en propre, et ne considérer que soi-même, n'est qu'une source de recherches et de désirs ténébreux, confus, inquiets, pénibles et angoissants continuellement »[16].

Mais de tous les penseurs le premier qui ait distingué de la façon la plus précise entre la saisie intellectuelle de soi-même dans le *Cogito* cartésien et le sentiment de l'existence, c'est le grand disciple de Descartes, l'Oratorien Malebranche. Résumant avec beaucoup d'exactitude sa pensée sur ce point, l'historien M. Guéroult lui fait dire ceci : « Pour Malebranche, la connaissance claire et distincte de mon existence n'est en aucune façon comparable à la connaissance claire et distincte d'une idée, d'une liaison d'idées. Par le *Cogito*, j'atteins directement mon

16. Poiret, *L'Economie divine*, Amsterdam, 1687, t. 1, p. 41.

existence, mais non point mon essence. Je sais que j'existe, mais ne connais point l'essence de cette existence immédiatement saisie »[17] — Rousseau dira exactement la même chose : « Je sens mon âme... Je sais qu'elle est, sans savoir quelle est son essence »[18].

Ainsi l'on voit que presque un siècle avant que Rousseau présente la connaissance de soi comme bornée au sentiment que l'homme a de sa propre existence, donc comme quelque chose de très éloigné de la saisie de soi dans le *Cogito* cartésien, Malebranche faisait déjà cette distinction et se trouvait être de ce fait quasi le premier penseur pour qui, selon la parole de Jean Wahl, à côté du *je pense, donc je suis* de Descartes, apparaît une seconde manière de se penser, ou plutôt de se sentir, celle que Malebranche appelle parfois conscience, conscience de soi, mais, le plus souvent, sentiment intérieur.

Bien entendu, aux yeux de l'Oratorien, ce sentiment intérieur est infiniment plus limité (et moins clair) que la connaissance de soi cartésienne. « Nous n'avons pas de sentiment intérieur, écrit-il, de tout ce que nous sommes, mais seulement de ce qui se passe actuellement en nous »[19]. — Et ailleurs : « Nous ne connaissons l'âme que par conscience (terme ayant pour Malebranche exactement le même sens que l'expression « sentiment intérieur »), et c'est pour cela que la connaissance que nous en avons est imparfaite. Nous ne savons de notre âme que ce nous sentons se passer en nous »[20].

La connaissance que nous avons de notre âme est « imparfaite ». — Imparfaite ! Rien n'est plus significatif, si l'on y réfléchit bien, que cette définition restrictive du champ de connaissance intérieur embrassé par le sentiment malebranchien. Non seulement ce que ce sentiment

17. M. Guéroult, *Etendue et psychologie chez Malebranche*, Belles Lettres, 1939, p. 11.
18. Rousseau, *Emile*, Pléiade, IV, p. 590.
19. Malebranche, *Eclaircissements sur la Recherche de la Vérité*, 1er éclaircissement.
20. Malebranche, *Recherche de la Vérité*, livre 3, 2e part., chap. 7-4.

nous révèle n'est pas l'essence de notre être, mais ce n'est même pas sa nature profonde. Seul Dieu nous connaît dans notre fond. En d'autres termes, du moins tant que dure notre existence terrestre, notre être essentiel est hors de notre compréhension et de notre atteinte. Il en résulte que notre imperfection n'est pas seulement morale et l'effet direct du péché originel. C'est une imperfection proprement ontologique. Notre être vrai est hors de portée de notre intelligence. Nous sommes pour nous-mêmes des êtres incompréhensibles. Bref, l'ignorance de nous-mêmes dont nous souffrons est presque totale, en tout cas infiniment plus grave que nous le supposions avec Descartes et même avec Saint Augustin : « L'âme, dit Malebranche dans un texte cité par Raymond, sera toujours inintelligible à elle-même. Elle ne sentira en elle que des *modalités ténébreuses* »[21]. — Et dans un autre texte analogue, c'est en les termes suivants que Malebranche s'adresse à l'homme pris en général : « Sache donc que *tu n'es que ténèbres*, que tu ne peux te connaître clairement en te considérant, et que jusqu'à ce que tu te voies dans ton idée ou dans Celui qui te renferme, toi et tous les êtres d'une manière intelligible, tu seras inintelligible à toi-même »[22].

Que l'on y songe ! Ce qui vient d'être lu a été écrit en plein XVIIᵉ siècle. Il correspond à la pensée peut-être la plus profonde, en tout cas la plus poussée de cette époque. Il est en accord pour la plus grande part avec ce thème de l'ignorance de soi qui se retrouve chez Pascal, La Rochefoucauld, Fénelon, Racine. Ainsi ce siècle qui est réputé être plus qu'un autre celui où la pensée se concentre avec un maximum de lucidité sur l'exploration de l'être intérieur est-il aussi celui où l'être humain en question prend plus irrésistiblement conscience qu'en aucune autre époque de l'impossibilité pour lui de connaître qui il est. Et pourtant Descartes, champion de la connaissance de soi, semble présider à cette époque. C'est le cartésianisme qui

21. Malebranche, *Réponse à M. Régis*, cité par M. Raymond, *op. cit.*, p. 171.
22. Malebranche, *Méditations chrétiennes*, 1ʳᵉ méditation.

paraît être non pas seulement la philosophie quasi officielle de ce temps, mais le haut truchement intellectuel grâce auquel les hommes de ce temps espèrent concilier la pensée laïque et la foi religieuse. Nier que l'homme puisse atteindre par l'intuition pure ce qui est le fond de sa nature, considérer que l'acte de conscience de soi échoue ou aboutit à l'inintelligible, n'y a-t-il pas là pour les gens de l'époque quelque chose de téméraire, voire même de scandaleux? C'est là, du moins, la réaction de certains, et, en premier lieu, celle d'Antoine Arnaud, du grand Arnauld.

Dès 1680, dans une lettre au P. Quesnel, il fait part à ce dernier des doutes et appréhensions que suscite en lui la doctrine de Malebranche : « Mes recommandations, s'il vous plaît, au P. Malebranche. Voici une difficulté que je le prie de me résoudre, sur ce qu'il dit que nous ne connaissons notre âme que par sentiment et que nous n'avons pas d'idée de ce qu'elle est substantiellement. Si cela est, je ne sais donc autre chose, sinon que la pensée est une modification de mon âme, sans savoir précisément ce qu'elle est en elle-même. Si cela est, dira un libertin, qui m'empêchera de croire que la pensée est à mon âme ce que le mouvement est à la substance étendue ? Et cela étant, dira-t-il, quelque immortelle que l'on fasse l'âme, rien n'empêchera qu'elle ne puisse être sans aucun mouvement, et qu'étant sans pensée, elle ne soit incapable de bonheur et de malheur »[23].

Parole singulière dans la bouche d'un janséniste, puisque, à la différence de son ami Nicole, de Boursier, de Quesnel, de Duguet et de tant d'autres jansénistes de la génération suivante, Arnauld ne veut pas renoncer à l'idée du pouvoir cognitif spécial possédé par l'âme humaine, et que la conception de l'ignorance de soi produit en lui un malaise évident.

Quelques années plus tard, cette méfiance, plus encore, cette hostilité latente d'Arnauld à l'égard de la doctrine

---

23. Antoine Arnaud, *Lettre au Père Quesnel*, du 18 janvier 1680, *Œuvres*, Lausanne, 1781, t. 2, p. 73.

malebranchienne, arrive à son comble. Elle le conduit à dénoncer l'espèce de sophistication par laquelle Malebranche, passant de l'ignorance de soi à toutes ses conséquences, aurait abouti à la notion — hautement condamnable aux yeux d'Arnauld — du sentiment intérieur. Voici cet extraordinaire document qui, publié par Arnauld en 1684 dans une *Défense contre la Réponse au livre des vraies et fausses Idées*, se retrouvera dans les *Œuvres complètes* d'Arnauld, au 38e volume[24] :

« On a eu besoin, [il s'agit de Malebranche], de faire croire qu'à proprement parler, *l'âme ne se connaissait pas*, qu'elle n'était que ténèbres à elle-même; qu'elle était *inintelligible à elle-même*. Et voici les degrés par où on y est arrivé.

« Le premier fondement qu'on a posé est que notre âme se connaît par conscience. On a changé adroitement le mot de conscience en celui de sentiment intérieur... [ce] qui a été une occasion de faire éclipser le mot de *connaître* en substituant à toute cette phrase le verbe de *sentir*, sous prétexte d'abréger cette expression *connaître par sentiment intérieur*. Il n'y avait encore rien là qui ne se pût souffrir; car quoique ce fût un peu abuser du mot de *sentir*, dont la propre signification est de marquer la connaissance qu'on a par les sens extérieurs ou intérieurs, au lieu que l'âme ne se connaît pas seulement par ces sentiments-là, mais qu'elle se connaît aussi *par pure intellection*, comme dit saint Augustin : *Videt se anima per intelligentiam*; néanmoins il suffisait d'avoir averti du sens dans lequel on prenait ce mot... Cependant il a paru dans la suite que ce n'était point là l'usage qu'on voulait faire du mot *sentir*; mais qu'on ne l'avait inventé que pour l'opposer à *connaître*, et pour avoir lieu de dire, *que l'âme ne se connaît point, mais qu'elle se sent...* »

Nous avons cité presque tout au long ce dernier texte d'Arnauld, si étendu qu'il puisse être, parce qu'il fait apparaître nettement le changement qui s'est accompli (ou,

24. Antoine Arnauld, *Œuvres*, Lausanne, t. 38, p. 604-605.

plus exactement, qui est *en train de s'accomplir*) entre Descartes et Malebranche, c'est-à-dire entre les deux moitiés du xviie siècle. Avec Descartes nous nous trouvons encore, quoi qu'il semble, dans la grande tradition théologique, celle de saint Augustin et de la « connaissance de soi par pure intellection». La position d'Arnauld lui-même, sur ce point, est à la fois augustinienne et cartésienne. Or, pour Arnauld, le grave changement de position qui se révèle dans la définition de l'acte de conscience consiste chez Malebranche dans le glissement de sens par lequel ce dernier abandonne le mot *connaître* pour employer le mot *sentir*. L'on aboutit ainsi à dire, au grand scandale d'Arnauld, que l'âme ne se connaît pas, qu'elle *se sent*. Elle se sent d'un « sentiment intérieur », qu'il est peut-être difficile de préciser, mais qui n'est pas si loin qu'il paraisse, au moins en apparence, de tous les autres actes de la connaissance sensible, *sentir* étant, comme le fait remarquer Arnauld, le terme même dont la vraie signification est de marquer la connaissance qu'on a par les sens extérieurs et intérieurs.

« L'expérience nous convainc que nous avons une connaissance intuitive de notre existence et une infaillible perception intérieure que nous sommes quelque chose. Dans chaque acte de sensation, de raisonnement ou de pensée, nous sommes intérieurement convaincus en nous-mêmes de notre propre être »[25].

Avec ces paroles de Locke (un peu en avance sur son temps) commence le xviiie siècle : un siècle où l'expérience sensible, au premier chef, et toute la série de réflexions qui peuvent naturellement naître de cette « perception intérieure » auront chaque fois pour objet de déterminer le sentiment de notre être. Point ici de connaissance de soi du type augustinien ou cartésien : la connaissance « intuitive » de notre existence, dont parle Locke, n'a rien à voir avec l'« intellection » mentionnée par Arnauld.

25. Locke, *Essay on the Human Understanding*, IV, 9, 3, trad. Costes, Amsterdam, 1742, IV, p. 513.

C'est une saisie immédiate de nous-mêmes qui se fait à l'occasion de n'importe quelle expérience externe ou interne qu'il nous arrive d'avoir. Il y a donc chez Locke le surgissement presque automatique de la conscience de soi sous l'impulsion de la sensation; et ensuite une sorte de confirmation réitérée de cette découverte de nous-mêmes, grâce au déroulement de réflexions de toutes sortes, qui, venant à la suite de cette expérience première, en prolongent en quelque sorte les effets. Je suis moi, je me découvre tel, chaque fois que je sens, mais aussi tout le temps subséquent que, me laissant porter par le flux de pensées issues de ma sensation initiale, je me retrouve identique dans tout ce cortège de cogitations : « Il y a dans notre entendement, écrit Locke, une suite d'idées qui se succèdent constamment les unes aux autres... Tandis que nous pensons, ou que nous recevons successivement plusieurs idées dans notre esprit, *nous connaissons que nous existons* »[26]. Nous connaissons donc que nous existons, non plus seulement par une expérience initiale instantanée, mais par l'animation que toutes sortes d'idées, « passant pour ainsi dire à la file, l'une allant et l'autre venant, sans aucune intermission »[27], créent successivement en nous. Toute la question est de savoir si cette réapparition continuelle de la conscience de soi est la réapparition d'un même « soi », identique à lui-même. Mais, mise à part cette question soulevée par le philosophe Anthony Collins, il n'y a pas de doute. Chaque expérience sensible ou réflexive que nous pouvons faire a pour conséquence de nous donner un sentiment de notre existence renouvelé et, conséquemment, remis à neuf.

On voit donc en quoi consiste le sentiment de l'existence aux yeux de Locke et par conséquent de tous les esprits du XVIIIe siècle qui deviendront ses continuateurs. Ce ne sera plus une expérience isolée, imparfaite, caractérisée par un sentiment d'angoisse et d'incomplétion. Ce ne

26. Locke, *Essay on the Human Understanding*, II, 14, 3.
27. Locke, *Essay on the Human Understanding*, II, 7, 9.

sera même plus une expérience confuse, indécise, plus ou moins ténébreuse, puisque chaque fois qu'on la ressentira ce sera comme une affirmation répétée de notre activité intérieure, causée par le défilé des sensations et des idées qui se fera en nous. En d'autres termes, et en contradistinction avec la connaissance interne de soi, telle que l'avaient éprouvée douloureusement, presque morbidement, des êtres comme Pascal, Malebranche, Nicole ou Poiret, le sentiment de l'existence chez les hommes du xviiie siècle va se présenter comme un phénomène agréable, excitant, revigorant et d'inflexion nettement optimiste. Sentir son être se révèle comme étant invariablement — pourvu que le sentiment de soi ne soit pas lié à quelque douleur physique ou morale — une chose heureuse. Dès lors — presque tout le xviiie siècle est d'accord sur ce point — importe-t-il grandement de rendre aussi fréquente et aussi vive que possible la perception de ce phénomène. « Plus les sensations se multiplient, note Delisle de Sales, et plus l'âme sent qu'elle existe »[28]. C'est là la parole d'un pur sensualiste. Mais il ne s'agit pas seulement de multiplier les expériences, il faut encore les rendre aussi intenses que l'on peut. Qui perçoit vivement les objets qui tombent sous ses sens se percevra lui-même avec une vivacité accrue. Comme le recommandent simultanément des esprits aussi différents que Berkeley et Vauvenargues, rien n'importe autant que d'avoir une vie *active*. L'action est chose bonne, non seulement par elle-même ou en raison des avantages extérieurs qu'elle nous procure, mais parce qu'elle nous fait prendre conscience de nous-mêmes en tant qu'êtres actifs. C'est aussi l'avis de Rousseau, du moins un des avis que Rousseau se donne à lui-même et à nous-mêmes. On le trouve dans l'*Emile* : « Vivre, ce n'est pas respirer, c'est agir, c'est faire usage de nos organes, de nos sens, de nos facultés, de toutes les parties de nous-mêmes qui *nous donnent le sentiment de notre existence*. L'homme

28. Delisle de Sales, *De la philosophie de la nature*, Ed. de Londres, 1777, t. 2, p. 328.

qui a le plus vécu n'est pas celui qui a compté le plus d'années, mais celui qui a *le plus senti la vie* »[29].

De tous les écrivains de l'époque, celui qui a peut-être le plus fréquemment parlé du sentiment de l'existence, c'est cet ami-ennemi de Rousseau qui s'appelle Saint-Lambert. Il est, comme on le sait, l'auteur d'une libre imitation de Thomson, qui porte aussi le nom de *Saisons*. Le poème de Saint-Lambert, ainsi d'ailleurs que les notes philosophiques qu'il a cru bon d'y adjoindre, sont remplis de remarques relatives au sentiment de l'existence. Un premier exemple s'en trouve dans ce que Saint-Lambert appelle le *Discours préliminaire des Saisons*. L'auteur y décrit l'effet produit par les chants et la musique populaires : « La mesure ajoutée au mouvement et au son donne le moyen de continuer l'un et l'autre sans y faire beaucoup d'attention ; alors on fait à la fois usage de plusieurs de ses facultés ; on chante et on travaille ; l'esprit pense et le corps agit ; *on a plus vivement le sentiment de son existence* ; et par cette raison seule on est plus heureux »[30].

En considérant un texte comme celui-ci nous nous trouvons aussi loin que possible du sentiment intérieur selon Malebranche ; d'abord parce que le sentiment de l'existence, tel que l'entend Saint-Lambert, ne se rattache en rien à un contexte métaphysique (comme c'est le cas pour le sentiment malebranchien, constamment différencié de l'idée que Dieu se fait de notre être essentiel). Par suite, comme nous l'avons vu, dans l'opinion de Malebranche, la conscience que nous avons de nous-mêmes ne peut être qu'une image imparfaite de notre être authentique, que Dieu seul est capable de pleinement connaître. Rien de semblable, bien entendu, dans le vif sentiment de l'existence qu'éprouve l'homme excité par le chant et la musique dans les *Saisons* de Saint-Lambert. La conscience de soi y apparaît comme un phénomène purement psychologique,

29. Rousseau, *Emile*, *Œuvres*, Pléiade, IV, p. 253.
30. Saint-Lambert, *Œuvres*, Paris, Ed. Janet, 1823, p. 5.

qui dépend simplement de nos humeurs, c'est-à-dire de nos sensations et de nos affections. Nous sommes ici très proches de Crébillon fils et surtout d'Helvétius. De plus, ce phénomène n'a rien de secondaire ni d'imparfait. Il est une manifestation spontanée de nous-mêmes pour nous-mêmes qui est susceptible de se renouveler ou de se maintenir en exécution en même temps que la cause (dans ce cas la musique et le chant) qui s'exerce pour le produire. Enfin, dernier aspect mais non le moins important, le sentiment de l'existence chez Saint-Lambert, comme chez la quasi-totalité des philosophes de l'époque, est un sentiment heureux. Heureux parce qu'il est vif, et dans la mesure exacte où cette vivacité influence favorablement celui qui en est le sujet. Grâce à la vivacité avec laquelle il opère, le sentiment de soi est plus allègre, plus créateur de vie, plus susceptible d'engendrer chez celui qui l'éprouve une perception avantageuse de l'être qu'il est et qu'il expérimente comme sien. A moins d'être affecté par une douleur dont la cause est le plus souvent externe et qui n'a aucun rapport direct avec le sentiment intime que nous avons de notre propre personne, la conscience que nous avons de nous selon Saint-Lambert et quasi n'importe quel écrivain de l'époque, est une conscience fondamentalement heureuse. Elle se confond avec le sentiment de notre activité même.

Cette conscience heureuse de l'homme du XVIIIe siècle est donc profondément différente de la conscience de soi telle que nous l'avons vue se manifester chez les jansénistes, les protestants et les penseurs ascétiques; c'est qu'elle n'est plus écrasée par la constante présence dans l'esprit d'une *autre* façon de se concevoir et de s'appréhender, qui est la façon dont, sans que nous puissions bénéficier nous-mêmes de cette sorte de connaissance, notre être vrai se révèle tel qu'il est à une pensée infiniment supérieure, celle de Dieu. La conscience heureuse qui est l'apanage de l'homme du XVIIIe siècle contraste donc avec la conscience malheureuse de l'homme du XVIIe; comme elle contrastera encore — pensons à Hegel et à ses successeurs — avec la conscience malheureuse qui est si souvent celle des hommes d'aujourd'hui[31].

Nous disons donc que la conscience heureuse de l'homme du xviiie siècle dépend de la multiplicité, de la vivacité, de l'intensité de ses sensations, ou de l'agilité et de la promptitude avec lesquelles son corps ou ses pensées se déplacent. En voici encore un exemple, toujours tiré des *Notes* sur les *Saisons* de Saint-Lambert : « Le premier instinct de l'homme, qui ne le quitte jamais, le principe de son activité, c'est le besoin de sentir son existence, d'avoir la jouissance de ses forces, de ses sens, de son âme, de sa vie. Nous avons reçu de la nature une multitude de facultés et d'organes, et l'homme est heureux toutes les fois que le libre usage de ses organes, de ses facultés, *lui donne un sentiment vif de son être.* Il est heureux non seulement lorsqu'il se livre aux nobles affections de l'âme, telles que l'amitié, l'amour de la patrie, la générosité, la bienveillance ; il est heureux non seulement lorsqu'il exerce sa vue, son oreille, son tact, son odorat, son goût, la force de son adresse et l'agilité de ses membres ; mais il l'est encore par l'exercice de sa mémoire, de son jugement, de son imagination »[32].

Remarquons que dans cette énumération d'exercices, sources variées de notre bonheur, Saint-Lambert ne mentionne pas le *sport.* Le terme manque, mais l'idée qui est celle d'un exercice du corps ou de l'esprit est certainement présente. Le sentiment heureux de l'existence dépend d'une accélération de nos mouvements corporels ou d'une excitation de nos facultés.

Il en résulte une conséquence grave, que nous allons maintenant étudier.

Pourvu que notre activité s'accroisse, tout va bien et même de mieux en mieux. Le sentiment de l'existence qui est en nous se fait plus perceptible, ce qui est, comme nous l'avons vu, un grand avantage. Mais qu'advient-il si, au

---

31. Hegel, *Phénoménologie de l'esprit*, trad. Jean Hyppolite, t. I, p. 176-189.
32. Saint-Lambert, *Œuvres*, p. 111.

lieu d'augmenter, notre activité mentale ou physique décroît, se ralentit et finalement s'arrête ? Cela arrive par exemple parfois au cas où nos activités, employées concurremment, se gênent l'une l'autre et tendent à se neutraliser. C'est l'hypothèse considérée par un autre sensualiste, contemporain de Saint-Lambert, le philosophe Condillac : « Quelquefois, écrit celui-ci, notre conscience, c'est-à-dire le sentiment de ce qui se passe en nous, partagée entre un grand nombre de perceptions qui agissent sur nous avec une force à peu près égale, est si faible qu'il ne nous reste aucun souvenir de ce que nous avons éprouvé. A peine sentons-nous pour lors que nous existons ; des jours s'écouleraient comme des moments sans que nous en fissions la différence, et nous éprouverions des milliers de fois la même perception sans remarquer que nous l'avons déjà eue. Un homme qui a acquis beaucoup d'idées et qui se les est rendues familières ne peut pas demeurer longtemps dans cette espèce de léthargie. Plus la provision de ses idées est grande, plus il y a lieu de croire que quelqu'un aura occasion de se réveiller, d'exercer son attention d'une manière particulière et de le retirer de son assoupissement »[33].

Dans le cas ainsi décrit par Condillac, la pensée du sujet passe d'une mobilité (et d'une diversité) extrême à une sorte de stagnation, et le sentiment de l'existence, d'abord intensifié, se trouve ensuite freiné dans son expansion, pour aboutir, au moins provisoirement, à une totale absence de conscience de soi dans la léthargie. De cette façon la pensée de l'homme sensible glisse de la vivacité la plus grande à un état d'âme opposé qui est une torpeur, une espèce de non-conscience. Et si cet état dernier se prolongeait, il faudrait considérer que la personne en question, en perdant la faculté de sentir son existence, courrait le risque de perdre du même coup, et peut-être à tout jamais, sa chance de bonheur. Heureusement Condillac nous avertit que, dans le cas qu'il cite, l'homme assoupi ne

33. Condillac, *Traité des sensations*, part. 4, chap. 7, 4.

croupira pas longtemps dans l'immobilité, et qu'une nouvelle sensation ou idée accourra bientôt en lui pour réveiller ses sens et sa pensée, et lui donner ainsi une nouvelle opportunité de sentir délicieusement son moi.

Selon l'exemple donné par Condillac tout se termine donc bien, ou plutôt tout recommence à chaque instant d'être bien, la vie et la conscience de la vie deviennent une suite de « réveils », et l'existence passe par une série de périodes alternées, faites de pertes du sentiment de soi et de repossessions de soi-même. Mais il peut se faire aussi que cet ordre alterné soit composé de périodes plus longues, et qu'au lieu de consister en passages incessamment répétés de la vivacité à l'inertie, et *vice versa*, comme il en va dans l'alternance quotidienne de nos réveils et de nos sommeils, il se présente sous la forme d'une longue période de non-activité succédant à une période d'activité équivalente. C'est le cas pour ce qui regarde la succession alternée des saisons, dont tout le XVIIIe siècle, comme nous l'avons vu avec Thomson et Saint-Lambert, cherche à déterminer l'influence sur le sentiment que l'homme a de lui-même. L'on peut voir ainsi Saint-Lambert, parlant de l'hiver, écrire les lignes suivantes : « Les temps humides et sans chaleur de la fin de l'automne et de l'hiver affaiblissent dans les hommes la vivacité des perceptions, la rapidité des idées, l'activité de l'âme et des sens. Les hommes *sentent moins vivement leur existence*, et par cette raison ils ont moins de gaieté, d'espérance, de résolution, de sentiments énergiques »[34].

L'apparition de l'hiver implique donc non pas seulement à l'extérieur une diminution de la chaleur et un ralentissement des activités corporelles, mais intérieurement un affaiblissement du sentiment de l'existence; d'où, du même coup, une décroissance de l'énergie et de la gaieté vitales. Bien entendu, à cette phase déclinante succède une phase inverse, où, avec le renouveau de la chaleur solaire, il se produit chez l'homme une recrudescence de

34. Saint-Lambert, *Œuvres*, p. 54.

son activité physique et mentale, et par conséquent aussi du sentiment de son existence. Il va de soi que ce cycle se répète durant le cours des années, et qu'ainsi l'homme, de saison en saison, glisse d'un état d'engourdissement profond à un sentiment intense de son être propre, et cela un nombre indéfini de fois. L'été est sous le signe de la vivacité et de la gaieté, comme l'hiver l'est sous l'influence de l'apathie et de la tristesse. Dans un cas l'esprit humain est primesautier, actif, lucide et rempli de lui-même. Dans l'autre, il est lent, léthargique, fumeux et incapable de prendre une claire conscience de soi.

Mais il y a encore un autre état d'âme en raison duquel l'homme risque de voir s'éteindre ou s'affaiblir en lui le sentiment qu'il a de son être. C'est — du moins selon l'avis d'un psychologue anglais de la première moitié du XVIIIe siècle — le cas où l'homme perd le contact avec lui-même par suite d'une indolence profonde de son esprit, ou par un penchant trop prononcé pour la rêverie. Le nom de ce philosophe est Zacharias Mayne, et voici ce qu'il écrit en 1728 dans un « Essay on Consciousness » paru dans un livre intitulé *Two Dissertations concerning Sense and the Imagination*.

Mayne commence par une définition du mot *Consciousness* : « La conscience (pour en donner une définition, ou plutôt une description brève et sommaire) est ce sens et connaissance intime que l'esprit a de son être et de son existence propre, et de quoi que ce soit qui ait lieu en lui-même dans l'usage et l'exercice de n'importe lequel de ses pouvoirs ou facultés »[35].

L'on voit que, pour Zacharias Mayne (comme pour Condillac ou Saint-Lambert), le sentiment de soi est lié de la manière la plus étroite à l'exercice des facultés. Que celles-ci ralentissent leur action et cèdent la place à une songerie paresseuse, et le rêveur voit s'obscurcir ou s'affaiblir en lui le sentiment de son être : « Quand, comme il

35. Zachary Mayne, *Two dissertations concerning sense and the imagination, with an Essay on Consciousness*, London, 1728, p. 184.

arrive parfois, l'esprit ou l'âme est si indolent et si négligent que c'est à peine s'il sait ce que sont ses pensées, ou s'il pense si peu que ce soit, mais que sans souci et nonchalamment il permet à ses pensées d'errer au hasard et à la dérive, comme un vaisseau sans pilote sur l'immensité des mers, et qu'il semble alors, quoique éveillé, rêver ses propres pensées; à de tels moments, la conscience qu'il a de lui-même et de ses capacités d'action est proportionnellement faible et sans vigueur, et si obscure qu'elle est difficilement perceptible »[36].

L'on remarquera que, chez le philosophe anglais, non seulement l'indolence est condamnée, mais aussi la rêverie. Nous sommes encore loin de Rousseau (du moins, du Rousseau promeneur solitaire). Nous sommes tout près, au contraire, de la plupart des autres philosophes du XVIIIe siècle, qui, pour maintenir et aviver le sentiment de l'existence, recommandent de fuir la paresse et de mener une vie active.

Mais qui dit vivacité ou intensité de l'esprit parle d'une existence non pas seulement active, mais parfois aussi intensément nerveuse et inquiète.

Delisle de Sales, déjà cité, commente de la façon suivante chez l'homme primitif cet état de l'âme où le sentiment de soi, à force d'activité et de vivacité, se transforme en une perception inquiète et douloureuse de l'être qu'on est : « Il est... un besoin qui tourmente l'homme de la nature [mais c'est encore plus vrai, semble-t-il, de l'homme civilisé]; c'est celui d'avoir un sentiment vif de son existence; telle est l'activité de son âme qu'après s'être rassasié et avoir joui il lui reste une inquiétude machinale et des désirs vagues qui empoisonneraient ses jours, si le travail, en *variant* les objets de sa pensée, ne perpétuait le plaisir au milieu de sa carrière »[37].

Delisle de Sales, on le voit, ne décrit pas seulement le mal; il propose le remède. Celui-ci consiste dans la varia-

36. *Ibid.*, p. 196.
37. Delisle de Sales, *De la philosophie de la nature*, t. 2, p. 23.

tion, surtout dans la variation délibérément recherchée, des états par lesquels on passe, qui, par leur succession et leurs renouvellements toujours différents, maintiennent au même degré le sentiment de l'existence.

Nous sommes ici au cœur du XVIIIᵉ siècle. La pratique qui est recommandée est la pratique épicurienne : procéder par une variation habile des expériences, réactivant ainsi sans trêve la vivacité d'un sentiment de l'existence, qui, s'il demeurait toujours associé aux mêmes occupations, risquerait de perdre de son intensité et de sa fraîcheur. Telle est peut-être l'appréhension la plus grave qu'éprouvent les gens du XVIIIᵉ siècle. Ces amateurs de jouissances, et surtout de la jouissance de soi, se sentent menacés jusqu'au fond d'eux-mêmes par deux maux dont il leur faut absolument se guérir : d'une part, le caractère de plus en plus anxieux de leur recherche d'eux-mêmes, et, d'autre part, l'affaiblissement progressif de leur faculté de sentir et de se sentir. Un double phénomène les afflige : une inquiétude grandissante et l'usure générale de leurs sentiments.

Cette double menace est admirablement décrite par Charles-Georges le Roy, l'un des Encyclopédistes, dans l'article « Homme » de la grande *Encyclopédie*.

Parlant d'abord du *désir inquiet*, mais joignant aussitôt ses effets à ceux causés par l'affaiblissement général de nos sensations, Le Roy écrit : « Cette disposition inquiète qui agite intérieurement les hommes est aidée par une autre dont l'effet, assez semblable à celui de la fermentation sur les corps, est d'aigrir nos affections, soit naturelles, soit acquises. Nous ne sommes présents à nous-mêmes que par des sensations immédiates, ou des idées, et le bonheur que nous poursuivons nécessairement *n'est point sans un vif sentiment de l'existence*; malheureusement la continuité *affaiblit* toutes nos sensations. Ce que nous avons regardé longtemps devient pour nous comme les objets qui s'éloignent, dont nous n'apercevons plus qu'une image confuse et mal terminée. *Le besoin d'exister vivement est augmenté sans cesse par cet affaiblissement de nos sensations* qui ne nous laissent que le souvenir importun d'un état précédent. *Nous*

sommes donc forcés, pour être heureux, ou de changer continuelle-
ment d'objets, ou d'outrer les sensations du même genre. De là vient
une inconstance naturelle qui ne permet pas à nos vœux
de s'arrêter, ou une progression de désirs, qui, toujours
anéantis par la jouissance, s'élancent jusque dans l'infini...».

De cette usure de la jouissance et de la progression du
désir Le Roy donne l'exemple suivant : « Les liqueurs
fortes nous plaisent principalement, parce que la chaleur
qu'elles communiquent au sang produit des idées vives, et
semble doubler l'existence; on pourrait en conclure que
*le plaisir ne consiste que dans le sentiment de l'existence porté
jusqu'à un certain degré.* »

Le mot *plaisir* est mis ici manifestement pour un autre
mot, le mot *bonheur.* Il n'y a pas d'autre bonheur pour Le
Roy et pour les épicuriens du XVIIIe siècle que celui qu'on
éprouve en ressentant le plaisir d'exister. Mais ce plaisir
d'exister n'est ressenti lui-même que si le sentiment de
l'existence est, dans les mots de Le Roy, « porté jusqu'à un
certain degré », c'est-à-dire intensifié et situé à un niveau
bien au-dessus de l'ordinaire par l'un ou l'autre de deux
procédés. Ces deux procédés, Le Roy les désigne clairement; ce sont : l'art de « changer continuellement d'objets »
dans la recherche de la jouissance, et l'art — si c'est un
art — « d'outrer les sensations du même genre ». Le premier de ces artifices n'a rien de neuf à l'époque où Le Roy
écrit. Nous avons vu plus d'un écrivain préconiser la
variation comme procédé apte à rendre toute sa vigueur à
notre plaisir ou, comme dirait Valéry, à la conscience de
soi. Mais le second des procédés désignés par Le Roy est
infiniment plus grave. *Outrer* la sensation pour mieux
éprouver le sentiment de son existence est le fait, non
plus d'un amateur raffiné mais d'un être prêt à aviver le
plaisir par la violence et peut-être même par la cruauté.
Derrière Le Roy se profile Sade. Le sadisme en effet est
une des méthodes par lesquelles tente de se réaliser avec
un maximum d'intensité le sentiment de l'existence.

Ainsi le sentiment de l'existence, trop avidement, trop frénétiquement recherché, risque de se détruire lui-même dans les excès et les outrances auxquels il nous porte. Telle est une des tendances majeures du xviiie siècle déclinant. Si l'exaspération de la sensation aboutit à une intensification du sentiment de l'existence, et si celui-ci peut être indéfiniment augmenté, il est naturel que ceux qui considèrent cette opération comme hautement désirable produisent des efforts répétés pour dépasser le niveau atteint de chaque expérience antécédente. Il en résulte qu'il n'y a jamais pour eux de conscience de soi stable et permanente. Il n'y a qu'une quête perpétuellement renouvelée, la réitération obstinée d'une suite d'actions, de chacune desquelles l'homme de désir espère tirer une joie plus consciente, plus nettement perçue, et par conséquent plus aiguë. En un mot, la conscience de soi se recrée sans cesse grâce à la multiplication ou au renforcement des voluptés. Ou, du moins, elle tente de réaliser ce programme, mais le plus souvent en vain. Il faut bien constater en effet qu'elle est souvent entravée dans son activité par le rôle que joue le désir dans cette chasse au bonheur. Dès que l'objet du désir devient moins attrayant, le sentiment de soi dont il nous faisait jouir s'émousse, s'alentit, tandis que le désir, libéré de l'objet auquel il était attaché, n'en est que plus empressé à chercher de nouvelles proies. D'où une usure rapide des sentiments et une diminution correspondante de l'efficacité des procédés par lesquels l'amateur de volupté espère, en renouvelant sans cesse le sentiment de son existence, jouir plus complètement des plaisirs qui lui sont procurés. L'affaiblissement des sensations a pour conséquence une réduction correspondante du pouvoir que possède l'esprit de se percevoir en train de sentir. De sorte qu'une inquiétude grandissante a tendance à se faire jour dans la pensée des voluptueux. Comment réussir à transmuer constamment la conscience qu'on a de soi en jouissance, si cette conscience devient en chaque moment plus agitée et plus insatisfaite ? La quête de soi se transforme en une course harassante, en une activité sans répit et sans repos.

Heureusement cette forme particulière d'expérience n'est pas la seule qu'on rencontre au XVIIIe siècle. L'homme d'alors découvre aussi, fréquemment, qu'à côté de la quête systématique de soi-même dans le plaisir il y a une découverte de soi spontanée qui se fait sans être délibérément cherchée, et qui, à l'inverse de ce qui se passe d'habitude, n'entraîne aucune désillusion ni impatience. Le meilleur moment pour ressentir toute la richesse intérieure que comprend notre être n'est peut-être pas celui où ce dernier s'évertue à atteindre le sentiment le plus vif qu'il puisse avoir de lui-même. Même les voluptueux les plus impatients se rendent compte qu'il existe une volupté toute différente de celle qu'on éprouve dans le bref désordre d'une jouissance précipitamment pourchassée. Aussi n'est-il pas rare de voir les épicuriens, attachés à leur plaisir, apprendre à goûter l'espèce de paix intérieure avec laquelle ils reprennent conscience d'eux-mêmes dans le moment qui suit celui où, cette conscience même, ils l'ont troublée par l'excès de leurs délices. D'où, au XVIIIe siècle, parfois chez les mêmes personnes, l'apparition de deux façons très différentes l'une de l'autre d'avoir le sentiment de son existence. Il y a celle qui consiste, comme nous venons de le voir, à porter à son maximum l'activité du *sentir*. Mais il y a aussi l'attitude inverse, celle qui a pour principale caractéristique *la réduction à son minimum de l'expérience sensible*, non pour substituer à celle-ci, comme le faisait Descartes, une intuition de soi rigoureusement intellectuelle, mais pour donner à l'expérience sensible avec un minimum d'intensité une apparence plus modeste et des traits plus mesurables.

Nous en avons un admirable exemple dans un texte de Diderot que nous ne nous lassons pas de citer : l'article « Délicieux » de l'*Encyclopédie*. Citons-en ici, au moins, une partie : « Mais qu'est-ce qu'un repos délicieux ? Celui-là seul en a connu le charme inexprimable dont les organes

194

étaient sensibles et délicats ; qui avait reçu de la nature une âme tendre et un tempérament voluptueux ; qui jouissait d'une santé parfaite ; qui se trouvait à la fleur de son âge ; qui *n'avait l'esprit troublé d'aucun nuage, l'âme agitée d'aucune émotion trop vive* ; qui sortait d'une fatigue douce et légère, et qui éprouvait dans toutes les parties de son corps un plaisir si également répandu qu'il ne se faisait distinguer dans aucune. Il ne lui restait dans ce moment d'enchantement et de faiblesse ni mémoire du passé, ni désir de l'avenir, *ni inquiétude sur le présent.* Le temps avait cessé de couler pour lui, parce qu'il existait tout en lui-même ; *le sentiment de son bonheur ne s'affaiblissait qu'avec celui de son existence.* — Il passait par un mouvement imperceptible de la veille au sommeil ; mais sur ce passage imperceptible, au milieu de la défaillance de toutes ses facultés, il veillait encore assez, *sinon pour penser à quelque chose de distinct,* du moins pour *sentir toute la douceur de son existence.* »

Où sont ici les « émotions trop vives » qui, dans toute une série de passages précédemment cités, emportaient dans leur cours celui qui les éprouvait, et qui, en les éprouvant, s'éprouvait lui aussi, avec une fièvre égale ? Entre tous ces passages et le texte dont nous nous occupons maintenant, il y a, cela saute aux yeux, une énorme différence de *tempo.* Dans le premier cas nous nous trouvions en présence d'émotions directes, immédiates, qui affectaient les êtres qui y étaient sujets dans le moment même où la joie était encore un transport. Mais, dans un texte comme celui que nous venons de lire, nous percevons au contraire l'émotion au moment où elle *s'éloigne* de celui qui l'éprouve, et où, par conséquent, prenant ses distances, elle se transforme en réflexion ou en rêverie. Transformation qui, pour réaliser le dessein qui l'inspire, procède aussi lentement que possible, de sorte que nous avons tout le temps de noter le « mouvement imperceptible » qui va de la veille au sommeil, mais qui aussi, avant que le sommeil ne gagne définitivement le rêveur, l'amène sans secousse à cet état où, comme le dit Diderot, il peut « sentir toute la douceur de son existence ». — Un tel passage, dans la lente variation des humeurs qui le composent, a quelque chose de musical. Il a le déroulement sans hâte d'un *adagio*. Le temps y a presque cessé de couler, et le sentiment de soi qui s'y trouve décrit, en raison de la lenteur avec laquelle il se développe dans la pensée, semble remplir une petite éternité.

N'est-il pas étonnant, quand on y réfléchit, que Diderot, cet être toujours pressé et avide de saisir pour ainsi dire au vol le sentiment de soi au moment où il l'éprouve, soit aussi celui qui avec tant de précautions a lié ce sentiment au repos lui-même ? Mais il n'est pas le seul dans ce cas. Il en va ainsi, par exemple, chez un auteur qui nous est maintenant devenu familier, Saint-Lambert. Nous l'avons cité dans un ou deux textes, où ce qui apparaît chez lui, c'est le *sentiment vif de son existence*. Voici maintenant un texte de lui où ce qui prévaut, c'est exactement comme dans le texte précédent de Diderot, l'image d'un « repos délicieux ». Ce passage de Saint-Lambert est tiré, lui aussi, des *Saisons*. Mais il ne fait pas partie des *Notes sur l'Hiver*. Il décrit au contraire l'état d'âme de celui qui jouit des plaisirs de la bonne saison : « La chaleur dans un corps bien constitué et qui n'est point obligé à des efforts, donnant aux nerfs et aux muscles le même *relâchement modéré* que le plaisir, fait éprouver à l'âme un état agréable, un bien-être dont elle se rend compte; c'est alors que la simple existence est un bien et qu'on pourrait se dire : je suis parce que je suis. C'est alors qu'à l'ombre des arbres, sur un gazon frais, près des eaux qui tempèrent les feux de l'été sans empêcher de les sentir, l'esprit abandonné à la rêverie, le cœur content, les sens tranquilles, on jouit pendant quelques moments d'un repos délicieux et semblable à celui qui succède aux plus grands plaisirs »[38].

Le « relâchement modéré » dont parle Saint-Lambert reprend l'atmosphère générale de détente que nous relevions dans le texte de Diderot. Il caractérise admirablement cette diminution mesurée de la *tension* chez l'être

38. Saint-Lambert, *Œuvres*, p. 111.

sensible, qui est peut-être le phénomène le plus important que nous ayons encore à considérer dans notre étude sur le sentiment de l'existence. Si celui-ci, chez la plupart des écrivains du XVIIIᵉ siècle, est le plus souvent associé à l'acuité de la sensation comme à l'activité de l'esprit, il n'y a rien au contraire qui semble moins *tendu*, plus paisiblement subi, que le sentiment de l'être, tel qu'il apparaît chez certains de ces écrivains, au moins dans leurs moments de complète détente. Comme nous l'avons déjà vu et comme nous le verrons encore, cela est particulièrement vrai en ce qui regarde Rousseau. Saint-Lambert parle de *relâchement*. Rousseau se sert d'un mot presque identique, c'est-à-dire du substantif *relâche* : « Le plus indifférent spectacle, remarque-t-il, a sa douceur par *la relâche* qu'il nous procure, et, pour peu que l'impression ne soit pas tout à fait nulle, le *mouvement léger* dont elle nous agite suffit pour nous préserver d'un *engourdissement léthargique* et nourrir en nous le *plaisir d'exister* sans donner de l'exercice à nos facultés »[39].

Chez Rousseau comme chez Saint-Lambert, voire aussi chez Diderot, l'épanouissement (ou plutôt l'approfondissement) du sentiment de soi ne requiert donc pas nécessairement une immobilisation de la pensée et du pouvoir de sentir. Bien au contraire ! L'état dont il s'agit ici et qui constitue moins un aboutissement qu'une approche, loin d'entraîner un arrêt complet des activités du corps et de l'esprit, implique, comme dit Diderot, un *mouvement imperceptible*, ou, comme dit Rousseau, un *mouvement léger*. Mouvement *trop peu marqué sans doute pour qu'il puisse indiquer une direction déterminée*, mais suffisant pour qu'il n'y ait pas stagnation ou, selon le dire de Rousseau, engourdissement léthargique. En d'autres termes, ce « relâchement modéré » apparaît comme se situant à égale distance de l'activité fébrile que montre l'amateur de sentiments intenses et de l'immobilité totale de l'être devenu apathique et s'enlisant dans une espèce de stupeur.

39. Rousseau, *Dialogues, Œuvres*, Pléiade, I, p. 816.

« Le grand art est de trouver, écrit Sénac de Meilhan, *un état mitoyen entre la léthargie et la convulsion*[40]. Peut-être pourrait-on voir encore dans ce phénomène un changement dans l'orientation de la pensée, celle-ci au lieu de se tourner vers une activité externe, trouvant une heureuse détente, une reposante soustraction à la pression du désir dans le léger mouvement interne par lequel elle se rapproche d'un moi central. Quoi qu'il en soit, comme le note encore Rousseau sur l'une de ses « cartes à jouer », il y a, non fixation du sentiment mais un « mouvement continu que j'aperçois [et qui] *m'avertit que j'existe*, car il est certain que la seule affection que j'éprouve est la faible sensation d'un bruit léger, égal et monotone ». Et Rousseau d'ajouter à sa notation : « De quoi donc est-ce que je jouis ? De moi... »[41].

Jouissance de soi, d'un « soi » presque complètement *indéterminé*, jouissance aussi éloignée que possible du plaisir furieusement poursuivi au-dehors, comme une proie certaine, par l'amateur de jouissances. N'est-ce pas Bergson qui distinguera à la fin du siècle suivant deux directions de l'esprit entre lesquelles l'homme choisit, et dont l'une mène vers le monde externe, l'autre vers lui-même et son intériorité profonde ? Il va de soi que la première de ces deux directions le conduit vers un but fixé à l'avance. L'autre, au contraire, plus *imprécise*, convient moins à une démarche dirigée vers quelque résultat positif. N'avons-nous pas vu Diderot, dans le passage sur « le repos délicieux » que nous avons cité, parler du sentiment qui l'affecte comme d'un état *où il ne pense pas à « quelque chose de distinct »* ? D'autre part, Saint-Lambert, à propos de cette disposition de l'âme, prononce le mot de « rêverie ». On le voit, nous sommes ici au seuil du romantisme et du xixe siècle. La conscience humaine commence à attacher du prix à un état qui n'est plus celui d'une pensée explicite et intéressée; c'est dans *l'absence de*

40. Sénac de Meilhan, *Considérations sur l'esprit et les mœurs.*
41. Rousseau, *Ebauches des Rêveries*, Œuvres, I, p. 1166.

toute détermination, dans l'omission de toute idée expressément formulée, que la pensée errante se noue et se dénoue, va de l'avant, revient en arrière sans avoir de dessein et poursuit un songe de moins en moins définissable; de sorte qu'au milieu de ces ombres qui ne la retiennent pas et qui se dissipent ne se distingue plus en fin de compte, et très faiblement, que la conscience de soi du songeur. Point de formes reconnaissables, point non plus de voie toute tracée que parcourrait l'esprit. Cessation de presque toute activité. L'être qui rêve ne se sent plus l'originateur de sa propre pensée. S'il jouit de lui-même, c'est, comme le dit Diderot, « d'une jouissance tout à fait passive ». Et Diderot de décrire cette manière de vivre comme « une situation de pur sentiment où toutes les facultés du corps et de l'âme sont vivantes sans être agissantes », et de prononcer à leur propos le nom de quiétisme[42].

Quiétisme peut être pris dans un sens plus étendu que celui offert par le quiétisme proprement religieux, puisque chez ce dernier la passivité se présente le plus souvent comme un retrait de l'âme acceptant de céder la place à la présence active de Dieu. Or il n'en va nullement ainsi chez l'être absorbé dans la contemplation infinie de lui-même, qui est le quiétisme épicurien. A sa passivité ne correspond pas quelque activité d'origine divine. Détaché de tout, ignorant toute intervention de la surnature, c'est en lui-même et en lui seul qu'il se retire. *Là, à l'intérieur de lui, que distingue-t-il ? Même pas sa personne propre avec les caractéristiques individuelles qui sont les siennes ; rien que son existence nue, et encore celle-ci perçue non comme un objet que du dehors la pensée contemple ; mais tout au contraire comme une réalité purement subjective se confondant avec celui qui est en train de la rêver.*

Invinciblement l'on songe ici à une sorte de balancement spirituel de l'être, qui, sans fin, prend conscience de lui-même alternativement comme engendrant sa propre pensée et comme se laissant engendrer par elle. Ce mouve-

42. Diderot, art. Délicieux de l'*Encyclopédie*.

ment pendulaire nous fait penser à Baudelaire, et à ses « infinis bercements du loisir embaumé ». Par une sorte de paradoxe la rêverie ainsi présentée apparaît comme un état d'inertie, mais d'inertie néanmoins perpétuellement mouvante. Ceci se trouve admirablement décrit dans un texte cité d'abord par Victor Cousin et ensuite par Raymond, qui date du milieu du xviiie siècle. Il est de l'abbé de Lignac : « Ce qui se passe en moi se trouve quelquefois *réduit au pur sens intime de l'existence*; cela nous arrive dans cet état qu'on appelle, en style familier, rêver à la suisse. La façon d'être de l'âme est alors dégagée de toute impression venue du dehors, ou relative au-dehors; on ne sent ni chaud ni froid; on a les yeux ouverts; on ne voit pas; on n'entend pas; on est *absorbé par un sentiment d'inertie qui renferme pourtant celui de l'existence actuelle et numérique* »[43].

Le *pur* sentiment de l'existence se révèle donc comme le plus intime qui soit; si intime qu'il ne se rattache à aucun agent spirituel ou matériel, à aucune cause externe ou interne, à aucun jeu d'idées, *à aucune sensation déterminante*, à aucun dessein que l'on se décide à poursuivre. Le pur sentiment de l'existence est déclaré *inerte*, parce que rien ne le fait pencher définitivement dans un sens plutôt que dans un autre, et qu'il semble ainsi non fixé ni propulsé, mais *flottant pour ainsi dire sur place au centre de la pensée*. Entité que l'on peut considérer à la fois comme absolument première dans l'esprit, puisqu'elle se confond avec la naissance (ou la renaissance) de l'être à lui-même, telle qu'elle est éprouvée par Rousseau au sortir de son évanouissement à Ménilmontant; mais aussi que nous pouvons considérer comme absolument dernière, puisque le pur sentiment de l'existence, étant détaché de tout autre, n'étant qu'en soi, ne se prolonge pas en quelque autre, ne se continue en rien. C'est ce *rien* que considère Lignac

---

43. Abbé de Lignac, *Lettres à un matérialiste ou Eléments de métaphysique*, Paris, 1753, 2e lettre (passage cité par Victor Cousin dans sa 18e leçon du cours de l'année 1815-1816).

dans la seconde partie du même texte, que nous donnons ici : « L'inertie est le calme de l'âme, un repos qui n'a rien de désagréable, qui *ne renferme ni sensations ni idées*. Demandez à une personne que vous surprenez dans cet état : A quoi pensez-vous ? *A rien*, répondra-t-elle gaiement. Je prends sa réponse à la lettre, c'est la nature même qui la donne »[44].

Ne nous laissons pas tromper par le caractère apparemment frivole de cette réponse. En réalité, il faut, comme le dit Lignac, la prendre à la lettre, c'est-à-dire très au sérieux. Elle nous indique que le sentiment de l'existence, saisi dans sa pureté initiale et finale, est indéfinissable, ou, en tout cas, ne peut être défini par rien qui l'avoisine et auquel on voudrait le rattacher. En d'autres termes, il n'existe qu'en soi, c'est-à-dire qu'il s'identifie de la façon la plus étroite avec celui même qui l'éprouve, qui l'engendre et qui le subit; avec lui et avec personne ni rien d'autre que lui.

Reportons-nous maintenant une fois encore au plus fameux de tous les textes sur le sentiment de l'existence, la rêverie sur le lac de Bienne. Cette rêverie, non plus, quelles que soient les apparences, ne saurait être définie par rien, sinon par *l'inertie* (au sens de Lignac) qui caractérise son protagoniste. Là aussi le mot *rien* apparaît comme l'unique répondant éveillé par le sentiment de soi. Celui-ci s'entoure de rien, accepte d'exister au centre d'une absence universelle. Il est cela seul qui demeure lorsque aux alentours tout, ou presque tout, cesse d'être perçu. Se saisir ainsi, éprouver l'existence de son moi sans qu'il n'y ait plus besoin de le rattacher à la plénitude d'un monde extérieur, c'est le *dépouiller, ce moi, de tout ce qu'il a d'individuel, de local, de déterminé* comme objet particulier par le milieu ambiant.

Relisons les lignes si belles : « De quoi jouit-on dans une pareille situation ? De *rien* d'extérieur à soi, de *rien*

44. *Ibid.*

sinon de soi-même et de sa propre existence. Tant que cet état dure, on *se suffit* à soi-même comme Dieu. »

Le quiétisme de Rousseau, pas plus que celui de Diderot, n'est un quiétisme chrétien. Il est ce repos profond qu'un être met en lui-même — et *rien* qu'en lui-même — quand, comme le dit Rousseau, le sentiment de l'existence se trouve chez lui « dépouillé de toute autre affection », et qu'ainsi l'être atteint à une totale suffisance. Tel qu'il existe en Rousseau, on peut comparer ce sentiment à celui dont parle un autre contemporain de l'auteur des *Rêveries,* le chancelier d'Aguesseau. Au sortir non d'une rêverie mais d'une méditation d'allure philosophique, celui-ci en arrive à décrire un état intérieur qui est comme une sorte de *consentement* à sa propre pensée, et qu'il appelle un état de certitude : « Cet état de certitude que je cherche à bien connaître *ne peut être autre chose qu'un senti-ment intérieur de mon âme, une espèce de repos et de calme que rien ne trouble plus, et dont je me rends témoignage à moi-même par cette conscience intime* qui est comme l'écho de toutes les modifications de mon âme »[45].

Un peu plus loin, dans le même passage, d'Aguesseau parle encore d'un « sentiment simple qui se prouve lui-même, comme dans ces vérités, *j'existe, je pense, je veux*; et que je puis appeler un *sentiment de pure conscience* »[46].

Voici encore qu'apparaît cette expression : sentiment pur, sentiment de pure conscience. Pure en ce sens que, « dépouillé, ainsi que le dit Rousseau, de toute affection », il existe uniquement sous la forme d'une « pure » présence de soi-même à soi-même. Ailleurs d'Aguesseau parlera d'une « conscience de la conscience »[47]. Cette conscience de soi, réduite à une opération extrêmement simple (« j'existe, je pense, je veux ») nous fait penser de nouveau à Descartes, ou, du moins, nous *ferait* penser à celui-ci, si au verbe *penser* ne se substitue ici naturellement le verbe

45. D'Aguesseau, *Méditations métaphysiques, Œuvres,* Fantin, 1819, t. 14, p. 107.
46. *Ibid.*
47. *Ibid.,* 6, t. 14, p. 183.

sentir. Nous restons très proches de Malebranche, mais d'un Malebranche devenu optimiste, qui ne considérerait plus le sentiment de soi comme un état de l'esprit inférieur, incomplet, quelque peu impur et, somme toute, malheureux. Cette transformation du sentiment intérieur malebranchien en quelque chose de pur, de paisible et d'heureux est l'œuvre du XVIIIe siècle. Elle avait déjà été prévue à l'orée de ce siècle par un disciple anglais de Malebranche, John Norris, qui préfigure déjà à cette époque presque tout ce que Rousseau et ses contemporains sauront exprimer.

La citation suivante que nous extrayons d'un de ses écrits pourra nous servir de conclusion. John Norris y est peut-être le premier écrivain à sentir en lui ce qu'il appelle le bonheur général (ou indéterminé) que le penseur ou le rêveur éprouve rien qu'à se sentir vivre : « A côté de ces particulières sensations de plaisir qui à l'occasion et en raison de certaines impressions sont excitées en nous, nous ne pouvons pas ne pas découvrir un certain sentiment général de plaisir qui accompagne notre *être* et qui, loin d'apparaître et de disparaître comme le font les autres sensations, reste fixe et permanent et maintient en nous une fermeté constante et ininterrompue. Bien que nous n'ayons aucune occasion particulière de nous réjouir ou d'être incités au plaisir par quelque cause externe, par l'un quelconque de ces objets sensibles qui nous entourent, bien que toutes choses près de nous restent silencieuses et que nos pensées non plus ne sont nullement absorbées par quelque objet extraordinaire, *nous sentons néanmoins un certain plaisir dans notre existence même, non dans le fait d'être ceci ou cela, ou d'être dans tel état physique ou moral, mais absolument et simplement dans notre être, dans le fait d'être conscients en nous-mêmes d'être.* Ce plaisir général que nous donne le simple fait d'être (car c'est ainsi, je crois, qu'on pourrait justement le dénommer), chacun peut l'éprouver bien plus adéquatement que je ne saurais le décrire »[48].

48. John Norris, *Practical Discourses*, London, 1707, t. 3, p. 187.

Terminons nos citations par le texte suivant, bien plus tardif, écrit au seuil du XIXe siècle, en 1797, par Rivarol dans le *Discours préliminaire* de son fameux dictionnaire. Rivarol, lui aussi, y parle du *sentiment pur*, qui, pour lui, est un sentiment indépendant de toute connexion avec quelque objet sensible que ce soit. Il l'appelle un état primitif de l'être, qui précède parfois l'idée abstraite de l'existence, qui est *sans objet de comparaison et qui ne porte que sur lui-même.* — « On pourrait se faire, dit-il, quelque idée de cet état primitif, si l'on songeait à ce qu'éprouvent les personnes qui sortent d'une défaillance (on songe ici naturellement à Montaigne)... ou même à cet état si connu qui précède immédiatement le sommeil et qui commence le réveil, *quand le sentiment abandonné à lui-même perd la pensée, ou ne la retrouve pas encore*; ou enfin à ces moments plus fréquents qu'on ne croit, *où on n'éprouve aucune sensation, où on ne pense pas du tout*, et dans lesquels pourtant on sent fort bien qu'on existe, et rien au-delà... » — « Tout cela, dit-il pour finir, peut nous conduire à quelque notion du sentiment pur. »

Texte étonnant qui touche à tous les thèmes de la pensée indéterminée, tels qu'ils ont été traités au XVIIIe siècle, et qui va au-delà, évoquant les thèmes de Biran avant Biran lui-même, et pressentant déjà Valéry.

ROUSSEAU : TEXTES

Je sens mon âme, je la connais par le sentiment et par la pensée. Je sais qu'elle est, sans savoir quelle est son essence.

Sans prendre la peine de penser... de quoi jouit-on ? De rien d'extérieur à soi, de rien sinon de sa propre existence.

Comment puis-je savoir si le sentiment du moi est quelque chose hors de mes sensations ?

Cette première sensation fut un moment délicieux. Je ne me sentais encore que par là... Je n'avais nulle notion distincte de mon individu... je ne savourais qui j'étais ni où j'étais.

Mes facultés affaiblies ne trouvent plus d'objets assez déterminés pour s'y attacher.

Substituer à l'image insensible de l'objet celle des mouvements que sa présence excite dans le cœur du contemplateur.

J'aimais à *me perdre* en imagination dans l'espace. La perte aboutit à une CONFUSION, d'abord voluptueuse, puis ténébreuse.

ABBÉ DE LIGNAC

Mettant à part Rousseau qui est unique, mais dont les intuitions se trouvent en quelque sorte éparpillées dans une œuvre immense, et qui n'a d'ailleurs jamais eu la prétention de faire une analyse proprement philosophique de son expérience intime, le penseur du xviiie siècle qui est allé le plus loin (ou le plus profond) dans l'exploration de son être intérieur, c'est assurément l'abbé de Lignac. Il est, de ce point de vue, le grand précurseur de Maine de Biran. Ce qui rend d'ailleurs plus surprenante cette ressemblance, c'est que l'itinéraire mental suivi par l'abbé de Lignac semble assez différent de celui de Biran qui, lui-même, se rattache non à Lignac, mais aux leibniziens du xviiie siècle. Lignac apparaît donc dans la France de son époque comme assez isolé. On l'imagine volontiers comme un solitaire qui, absorbé de plus en plus par le caractère *intime* et presque secret des expériences de sa vie intérieure, en a entrepris l'étude de son propre chef, sans soutien dans le monde externe et sans l'aide des découvertes réalisées par ses contemporains. Ce qu'il y a d'ailleurs de plus frappant, chez lui, c'est que ces découvertes, il les a rapportées en termes généraux et impersonnels, alors qu'elles ont dû être toutes *vécues* personnellement, du moins on le soupçonne ou le devine. On se prend à regretter qu'il n'ait pas tenu un journal intime de ces expériences, ou que, s'il en a tenu un, il est, hélas, sans doute perdu.

ABBÉ DE LIGNAC : TEXTES

Ce qui pense en moi se trouve quelquefois réduit au pur sens intime de l'existence. (*Lettres à un matérialiste*, 1753.)

Sentiment d'inertie qui renferme pourtant celui de l'existence actuelle et numérique. *(Ibid.)*

Dans le profond sommeil, dans la préparation même au sommeil, où à la méditation, mon âme n'a(vait) ni pensée, ni souvenir, ni sensation... Qui ne s'est pas surpris dans ce dénuement de tout ce qui est accidentel à l'âme, lorsqu'il rêvait à la Suisse ou qu'il était dans une distraction complète sur tout objet extérieur à son être ? (*Témoignage du sens intime*, t. I, p. 394.)

Réduit à la conscience seule de l'existence, quand notre âme, dégagée de toute impression venue du dehors se laisse tomber dans un état de rêverie où il ne lui reste plus que le sentiment de son être... *(Lettre à un matérialiste.)*

CHAMFORT

Que la pensée de Chamfort soit destructrice de toute réalité externe, pour ne laisser finalement subsister à ses propres yeux que le moi seul, d'ailleurs sévèrement, cruellement, réduit à un minimum d'être, telle est la première explication de sa conduite qu'on pourrait donner. Mais la réduction ne s'arrête pas là. On est même enclin à penser que la suppression, en lui et par lui, de tout ce qui concerne les réalités du dehors, ne constitue, en ce qui le regarde, qu'une première étape, somme toute, préliminaire. Emporté par son dessein et par l'espèce de fureur qu'il met à l'accomplir, ce révolutionnaire enragé retranche, renie, éponge, exclut. Il réduit à rien, non seulement tout ce qui le rattache à un monde qu'il hait, mais aussi, et de plus en plus, semble-t-il, à mesure qu'il devient plus intransigeant ou féroce dans son œuvre de destruction, certaines parties entières de lui-même, acquises parfois, même innées, qu'il voudrait jeter au ruisseau. Va-t-il s'arrêter dans ce travail d'autosuppression ? On pourrait le croire. Lui-même quelquefois se laisse aller à dire qu'il ne s'agit là que d'une épuration, d'une simplification de soi, d'une réduction à l'essentiel, entraînant une vaste liquidation du superflu ou du souillé. Mais sa furie n'a pas de bornes et étouffe en lui le sens de sa préservation. La fin qu'il poursuit est littéralement suicidaire. C'est un désir d'anéantissement de soi qui ne saurait être assouvi que par l'élimination de tout ce qui, au fond de lui-même, préserverait encore quelque trait positif. La fin véritable, c'est, dans son intégralité, le vide intérieur. Or, est-il besoin de faire remarquer qu'une telle fin n'est jamais conciliable avec le désir de réaliser un *bien déterminé*, quel qu'il soit ? Le vide est l'indéterminé pur. Et pourtant le moyen employé par Chamfort pour arriver à cette indétermination désirée ne l'en rapproche jamais. Chaque fois qu'il s'acharne sur un objet pour le détruire, l'acte même de destruction par lequel il procède implique la reconnaissance du caractère positif de ce qu'il veut détruire. Quelle que soit la violence de l'attaque sauvage que l'enragé dirige contre la positivité du réel, Chamfort ne l'atteint pas. Il reste invulnérable. Le destructeur ne se rapproche jamais d'un pouce de l'indétermination pure. Il ne fait jamais que se battre contre des objets strictement délimités.

CHAMFORT : TEXTES

Je suis libre... Je m'appartiens... (*Œuvres*, V, 291.)
J'ai détruit mes passions, comme un homme violent tue son cheval, ne pouvant le gouverner. (I, 407.)

Le fort sait les dompter, les asservir au frein. (V, 102.)

Je sais me suffire, et dans l'occasion je saurai bien me passer de moi. (II, 141.)

Lorsqu'on a pénétré le fond des choses, la perte des illusions amène la mort dans l'âme, c'est-à-dire un désintéressement complet sur tout ce qui touche et occupe les autres hommes. (I, 344.)

Je n'ai pas besoin de ce qui me manque. (II, 96.)

Il faut qu'un philosophe commence par avoir le bonheur des morts. (II, 112.)

Il y a des côtés de son âme qu'il faut entièrement paralyser. (I, 363.)

LACLOS

L'attitude de Laclos, ou plutôt de Valmont, le héros de son roman, vis-à-vis des événements en cours, a certains points de ressemblance avec l'attitude de Chamfort. Dans les deux cas, ce qui se trouve placé au premier plan, ou, si l'on veut, au poste de commande, c'est une pensée qui ne veut rien devoir aux circonstances. Dépendre de l'occasion apparaîtrait comme une faiblesse. La volonté s'affirme donc, ou cherche à s'affirmer, comme soustraite au hasard, et même, ce qui est bien plus important encore, se pose explicitement comme déterminant les événements par une décision libre qui les précède et en fixe le cours. D'où l'importance extrême, pour le héros de Laclos, du *projet*, preuve vivante que l'événement est bien déterminé, c'est-à-dire formé à l'avance, en quelque sorte idéalement, avant d'être réalisé matériellement. Le caractère déterminé de l'action est défini le plus nettement possible par la prédétermination idéale. Celle-ci est même tellement parfaite en sa minutieuse précision excluant toute incertitude, qu'on serait tenté de considérer sa réalisation comme une démonstration inutile, sinon pour démontrer la justesse de la prévision.

Il va de soi que ces remarques ne concernent que la première partie du roman, présenté ironiquement à l'avance comme un triomphe de la détermination. Bien entendu, la seconde partie des *Liaisons dangereuses* nous présente l'autre face du roman, la face négative, révélant le renversement complet de situation qui s'accomplit. La prédétermination n'est pas vérifiée dans les faits. Elle est clairement démentie par les événements. Une perturbation imprévisible éclate, qui a pour effet de ruiner totalement l'ordre qu'on avait eu la présomption de vouloir établir. Le plan déterminé et l'action réalisée ne coïncident pas. Ainsi le roman apparaît en fin de compte comme renversant les valeurs mêmes dont il semblait devoir rigoureusement prouver la justesse. L'indéterminé triomphe finalement du déterminé.

LACLOS : TEXTES

Je ne veux rien devoir à l'occasion. (*Pléiade*, p. 253.)

... un plan formé... (P. 253.)

Je vais vous confier le plus grand projet que j'aie jamais formé... Voilà le but où je prétends atteindre. (P. 40.)

Quand m'avez-vous vu m'écarter des règles que je me suis prescrites et manquer à mes principes ? (P. 200.)

Je suis mon ouvrage. (P. 201.)

Je l'avoue, je cédai à un mouvement de jeune homme... (P. 119.)

Quelle est notre faiblesse ? Quel est l'empire des circonstances... ? (P. 78.)

Je ne sais quelle puissance... ? (P. 240.)

Je m'étonne du charme inconnu... Serais-je donc à mon âge, maîtrisé comme un écolier, par un sentiment involontaire et inconnu ? (P. 320.)

... l'humiliation de penser que je puisse dépendre de l'esclave même que je me serais asservie; que je n'aie pas en moi seul la plénitude de mon bonheur. (P. 321.)

Le préromantisme
et le
leibnizianisme

La pensée du xviie siècle, celle du moins qui apparaissait sous le signe de Descartes et du cartésianisme, se donnait un point de départ très net. C'est l'acte même de la pensée individuelle, se saisissant dans le mouvement par lequel, en pensant, elle se pense. Cette saisie de soi-même par soi-même est le point de départ authentique de la pensée, puisqu'il ne suppose ou ne requiert rien en deçà de son opération. L'acte de pensée cartésien mérite donc d'être considéré comme un point initial. Il ne se raccorde à rien en arrière. Il est comme une sorte d'autocréation se réalisant dans un vide. A chaque instant, moi qui pense, je tire de ce vide mon être pensant. A partir de ce point, librement, je procède.

Avec le xviiie siècle, toutefois, il n'en était plus tout à fait de même. Je me découvre, certes, dans ma pensée présente, mais celle-ci cesse de m'apparaître comme une activité créatrice, existant pour ainsi dire en elle-même et ne reposant sur rien. Penser, c'est bien se découvrir en train de penser, mais cette activité pensante que j'éprouve et dont je me reconnais le sujet, ne se présente plus d'emblée à moi qui l'éprouve, comme créatrice unique de moi-même. Pour celui qui en est à la fois le sujet et l'acteur, elle apparaît comme une sorte d'agitation confuse, intimement vécue mais emmêlée à un amalgame d'expériences sensibles, qu'il s'agit, si on peut le faire, d'analyser et d'interpréter. L'homme du xviiie siècle ne se contente pas de se découvrir. Il s'interroge. Descartes, lui, ne s'interrogeait pas. Directement, sans hésitation, par une détermination première, il atteignait en lui une certitude unique, et le reste allait ensuite se disposer à la suite de ce point. Il suffisait donc pour lui d'un simple acte de conscience de soi pour se croire autorisé à aller tout de suite plus avant.

Mais pour Locke et ses successeurs, il en va tout autrement. Le mouvement de la pensée cartésienne partant à la conquête du monde ne leur paraît plus pouvoir se dispenser d'un retour vers une réalité mentale mal connue, mais dont il devient impossible d'ignorer les révélations. D'où une attirance nouvelle de l'esprit pour des expériences confuses, de toutes sortes, qui l'attirent vers des profondeurs intérieures encore mal définies. Aussi, tout au long du xviiie siècle, voyons-nous les écrivains de l'époque modifier sensiblement l'expérience de soi qui est la leur. La pensée ne prétend plus atteindre directement, immédiatement, une connaissance certaine de soi-même. Elle s'efforce, au contraire, non sans une certaine gaucherie, avec nombre de tâtonnements, d'établir un rapport fragile, toujours révisable, souvent imprévisible, entre l'être qu'on est et la multitude d'expériences particulières qu'il lui est donné de faire dans le plus grand désordre. Ce rapport ne peut être évidemment que très incomplet. Il ne peut fournir de renseignements valables que sur un petit nombre d'événements limités, reliant tant bien que mal le proche au moins proche, les sensations aux idées, et cela, le plus souvent, au cours de circonstances fortuites, où se mêlent de façon inextricable le connu et l'inconnu. Tous les écrivains du siècle sont marqués à un plus ou moins grand degré par ce caractère d'incomplétion et de désordre. Ils l'acceptent sans trop de résistance. Ils se rallient sans regret à la conception d'un univers qui ne serait plus nécessairement réglé par un nombre très restreint de principes, tous absolument clairs. Le xviiie siècle est l'âge où l'on voit pour la première fois l'homme reconnaître l'inintelligibilité au moins partielle du monde. Il compose, non sans plaisir, avec sa propre ignorance. Il sait d'avance qu'il lui faudra tenir compte des mille lacunes qu'il découvre dans toutes les tentatives d'explication dont, jadis, il se contentait si facilement. Il commence à se défier des généralisations toutes faites. Ainsi l'on voit la pensée de Condillac comme celle d'Helvétius témoigner de leur intérêt pour des expériences précises, attestées par l'observation et nuancées par l'analyse. A l'intérieur de limites définies, il leur devient possible d'établir quelques rapports satisfaisants mais partiels. Tout autour continue de s'étendre une région indéterminée, sans points de repères fixes et avec laquelle on ne peut avoir que des relations extrêmement vagues. C'est ce qu'on appelle parfois le pays du *Je ne sais quoi*. On le traverse pour passer du monde de la précision à son contraire, le monde du sentiment pur et de la rêverie. Cette existence parallèle de deux mondes mentaux que tout sépare et qui pourtant existent simultanément comme deux des lieux les plus fréquentés de la pensée, se retrouve déjà chez Malebranche, distinguant soigneusement entre pensée proprement dite et sentiment. C'est ce dernier, le monde du sentiment et particulièrement du sentiment de soi, qui se trouve considéré avec le plus de faveur au xviiie siècle. Il apparaît comme le plus riche, parfois le plus profond, toujours le plus séduisant. Toutefois c'est un monde à demi enseveli dans la pénombre. C'est un monde presque irrationnel, où la pensée n'a plus le droit de se présenter comme pensée : monde des demi-teintes, des demi-révélations, des formes ambiguës, des suggestions douteuses, bref, de la confusion et de l'indéfinissable. Personne n'a écrit sur ce monde avec autant de profondeur, de sincérité, de puissance poétique, nous l'avons vu, que Jean-Jacques Rousseau. Il fut non le premier en date, mais le plus génialement doué pour sentir, pour *pressentir*, tout ce que ce monde mystérieux avait à la fois de secret et d'universel. Mais l'exploration par Rousseau de cet univers presque inconnu et cependant si familier est restée ce que restent toutes les explorations du monde intérieur : un ensemble d'aperçus discontinus sur la profondeur des lieux auxquels ils donnent accès, mais au seuil desquels ils ne peuvent que nous mener, sans nous procurer le fil d'Ariane, grâce auquel nous pourrions nous y aventurer sans nous perdre.

Ce fil d'Ariane pourtant, un homme se rattachant encore au XVIIᵉ siècle en avait déjà révélé l'existence et lui avait même déjà donné une place exceptionnelle dans sa conception du monde; encore que ce ne soit que plus tardivement, vers le milieu du siècle suivant que son originalité fut pleinement reconnue. Cet homme fut Leibniz, surtout considéré ici dans la perspective de ses écrits sur les perceptions obscures. La pensée leibnizienne ne se contente pas, en effet, de reconnaître comme celle des sensualistes, un monde du sentiment, essentiellement irrationnel, composé surtout d'expériences isolées, confuses, indéfinissables; ou ne révélant qu'un état d'esprit second, caractérisé plutôt par l'émotion que par la pensée proprement dite. Pour Leibniz, au contraire, le monde des perceptions obscures est un monde homogène, d'une profondeur exceptionnelle et étendant ses réseaux à tous les étages de la vie mentale.

Aux yeux du leibnizien, il n'y a donc pas d'opposition réelle entre ce qui est vécu par le sentiment et ce qui est pensé par la pensée. Le senti et le pensé ne sont que des étapes différentes d'une même activité spirituelle; et même ce ne sont pas des étapes rigidement séparées l'une de l'autre, mais au contraire communiquant l'une dans l'autre, sans qu'on puisse jamais clairement les distinguer. De l'une à l'autre il y a non seulement un rapport saisissable mais un échange constant. Ainsi, dit Leibniz, *la perception distincte d'une monade est le développement, l'explication des perceptions obscures correspondantes...* Dans cette phrase se révèle le génie synthétique de celui qui l'a prononcée. Alors que les philosophes anglais et français de la même période voyaient une opposition très nette entre la pensée obscure et la pensée distincte, Leibniz, au contraire, cherche entre elles une fusion. Bien plus, il ne considère le distinct que comme une version développée de l'obscur, et laisse même entendre que de l'obscur au distinct il y a une continuité. A l'origine, l'obscur existerait en nous comme donnée primitive, pensée non encore développée mais existant dans toute la densité de sa profondeur initiale, attendant de parvenir à la clarté et à la distinction par une sorte de dépliement progressif de sa richesse interne, qui ferait apparaître tardivement ce qui, initialement, restait enfoui dans sa profondeur. Plus encore, cette profondeur originelle dont la richesse demeure à demi voilée dans l'indétermination de la pensée primitive, contient déjà pourtant en elle-même tout ce qu'elle épanouira par la suite dans le dévoilement des aspects d'abord dissimulés dans son sein. Ainsi une infinité d'idées obscures existent déjà, à l'état latent, en nous-mêmes, longtemps avant que nous en prenions pleine conscience. Ou plutôt cette plénitude n'existe jamais si richement, ou, du moins, avec une telle profondeur de sens que dans les arcanes non encore explorés d'une pensée qui n'en est pas encore au stade de l'épanouissement. Bref, notre âme n'est jamais si proche de l'univers pris dans son ensemble, que lorsqu'elle le voit confusément à l'intérieur d'elle-même; — comme si déjà, avant tout développement, se trouvait *enveloppé* ce qui, plus tard, se développerait sous la forme d'idées explicites. Bien plus, en renversant le mouvement réflexif que Leibniz décrit comme le processus naturel de la pensée obscure se muant peu à peu en idées distinctes, il devient possible, toujours selon Leibniz ou les continuateurs, au xviiie siècle, de sa doctrine, de concevoir le processus contraire, celui par lequel l'esprit s'enfonçant graduellement en sens inverse, à l'intérieur de lui-même peut *remonter* des pensées distinctes jusqu'à leur obscure origine; atteignant ainsi l'état premier où il était déjà capable de les entr'apercevoir dans leur unité synthétique. En un mot, la pensée profonde de Leibniz laisse entendre qu'il n'est pas impossible, en suivant cette voie ascendante, de retrouver quelque chose de l'unité synthétique première en laquelle toutes les pensées distinctes se trouvaient initialement confondues, et cela sans distinction, sans détermination.

Opération infiniment séduisante si elle aboutit, mais qui reste, hélas, le plus souvent interrompue : « Notre âme a un magasin d'une infinité d'idées obscures », écrit Beausobre, un des disciples de Leibniz. Mais il ajoute : « C'est un magasin dont la plus grande partie ne parviendra jamais à un certain degré de clarté. »

Beaucoup de nos idées obscures sont donc, selon les leibniziens, condamnées à ne pas parvenir au jour. Elles dorment, éternellement obscures, perdues tout au fond d'une conscience impuissante à les récupérer. D'autres émergeront, mais en gardant des traces de leur obscurité natale ; ou seront devenues indéchiffrables pour n'avoir pas su préserver toute la densité de leur sens premier. Elles deviendront vagues, douteuses, imprécises. Tronquées et énigmatiques, il leur sera interdit de se révéler telles qu'elles étaient ou pouvaient devenir.

Chez tous les disciples de Leibniz se retrouve cette croyance en l'existence parallèle, à l'intérieur de nous-mêmes, de deux consciences, l'une plus ou moins vive, l'autre, sorte de *conscience brumeuse, conscience obscure*, plus riche en principe que la *conscience éveillée*, mais freinée d'autre part par la faiblesse de nos organes mémoratifs.

Cependant, de l'espèce de confusion que crée presque toujours en nous le caractère partiel, inachevé, de ces révélations intimes, deux gains importants semblent se dégager. D'une part, en raison de l'ignorance relative où la pensée actuelle se découvre presque toujours plongée par le caractère incertain des révélations qui lui sont faites, émerge, dès l'époque du préromantisme, une tendance qui s'était déjà, plus d'une fois, manifestée avec force dans l'esprit humain : la tendance à s'interroger, à solliciter plus ou moins anxieusement sa propre pensée, à se demander si elle ne dissimule pas quelque vérité pro-

fonde sur notre être le plus intime. La question *Que suis-je ?*
Où suis-je ? si souvent posée par saint Augustin, puis par
tant d'autres au Moyen Age et jusqu'au xviie siècle,
revient souvent chez les préromantiques, et reviendra plus
souvent encore au siècle suivant.

Et puis il y a surtout le fait que la réitération persistante de cette demande, invite celui qui en est le sujet,
non plus seulement à spéculer sur ce qu'elle peut cacher,
mais à l'accepter pour ce qu'elle est, c'est-à-dire la révélation d'une double réalité inscrite en nous-mêmes, d'une
part celle de notre être actuel se présentant dans ses
limitations propres, dans le caractère distinct et reconnu
de sa personne, et d'autre part, sous l'aspect d'une demande anxieuse d'information sur ce que nous pourrions
être simultanément, dans un autre monde, celui de la
profondeur. Cette dernière demande ne concernerait
plus des aspects déterminés, mais se rapporterait, dans
l'ignorance, à une indétermination fondamentale.

LEIBNIZ : TEXTES

Une âme ne peut lire en elle-même que ce qui y est
représenté distinctement, elle ne saurait développer tout
d'un coup tous ses replis, car ils vont à l'infini. (*Mona-
dologie*, 61.)

On pourrait connaître la beauté de l'univers dans
chaque âme, si l'on pouvait *déplier tous ses replis*... Mais
comme chaque perception distincte de l'âme comprend
une infinité de perceptions obscures qui enveloppent
tout l'univers, l'âme même ne connaît les choses dont
elle a perception qu'autant qu'elle en a des perceptions
distinctes... Chaque âme connaît l'infini, connaît tout,
mais confusément. (*Principes de la nature et de la grâce*,
13.)

Il y a à tout moment une infinité de perceptions en
nous, mais sans aperception et sans réflexion... Ces
petites perceptions sont de plus grande efficacité qu'on
ne pense. Ce sont elles qui forment ce *je ne sais quoi*, ces

goûts, ces images, ces qualités des sens, claires dans l'assemblage, mais confuses dans les parties. (*Nouveaux Essais*, préface.)

LES LEIBNIZIENS

Notre âme se représente, à la vérité, l'univers entier, mais c'est d'une manière confuse... Nous recevons des impressions de tous les mouvements qui arrivent dans l'univers, et notre âme en a des représentations obscures... (Mme du Chatelet, *Institutions physiques*, 1742, p. 152.)

Notre âme a un magasin d'une infinité d'idées obscures dont la plus grande partie ne parviendra jamais à un certain degré de clarté, dont quelques-unes peuvent avec plus ou moins de peine devenir claires, dont un petit nombre passent tour à tour de la clarté à l'obscurité... (Beausobre, *Réflexions sur la nature des idées obscures*, p. 414.)

Ces parties confuses et imperceptibles font partie de l'image peinte au fond de l'œil, et elles ont leur part à la perception totale. (Sulzer, *Explication d'un paradoxe psychologique*, 1759, p. 439.)

Dans les plus petites nuances de la sensibilité existent des traces profondes non seulement des sensations qui ont ouvert pour nous la carrière de la vie, mais des moindres circonstances qui en ont diversifié la chaîne. (*Ancillon*, 1790.)

L'indéfini en durée, en étendue, en force que nous offrent les grandes parties de la nature, nous met en rapport avec l'infini, et l'effroi qu'il nous inspire n'est qu'une sorte de recueillement et de respect... Les effets du demi-jour, de l'obscurité, du vaste silence et de la nature, du bruit uniforme des vagues, tiennent au même principe... Le pouvoir qu'ils exercent sur l'âme vient de ce qu'ils *ne lui offrent rien de circonscrit et de déterminé, et de ce qu'ils lui ouvrent par là même un champ infini d'idées et de sentiments.* (Ancillon, *Considérations sur l'idée et le sentiment de l'infini*, 1805, p. 53.)

[Quand] nous nous jetons dans le vague des sentiments et des idées, dans les champs immenses de l'espace et du temps, nous étendons notre existence. (*Ancillon, 1825, Pensées sur l'homme, t. 2, p. 79.*)

MAINE DE BIRAN

Maine de Biran essaie de mener simultanément deux sortes d'existences. Au niveau purement intellectuel, il prend conscience sans difficulté de ce qui se passe en lui et autour de lui. Son intelligence se montre de plain-pied avec les réalités qu'elle rencontre. Elle évolue dans un milieu où elle ne doit faire face à aucun problème insoluble. Tout y est net, précis, lumineux. Certes, nombre des phénomènes ainsi perçus par lui ne sont pas toujours immédiatement intelligibles, mais le monde où ils se manifestent est un monde essentiellement rationnel, qui semble avoir été créé pour être compris par la pensée. Pouvoir l'étudier, en découvrir le sens, c'est se trouver dans la situation d'une intelligence bien adaptée aux objets sur lesquels la compréhension s'exerce. Si donc l'esprit pouvait se contenter d'explorer cette zone pleinement éclairée, tout irait bien, penser offrirait une satisfaction constante, et le philosophe ne se trouverait jamais perdu dans ses opérations. Mais — Biran va en faire l'expérience — c'est là un état idéal, et il en va tout autrement dans la pratique. Au-dessous de la zone éclairée, dont le périmètre se révèle d'ailleurs comme plus étroitement limité qu'il ne semblait d'abord, il est une autre zone, bien moins facilement explorable. Ne disons pas que c'est la région de l' « inconscient », terme que Biran répugne à employer. Disons, comme Leibniz le faisait, que c'est le monde des perceptions obscures, ou, plus exactement peut-être, celui de la pensée obnubilée par mille impressions indistinctes. Celles-ci, indéfinissables, y pullulent comme des poissons dans un vivier, où leur profusion désordonnée empêche qu'on les examine séparément comme il faudrait.

Quel est ce monde remuant qui trouble sans cesse la conscience de Maine de Biran ? Une multitude de phénomènes confus le compose. Cette confusion a pour effet d'unir dans le désordre toutes sortes d'éléments qu'il devient impossible d'analyser. On ne sait plus si ce qu'on y rencontre provient de certaines conditions externes — atmosphériques par exemple — ou de tel ou tel état interne, instable, inexploré, mystérieux même, qu'on serait tenté de rattacher au domaine le plus secret de la vie intérieure. Ici le dedans et le dehors se chevauchent ou s'entrepénètrent. Cela crée de constantes équivoques. Une simple journée pluvieuse suffit pour altérer la clarté de la pensée. Il se fait en elle un mélange de phénomènes internes et d'influences externes, qu'il est difficile de séparer ou de ne pas séparer. Biran se découvre le sujet de « fluctuations » de toutes sortes, d'idées flottantes, d'états d'âme ambigus, que leur caractère évanescent empêche de définir. Bref, ces manifestations sont d'une nature telle qu'on ne saurait en avoir d'aperception précise. Or, nous sommes ici dans un monde qui, depuis quelque temps déjà avant Biran, avait passionné les psychologues. Leibniz et ses disciples l'appelaient le monde des perceptions obscures. En se penchant lui-même sur leurs complexités infinies, Biran ne fait donc que suivre une longue tradition de chercheurs. Mais il y a un point sur lequel il insiste plus qu'eux tous. C'est que l'univers mental où la pensée situe ces phénomènes est entièrement *dépourvu de formes déterminées*. Celles qu'on y perçoit et dont le défilé, souvent ininterrompu, se poursuit avec des remous au centre de l'être, ne sont, au dire de Biran, que « des états de sensibilité ou d'imagination se projetant dans une sorte de champ vague et indéfini ». — « Les fluctuations et le vide que je sens au-dedans de moi-même, écrit-il, m'empêchent de prendre une forme constante. » Biran, en effet, se voit perdre toute capacité de donner une forme à sa pensée en raison même de l'absence de forme qui caractérise les images ou idées qui l'envahissent. Aussi est-il particulièrement affecté par toutes les variations d'humeur qu'il découvre en lui, sans en pouvoir déterminer la cause. C'est avec angoisse qu'il constate le rôle obscur mais immense, et plus négatif que positif, joué par elles dans sa vie. Toute régularité d'esprit lui devient impossible dans l'ondoyance des sentiments indéfinis qui y jettent le trouble. Biran se trouve forcé de reconnaître qu'en lui toute structure est à la merci de cet indéfinissable. Bientôt il va plus loin encore. Il appréhende de voir son être même s'évanouir dans la multiplicité des changements d'humeur dont il devient l'esclave. Le moi n'existe plus, ou n'est plus qu'une entité intermittente, essentiellement incapable de s'affirmer avec quelque netteté. Au lieu d'une personnalité stable, il n'y a plus qu'une conscience morcelée, amorphe, presque stupéfiée, à laquelle Biran lui-même refuse de donner le nom de conscience. Il l'appelle une « nullité de conscience ».

On pourrait croire que cette carence de la personnalité n'est chez Biran qu'un phénomène purement psychologique, une faiblesse passagère de l'esprit. Mais, au fond, ce qui se passe en lui est bien plus grave. A chaque instant, l'être intérieur, le moi fondamental, à supposer qu'il survive encore, s'effondre sous l'assaut de forces occultes non identifiables : ou, s'il subsiste, c'est sous l'aspect presque insubstantiel d'un témoin passif, subissant sans possibilité de réaction une véritable dépossession; phénomène comparable à la submersion de quelque rocher à fleur d'eau, recouvert par une série de vagues successives qui ne se retirent que pour céder la place à l'assaut des vagues suivantes. Ainsi, la pensée birannienne devient sujette à une série d'éclipses. Ces disparitions répétées du moi central sous l'afflux d'influences obscures font songer aux périodes d'obscurité endurées par les mystiques des siècles précédents et qui les font parfois désespérer d'avoir une pensée véritablement une. Les mêmes variations se retrouvent chez Biran lui-même. Le caractère vacillant, entrecoupé, remplaçable de sa vie interne, arrive à le faire douter, sinon de son existence, au moins de la possibilité de s'en donner une définition. Comme un Suso, comme un Tauler, mais sans l'aide du soutien que ces mystiques tiraient de leur foi, il entre dans un sentiment qui n'est autre qu'une ignorance profonde de soi-même. Il ne sait plus, il recommence sans cesse de ne plus savoir qui il est.

A la différence, néanmoins, des mystiques qui viennent d'être mentionnés, Biran semble être le sujet, non pas d'une ignorance *simple*, mais d'une ignorance *double*. L'ignorance simple est celle qui nous affecte lorsqu'il nous devient impossible de connaître quelque objet que ce soit d'une connaissance déterminée; qu'il s'agisse, par exemple, de nous-mêmes, voire même de l'idée que nous nous faisons de Dieu. Mais, chez Biran, ce qui se découvre, c'est l'interdiction *double* et simultanée de se connaître dans sa profondeur intime, comme de connaître Dieu dans sa transcendance. D'un côté comme de l'autre, Biran rencontre la même absence immédiate de certitude, la même privation de fondement. Sans doute, il ne nie pas. Il fait effort pour croire et pour *se* croire. Mais ce qu'il pense ou ce qu'il rêve ainsi, il est incapable de le définir. Littéralement, il ne sait pas. Il ne saurait décider si ce qu'il se sent être tire son origine d'une source divine, ou est simplement déterminé par les mouvements de sa vie organique. Il ne peut se fier à aucune évidence. Et se donnant à lui-même un certificat de carence, il faut bien qu'il se reconnaisse comme n'étant, en fin de compte, déterminé par rien.

L'indétermination, chez Maine de Biran, est donc d'une espèce spéciale. Elle est quelque chose comme une *absence de points de repère*. Ne distinguant plus en lui-même de formes fixes, livré à des sollicitations vagues dont il lui est impossible de préciser la nature, qu'elles viennent d'en haut, ou qu'elles viennent d'en bas, il se trouve réduit à ne plus apercevoir en lui, autour de lui, au-dessus de lui, que des présences douteuses et informes. Et finalement, c'est cette indétermination générale qu'il va reconnaître — à défaut d'une autre — comme le milieu ambiant, indéfinissable, ambigu, alternativement divin et subhumain, où il est en train de baigner. Et cela à moins que, de loin en loin, une certaine netteté d'esprit ne lui revienne, mais en risquant alors de lui fermer, pour un temps, l'accès de toute indétermination.

MAINE DE BIRAN : TEXTES

... Troublé, distrait sans cesse par des impressions obscures... (*Journal*, décembre 1817.)

Journées pluvieuses. Les brouillards obscurcissent ma tête comme le ciel... Toute lumière disparaît : tout est sombre et obscur dans mon esprit... Il y a une obscurité, un enveloppement d'idées invincible à toute l'activité de l'esprit quand les conditions organiques manquent. (*Journal*, 13 mai 1818.)

La lumière se retirant, je ne vois plus que ténèbres épaisses, tout devient confus, incertain, obscur, désordonné dans ma pensée, où je ne trouve plus aucune expression pour représenter et fixer ces idées flottantes et mal terminées. (*Journal sans date*, Ed. Gouhier, III, p. 235.)

Les fluctuations et le vide que je sens en dedans de moi-même, qui m'empêchent de prendre une forme constante, même en vivant avec moi, tiennent à l'absence d'un sentiment moral, qui serve comme d'ancre... Il n'y a qu'un sentiment fixe qui puisse déterminer ou amener des idées fixes. (*Journal*, 12 juin 1815.)

... Tourment de l'incertitude et de l'indétermination... Cette liberté, cette activité indéterminée qui erre d'objets en objets, ne se fixe sur aucun et les rejette tour à tour, laisse dans l'âme un vide insupportable. (*Journal*, avril 1820.)

SENANCOUR

Ne jamais se fixer sur un objet choisi à l'avance, mais participer avec équanimité au cours des choses, s'abandonner sans réserve aucune à la succession des expériences, telle est l'attitude habituelle de Senancour. Elle est essentiellement passive, comme on pouvait s'y attendre de la part d'un être répugnant à tout engagement délibéré dans une direction déterminée. Elle est enfin totalement exempte de toute velléité de résistance comme de tout désir d'opposer à l'ordre des choses, des préférences, des projets, et peut-être même des regrets personnels. On peut cependant distinguer chez Senancour un certain penchant général pour les phénomènes de la nature et de la vie sensible les moins déterminés, les plus vagues, mais aussi les plus vastes, ceux qui semblent couvrir le plus d'espace. Ce qui l'affecte en effet plus visiblement que n'importe quel autre spectacle, c'est l'expérience de l'étendue, sans limites précises, se découvrant à perte de vue dans sa nudité et dans sa permanence; non qu'elle lui inspire, comme à d'autres, le désir de rivaliser avec elle, de se dilater lui-même dans l'espace, indéfiniment, comme un Chateaubriand. C'est plutôt le sentiment inverse qui se ferait jour chez lui. S'il participe avec une sorte de docilité solennelle au mouvement des choses, il ne se perçoit nullement lui-même comme une puissance locomobile, génératrice de mouvement et triomphatrice de l'espace. Il s'abandonne à ce mouvement sans désir de l'engendrer ou de le modifier. D'autre part, de cette activité planétaire à laquelle il participe, il ne retient pas les détails particuliers. Il ne recherche qu'une jouissance indéfinie, causée par une activité externe, reconnue elle-même aussi comme indéfinie. A l'indéfini du mouvement extérieur correspond harmonieusement l'indéfini parallèle du mouvement de la pensée. Senancour, *modifié* par la nature entière, ne se sent modifié dans ses sentiments personnels que par des émotions elles-mêmes aussi de l'espèce la plus générale.

Il est vrai qu'avec une certaine fréquence Senancour se pose à lui-même une question qui ne semble pas générale, qui semble la plus personnelle qui soit : Que suis-je ? Que veux-je ? « Qui suis-je ? Je l'ignore », lisons-nous dans le premier paragraphe de son premier livre, *Les premiers âges*. Mais cette tournure si personnelle ne l'oppose pas au monde où il se découvre ignorant de lui-même. Elle témoigne plutôt du besoin qu'il éprouve de se reconnaître sujet, comme tout le monde, à un phénomène dont le caractère incertain se révèle être à l'échelle cosmique. A l'incertitude du moi correspond le caractère non moins incertain de la vie universelle. Cette similitude ne va pourtant pas chez Senancour jusqu'à devenir, comme chez Lamartine, une *harmonie.* C'est plutôt le souhait profond de ne pas se dissocier d'un mouvement général, si obscur ou si confusément senti qu'il puisse être, non pas tant parce que ce mouvement serait perçu comme un rouage important de l'ordre universel, que parce qu'un *accord* avec lui offrirait à celui qui réussirait à l'établir, ou même simplement à y vivre, de meilleures chances, sinon de bonheur, au moins de paix.

Donc trouver un *état neutre,* heureux en son humilité : objectif modeste, mais lucide, évitant de rien forcer et attentif à ne jamais rien outrepasser. Ainsi, l'on en arrive à une jouissance indéfinie — plutôt minime mais appréciable — en accord avec une réalité extérieure elle-même assez imprécise, ou perçue seulement dans ce qu'elle peut avoir d'indistinct et de non particulier.

Et par-delà cet accord avec le monde extérieur, une certaine sérénité, un certain « calme indicible » que nul objet extérieur ne peut donner, où l'on ne jouit de nulle chose en particulier. L'indétermination cosmique trouve dans la conscience de soi un répondant digne peut-être d'elle.

SENANCOUR : TEXTES

[Une résistance, une déviation] en quelque sorte imprévue, dans la nature, rend pénible et destructive la méditation arrêtée sur un objet imaginaire et déterminé. Mais en nous livrant au cours fortuit de nos idées, ou en nous abandonnant sans choix à l'effet imprévu des moyens extérieurs, nous animons notre être sans l'épuiser, et nous jouissons sans fatigue. Nous trouvons une douceur et une facilité inexprimable dans la libre succession des souvenirs et dans le *vague d'une rêverie confuse*; c'est qu'alors, modifiés selon la nature entière, nous sommes ce que nous avons été faits en elle, une corde particulière dont les vibrations concourent à l'harmonie universelle. *(3e rêverie.)*

Quand les rapports... [entre tel paysage et le contemplateur] *ont quelque chose de vague et d'immense*, quand l'on sent bien mieux qu'on ne voit, leurs convenances avec nous et avec une partie de la nature, il en résulte un sentiment délicieux, plein d'espoir et d'illusions, une jouissance indéfinie... (*Obermann*, LXXI.)

... La mélodie des sons, réunissant l'étendue sans limites précises à un *mouvement sensible mais vague*, donne à l'âme un sentiment de l'infini... (*Obermann*, LXI.)

Heureux le mortel qui... repose souvent dans cet état de félicité dont on ne saurait rendre raison, de calme indicible que nul objet extérieur ne peut donner, où l'on ne jouit de nulle chose en particulier... *(4e rêverie.)*

... un bien-être que donne l'existence simple *sans plaisir déterminé*... *(4e rêverie.)*

CHATEAUBRIAND

Quel que soit l'objet rêvé que notre désir nous propose, qu'il soit réel ou immatériel, proche ou lointain, distinct ou indistinct, à notre portée ou hors d'atteinte, cet objet, en tant que favorisé par nous, ne peut échapper à une certaine détermination. Il est déterminé en ce sens qu'il rend visible à notre esprit la fin spéciale que le désir a choisi pour lui. Par le pouvoir de l'imagination, notre pensée fait surgir du vide intérieur l'objet auquel le désir s'attache. L'objet désiré devient notre unique fin. Nous le voyons prendre une place de plus en plus large dans nos hantises. En tant qu'objet formé, visé, par le désir, cette image, si insubstantielle qu'elle soit en elle-même, reçoit une détermination indubitable. Que cette image soit vague ou nette, le phénomène est le même. L'objet visé par nous, justement parce qu'il est visé par nous, ne saurait nous apparaître dans une indétermination totale.

Si l'on veut étudier concrètement ce phénomène, il n'est pas de meilleur exemple qu'on en puisse donner, que le comportement fameux du jeune Chateaubriand, décrit par lui dans les *Mémoires d'outre-tombe*. L'on sait que la créature passionnément aimée par lui est purement imaginaire. Elle joue pourtant un rôle immense dans sa vie intérieure. En particulier, elle est représentée comme lui inspirant ce qu'il appelle d'une expression fameuse le « vague des passions ». Or, si vague que puisse être cette passion, il n'est pas douteux qu'elle présente au moins un minimum de détermination. Penser passionnément à un être, rêver intensément cet être, c'est lui conférer nécessairement une forme déterminée. C'est attacher presque indissolublement son désir à un ensemble de traits imaginaires ou réels, constamment modifiés, il est vrai, dans le cas en question, par la pensée délirante, mais relevant tous d'une certaine idée que le rêveur se forme de la personne désirée. L'être qu'il imagine n'est donc pas purement abstrait, sans rien de concret, sans forme, sans apparence distincte. Plus Chateaubriand rêve de cet être, et plus il est incité à lui donner une personnalité déterminée.

Il n'en demeure pas moins pourtant que la créature ainsi imaginée reste immatérielle. Elle existe et n'existe pas. Elle n'existe pas en tant que créature en chair et en os, elle existe en tant que fantasme. D'un côté, si la sylphide est une simple conception de l'esprit, la moindre défaillance du désir risque de faire pâlir son image, et la détermination imaginaire peut ainsi se métamorphoser en totale indétermination. D'autre part, l'intensité croissante de l'activité imaginaire pourrait avoir une conséquence contraire, celle d'accorder à la figure rêvée une consistance de plus en plus grande. Aussi oscille-t-elle, au fond, entre l'imaginaire et le réel, entre l'informe et le formel, et si, selon le terme employé par Chateaubriand, elle est une *vague émanation de la pensée*, c'est que la puissance imaginatrice exercée par l'esprit du rêveur n'a pas assez de fermeté ou de constance pour donner à l'image qui le hante la netteté nécessaire s'il veut en faire un être définitivement déterminé.

Bref, ce que Chateaubriand a conçu dans les rêveries de sa jeunesse, c'est une forme qui n'est jamais entièrement indéterminée — puisqu'elle reste à ses yeux une forme — ni entièrement déterminée non plus, puisqu'elle s'altère considérablement en cours de route. C'est un être hybride, essentiellement ambigu dans son apparence, et peut-être même aussi dans sa substance. Nous découvrons en lui un mélange, charmant mais impur, de réalité et d'irréalité. Tantôt ces deux tendances se fondent, tantôt, au contraire, elles s'affrontent et font violemment ressortir leurs contradictions. Cet état confus n'est évidemment pas dû à une maladresse du créateur. Les traits opposés qui se révèlent dans sa création ont une mission particulière : celle de nous présenter l'expérience vécue dans son aspect double, celui d'une indétermination et celui d'une détermination. Il s'agit de faire apparaître ce qui est éprouvé à la fois comme un plein et comme un vide : surabondance de richesse mais issue d'une pénurie spirituelle — vide intérieur que l'on ne saurait remplir, mais aussi puissance de créer des mondes — flamme future, prête à jaillir d'une soif vague — en somme, presque simultanément, l'expérience d'un manque et d'un bien positif.

La pensée de Chateaubriand, on le perçoit, se plaît intensément dans la conjonction du vide et du plein, de la joie délirante et de l'inquiétude, d'un maximum et d'un minimum d'être. Il joint audacieusement la présence et l'absence. Il réalise, non, certes, au point de vue métaphysique, mais d'un point de vue onirique, la simultanéité des contraires.

La simultanéité, mais aussi la contrariété. Les éléments, ici, se joignent. Ils se mêlent. Ils ne s'harmonisent pas. On peut même dire qu'ils s'entrechoquent. Sans y songer,

Chateaubriand réalise ici exactement l'inverse de la sorte de conjonction qu'on trouve chez les grands penseurs de la Renaissance, un Nicolas de Cues, un Giordano Bruno. Nous sommes ici aussi loin que possible de l'idéal cusain, celui de la fameuse *coïncidence des contraires*. S'il y a chez Chateaubriand, comme chez le Cusain, un grand désir de fondre ensemble, par la puissance de la pensée les éléments antagonistes, ceci n'est nullement accompli par lui sous la forme d'un accord entre les contraires. La confusion de ceux-ci n'a pas chez lui pour effet d'accorder, d'harmoniser, d'apaiser la dissension originelle, mais, exactement à l'opposé, de créer ou d'intensifier à l'extrême la discordance. L'état de vague et de confusion ne saurait être pour Chateaubriand un état de pur repos. Il a pour résultat direct, le plus souvent, l'inverse d'une détente, c'est-à-dire un tumulte intérieur. Tout se passe comme si la pensée, ou, pour lui rendre son véritable nom, la *passion* selon Chateaubriand, avait pour fin la prise de possession d'un de ces deux éléments par l'autre, c'est-à-dire l'absorption de l'*objet* par le *sujet*. Prise de possession directe, absorption ayant pour conséquence avouée le triomphe du sujet avec élimination de l'objet. La fougue délirante dont fait montre Chateaubriand dans son amour pour la sylphide ne peut aboutir qu'à une sorte d'anéantissement de celle-ci en tant que réalité indépendante, et par conséquent à la victoire totale du sujet sur l'objet. L'objet ne saurait sauvegarder son identité. Il faut que le sujet l'absorbe si complètement qu'il n'en subsiste rien, ou presque rien, juste assez pour qu'il apparaisse encore, mais confusément, comme une simple partie du moi-sujet. L'objet est littéralement englouti dans la masse subjective, ou, à tout le moins, forcé de mener une existence obscure, somme toute secondaire et purement annexe, dans le déploiement flamboyant de la subjectivité. Cette sorte particulière de relation sera toujours maintenue par la suite. Jamais, dans l'œuvre de l'Enchanteur, il ne sera possible de trouver ce qui, presque un demi-siècle plus tard, sera réalisé d'abord par Flaubert, ensuite par les romanciers naturalistes, c'est-à-dire la présentation objective du réel. Devenues entièrement subjectivées par l'épanchement illimité de la passion de l'auteur dans tout son champ existentiel, ces images, créées d'ailleurs avec une force suggestive souvent irrésistible, par le grand magicien, ne se révéleront être dans leur substance profonde que des états de la sensibilité, liés, il est vrai, à des détails descriptifs, mais jamais présentés de telle sorte qu'on puisse les mettre à part, détachés de l'effet intensément émotionnel en lesquels ils se trouvent comme noyés.

C'est dire en un mot qu'aucune objectivité indépendante, donc aucune détermination nette, ne peut se trouver dans l'œuvre de Chateaubriand. Une même tonalité y règne, univoque, caractérisée par les manifestations, variées en apparence, mais toujours monocordes, d'une personnalité isolée. Il faut remarquer cependant que cette personnalité elle-même est dépourvue de traits individuels bien tranchés. Sans doute, la moindre pratique de l'œuvre nous permet d'y remarquer des aspects personnels très évidents. Mais une analyse minutieuse de ces traits serait aussi inutile que nuisible. Elle nous empêcherait de voir l'essentiel, qui est le fait que l'œuvre en question nous révèle primordialement, et de façon presque exclusive, une vie intérieure, certes, exceptionnelle, mais exprimée toutefois dans sa généralité profonde, presque impersonnelle, comme si ce que Chateaubriand, avant tout, avait cherché à exprimer, ce n'était pas lui-même en tant que personne déterminée, mais, au contraire, ce sentiment de soi anonyme, que chacun possède, et qui fait de chacun un centre solitaire autour duquel il n'y a plus qu'un décor.

Toute l'œuvre de Chateaubriand révèle en effet, de ce point de vue, une extrême simplicité : la simplicité de celui qui, en évitant toute complication superflue, accepte de n'avoir d'autre perspective que celle de se voir, de se sentir soi-même, rien que soi-même, au milieu de l'immense variété des paysages déroulés autour de soi.

Il est vrai, comme nous venons de le remarquer, que la variété de ceux-ci donne au contemplateur, même dans son isolement, la faculté de se voir et de se produire dans une infinité de versions différentes. Mais il faut aussi reconnaître, d'autre part, que la marge n'est jamais grande entre ces diverses versions. L'œuvre de Chateaubriand, nous l'avons vu, est essentiellement confuse. Elle est confuse en ce sens que toutes les différences qu'on y relève, le plein et le vide, la présence et l'absence, l'inquiétude et la surabondance, finissent par si bien s'y mélanger, qu'elles en arrivent à s'annuler. Vue selon ce coup d'œil général, l'œuvre entière tend à perdre les traits contradictoires qu'on a commencé par y noter. Cela se remarque surtout dans le développement des péripéties qui s'y trouvent narrées. Pris d'abord dans leur succession ininterrompue, cédant la place les uns aux autres, les événements se pressent, se heurtent, se bousculent, se chevauchent presque. Ils font ainsi apparaître, non sans une certaine ostentation, les différenciations qui les séparent. Mais bientôt, l'on s'aperçoit que ces effets de contraste se ressemblent. Les moments, puis les époques en viennent à se confondre : « Je ne sais plus à quelle époque je suis », s'écrie Chateaubriand. Cette uniformisation de l'existence qu'on déploie n'est pas sans grandeur. Personne n'a su exprimer avec autant de solennité que Chateaubriand le caractère du temps humain qui s'écoule, non tant dans la continuité de sa marche que dans l'uniformité de son cours, ce qui n'est pas la même chose. Ce qui s'y montre, en effet, ce n'est pas un flux, un courant d'énergie qui se reformerait à mesure : c'est la persistance statique d'une réalité interne, toujours identique à elle-même, en dépit des troubles qu'elle accueille, d'ailleurs favorablement, car ils profitent à sa grandeur. La poésie qui se dégage de cette prose où se retrouvent les mêmes sentiments, les mêmes périodes verbales, les mêmes sons, est une poésie de l'uniformité, c'est-à-dire une poésie dégageant de l'infinité du secondaire le principal, qui est que, dans le changement, il y a toujours quelque chose d'inaltérable, et que, même sans savoir très bien ce que c'est, l'on reconnaît que cette inaltérabilité du fond est la seule chose importante.

Qu'il l'ait consciemment voulu ou non, Chateaubriand n'a jamais cessé de montrer l'unité obscure mais fondamentale d'une existence ne s'embarrassant jamais de toutes les superfluités qui l'agitent. Le fond reste le même. Il ne s'agit que de le retrouver. De là, les effacements, les dégagements, mais aussi les apaisements, les longues haltes de l'esprit se reposant en lui-même. Tous ces retraits et ces silences ont pour mission de montrer que l'être revient de lui-même, spontanément, non à une paix sereine, elle ne le contenterait pas, mais à un état plus profond dans sa négativité, un état proche du néant. Un nivellement général de tous les désirs veille à ce que l'esprit se maintienne ou se rétablisse dans sa monotonie. C'est là encore une manifestation du penchant pour l'indistinct, pour l'uniforme, pour ce qui, aux yeux de Chateaubriand, fait le fond de l'existence. Lorsque quelqu'un comme lui prend l'habitude de considérer toutes déterminations du point de vue d'outre-tombe, celles-ci ne semblent plus qu'une insignifiante agitation à la surface de l'indéterminé. S'il y a, issu de l'œuvre de Chateaubriand, un sentiment final qui survit, c'est sans doute un étrange dédain. Mais dédain de quoi ? Peut-être de la vie elle-même, si on la prend dans cette agitation futile qui la trouble. Que reste-t-il alors en fin de compte ? N'est-ce pas simplement la faculté de s'enfoncer lentement, en toute indifférence, dans la profondeur indéterminée ?

JOUBERT

La pensée de Joubert offre à celui qui voudrait la pratiquer deux possibilités, l'une et l'autre grandement attrayantes. L'une consiste à se situer dès l'abord, imaginairement, dans la perfection elle-même, ce qui est peut-être la chose la plus agréable que l'esprit puisse accomplir, mais qui a un inconvénient, celui de ne pas tenir compte des réalités déterminées, qui sont toutes imparfaites; l'autre consiste, en partant de très loin, c'est-à-dire du monde réel et des déterminations qu'il comporte, à faire le chemin qui va du réel à l'idéal et du déterminé à l'indéterminé.

Dans un cas comme dans l'autre, il ne peut être question de rester dans le monde des déterminations particulières. Cette hypothèse est exclue. Mais dans le premier cas, d'emblée, on est dans l'indéterminé; dans le second, par la pensée, on approche de lui. Dans les deux cas, l'indétermination se présente comme infiniment supérieure à toute détermination, quelle qu'elle soit. Elle est parfaite, elle est divine. Elle se confond avec la Divinité, ou en est le principal attribut. Elle est antérieure à toutes déterminations, car celles-ci ne sont que des limitations arbitraires faites dans l'infinité de sa réalité indéterminée. Il y a donc une priorité absolue de l'indéterminé par rapport au déterminé.

Cette priorité absolue fait de l'indéterminé, au moins à nos yeux, une sorte de fond ou de trame infinie. A cette trame, nous donnons le nom d'espace. C'est au sein de cet espace infini que nous voyons se situer, en des lieux déterminés, des formes déterminées. L'espace infini est lui-même sans forme comme sans détermination. C'est dans cette absence de toute forme, spectacle merveilleux, que se dévoilent plus ou moins distinctement les réalités formelles. Elles se présentent comme des découpures apparentes sur la continuité infinie de l'espace. Chaque objet, que ce soient un être humain, un brin d'herbe ou un astre, est comme une plus ou moins petite réalité déterminée se silhouettant sur la vastitude indéterminée. Elle n'a pas d'autre rôle que d'introduire un peu de précision locale dans un ensemble qui est au-delà de toute précision. Elle détermine aussi un mouvement toujours limité dans une immensité assise en elle-même, et qui ne saurait être le sujet d'aucune progression. Le désir humain *(vaghezza)* est comme une espèce d'élan ou de dilatation par le truchement duquel l'être déterminé s'efforce d'échapper à ses limites naturelles et de se rapprocher de l'indéterminé en s'épanchant dans l'espace.

Mais il y a aussi le mouvement inverse. Si l'être déterminé cherche à échapper à sa détermination par une extension indéfinie de lui-même (ce qui serait peut-être aux yeux de Joubert le comportement dangereux de son ami Chateaubriand, sévèrement jugé par lui), il pourrait aussi satisfaire plus raisonnablement son désir en modérant son mouvement et en se rapprochant ainsi de l'idéal de sérénité statique révélé par l'indéterminé divin dans sa nature profonde. Car ce qui se révèle dans l'ensemble illimité de ce qui est, c'est une sorte de simplicité fondamentale, qui non seulement n'a rien de formel, mais rien non plus qui ne soit reposant, heureux, libre de toute contrainte, et nullement dans l'obligation de donner à sa réalité des déterminations quelconques. L'indéterminé, c'est l'espace, c'est Dieu, c'est la lumière, c'est aussi, sans contradiction, la même chose qu'une absence de forme, donc la même chose que ce qui nous apparaît comme le vide ou le néant.

S'il en est ainsi, se rapprocher de Dieu ou de l'indéterminé, qui est son visage négatif, n'implique donc pas, comme on aurait pu le croire, un effet, une tension. Ce peut être, au contraire, le ralentissement volontaire de toute activité, même spirituelle, la pudeur qui se dispose comme un voile entre nous-mêmes et les déterminations trop crues, la capacité de créer entre nous-mêmes et tout ce qui est, une distance, un *lointain*, qui est peut-être le meilleur moyen de faire apparaître la positivité du divin dans la négativité apparente du vide. Dès lors, la pensée la plus déterminée peut s'habituer à arrondir les angles, à espacer les formes, à adoucir les traits, à introduire partout un voile ou un vide. C'est ainsi qu'avec d'infinies précautions, avec une sorte de tendresse, en calmant peu à peu les ardeurs dangereuses ou imprudentes, Joubert s'astreint à ne plus se permettre qu'une pensée presque sans forme, sans objet, qu'il compare lui-même à une harpe éolienne n'exécutant aucun air, mais exprimant de beaux sons.

(tirés des *Carnets*, Ed. Gallimard, 2 vol.)

Tout ce qui est beau est indéterminé. (P. 301.)

J'appelle espace tout ce qui n'est pas moi et n'est rien de déterminé. (P. 295.)

On ne peut imaginer au tout aucune forme, car toute forme n'est que la différence visible et palpable de l'objet qui s'est revêtu d'elle. (P. 131.)

L'espace est proprement Dieu, qu'alors, si j'ose ainsi parler, nous ne voyons pas au visage. (P. 451.)

L'étendue est le corps de Dieu. (P. 83.)

Où est le monde ? Il est en Dieu. (P. 260.)

Ce que nous nommons le néant est sa plénitude invisible. (P. 146.)

Le fini est dans l'infini, comme le plein est dans le vide. (P. 183.)

Se faire de l'espace pour déployer ses ailes. (P. 265.)

La pensée se forme dans l'âme comme les nuages se forment dans l'air. (P. 64.)

D'abord créer un vide, une place, un lieu. (P. 786.)

Ecrire dans l'air. (P. 729.)

Au-delà de l'espace plein. (P. 792.)

Il faut donc se faire un lointain. (P. 648.)

BENJAMIN CONSTANT

En 1812, c'est-à-dire vers le milieu de sa vie, Benjamin Constant écrit à un ami les lignes que voici : « J'ai enfin lu Mme du Deffand. Envisagée sous un certain point de vue et couronnée par la mort, savez-vous que c'est une sérieuse lecture ? » — Et il ajoute, parlant toujours d'elle : « Quelle tristesse de ne s'intéresser à rien... On se reconnaît en elle. »

Rien de plus juste que cette identification. Benjamin Constant ne pouvait que se reconnaître en Mme du Deffand ou, du moins, il ne pouvait que reconnaître en sa pensée une sœur aînée de la sienne. Depuis l'époque de sa jeunesse jusqu'à la fin de sa vie, il ne cessa d'éprouver, sauf en quelques brèves périodes, le même sentiment d'ennui. Lui comme elle se trouvent affectés dans toutes leurs expériences intimes, par la même incapacité de s'intéresser à rien, et, en conséquence, par la même absence du goût de vivre. Eprouvé sous cette forme, en effet, l'ennui apparaît à celui qui y est sujet, comme lié à une lucidité exceptionnelle, tout en étant étrangement dépourvu, d'autre part, de toute caractéristique positive. C'est un état d'âme qui ne se définit que comme indéfinissable : « Un je ne sais quoi indéterminable », dit de lui Vladimir Jankélévitch, l'homme qui en a peut-être le mieux parlé. Qui s'ennuie se découvre inexplicablement *vidé* de ce qui d'ordinaire contribue à la plénitude de l'existence, et ce vide étant situé au centre de lui-même, c'est lui-même qu'il découvre, mais non sous la forme d'un être, au contraire sous celle d'une absence d'être. Encore s'il pouvait s'intéresser à cet état qui est le sien. Mais il ne peut que se désintéresser de ce qui n'est qu'un creux, un manque, même s'il le perçoit au cœur de lui-même. Etat nul, qui n'a même pas l'avantage de faire de lui un être à part, car si lui-même est à ses yeux sans intérêt, tout le monde aussi devient sans intérêt : « Je ne m'intéresse guère plus à moi qu'aux autres », constate Benjamin Constant. C'est là une remarque qu'il aurait pu faire dès sa première jeunesse, car il a été très précoce dans ces expériences purement négatives. Par la suite, c'est-à-dire durant tout le cours de sa vie, il n'a pu d'ailleurs que les répéter à intervalles, sans en modifier beaucoup le ton. Au sens originel, essentiel du mot désintérêt, Benjamin apparaît bien comme le type même de l'être qui, dans toutes les circonstances de sa vie, et quels que soient les intérêts passagers, pourtant très vifs, que, pour un moment, il a pu y prendre, trahit toujours au fond de lui un désintérêt, une indifférence pour tout ce qui lui arrive.

En somme, cela revient à dire que, pour un être comme lui, la notion même de différence, et par conséquent aussi, de préférence, se trouve en danger de ne plus avoir de sens. Toutes les distinctions qu'on peut faire entre tel et tel état d'esprit, entre telle et telle façon d'être, se révèlent être chez lui inutiles ou insignifiantes : car elles reviennent, en fin de compte, toutes au même. Ainsi s'établit, au plus profond de l'être qui est sujet à ce phénomène, la conviction qu'il serait absurde de préférer ceci à cela et cela à ceci, et que c'est toujours avec la même égalité d'esprit — purement négative — que l'on doit considérer tous les sentiments qu'on s'est trouvé incité à éprouver. En bref, leur importance est toujours réduite à zéro. Tel est l'ennui, ainsi qu'il se manifestait de la façon la plus obstinée chez Mme du Deffand, nivelant de la manière la plus désespérément monotone toutes les affaires de la vie. Et tel est aussi, presque mot pour mot et sentiment pour sentiment, l'ennui distillé par Constant dans les épisodes pourtant assez variés de ses activités politiques, historiques, religieuses, voire même passionnelles. Tout cela, pour lui, finalement, revient au même et mérite à ses yeux, vulgairement parlant, d'être mis dans le même sac, subissant ainsi dans son esprit un sort identique, qui consiste à être considéré ainsi que tout ce qui se trouve vécu, comme réduit au même commun dénominateur.

Néanmoins, la similitude que nous trouvons entre Mme du Deffand et Benjamin Constant s'arrête là. Mme du Deffand se contente de subir son ennui, et plus découragée que résignée, ne fait rien pour y échapper. Le champ où elle se contente de vivre est donc de l'espèce la plus étroite. Frappée de cécité, elle s'ennuie dans son salon sans pouvoir faire grand-chose pour en sortir. Benjamin Constant, au contraire, promène son désabusement ironique dans une bonne partie de l'Europe. Il le promène aussi dans un monde intellectuel très vaste, un des plus vastes qui soient à cette époque, puisqu'il comprend tout le déploiement des activités politiques, sociales, mondaines et affectives à quelque niveau que ce soit. Or, dans cette variété étonnante d'expériences, Benjamin Constant ne cesse jamais de se montrer au fond de lui-même, parfaitement détaché de ce qu'il entreprend pourtant avec la plus indéniable passion. Pour bien comprendre cet état d'esprit, il suffit en effet de reprendre la distinction classique entre *fond* et *forme*. La vie externe, comme la vie interne, de Benjamin Constant passe incontestablement par un assez grand nombre de formes. Il a l'air même assez souvent de s'y attacher avec un intérêt presque passionné. Mais pour ce qui est du fond, chez lui, eh bien, il est toujours le même, et ce fond est toujours aussi négatif. La positivité est, chez Constant, une forme d'existence perpétuellement sur le point de s'évanouir. Et c'est dans cet évanouissement sans cesse répété que s'affirme paradoxalement dans l'esprit du témoin détaché qu'était avant tout Constant lui-même la permanence de l'élément négatif, c'est-à-dire la conscience persistante du vide fondamental.

En un mot, tout ce qui était pour lui nettement formel, réel, positif, assuré d'être, ne manque jamais de se trouver transformé en lui, ou plutôt *réduit*, dans les plus brefs délais, à quelque chose d'informe, d'irréel, de négatif, et en bonne voie de s'engloutir dans le non-être. Non que nous nous trouvions ici en présence d'une vraie et profonde philosophie du non-être, telle qu'on la trouve par exemple dans le bouddhisme. C'est bien plus grave ! Il s'agit tout simplement, en ce qui regarde chaque opération positive à laquelle se livre la pensée ou la personne, de l'affecter, le plus sûrement et le plus rapidement possible, du signe moins. L'intelligence, qui est extrême, ne se montre jamais ici brutalement destructrice. Elle opère comme certains acides. Elle désagrège, elle fait fondre, elle détermine le passage des objets du solide au liquide, et du liquide au gazeux. Et même de l'état gazeux elle les amène, sans violence, mais avec une inévitabilité sans indulgence, à l'absence d'être, au rien. Cela est vrai pour ce qui est des idées. Cela est vrai pour ce qui est des actions. Mais cela est vrai encore pour ce qui regarde les émotions, les impressions, les états d'âme, c'est-à-dire toute la composition de l'être sensible, opérant sur lui-même de la même façon que sur le reste de l'univers. Tout se ramène à rien, mais sans cassure d'aucune sorte. Ce ne serait même pas exact de vouloir ramener tout cela à un accès permanent de scepticisme destructeur. Benjamin Constant n'est pas Voltaire, même s'il le rappelle parfois par l'ironie et par la méchanceté de ses pointes. On serait plutôt penché à croire qu'il y a là un cas angoissant, celui d'un être affecté par une maladie de l'esprit de l'espèce la plus rare — mais qui pourrait devenir épidémique — une maladie qui aurait pour symptôme principal de frapper ceux qui en seraient atteints d'une forme redoutable de paralysie. Elle les rendrait, en effet, inaptes pour toujours, à préserver en eux et autour d'eux le sens de la positivité de l'être; ne leur laissant plus qu'une seule issue, celle qui consisterait à ne plus s'éprouver que négativement.

Reconnaissons-le pourtant : ce trait aggrave peut-être injustement le jugement qu'on est tenté de porter contre cette pensée, qui ne va pas toujours jusqu'à l'extrême de ce qu'elle est amenée à penser. Il y a chez Constant quelque chose qui doit être reconnu comme une pensée authentiquement religieuse, encore que celle-ci ne puisse être pour lui réellement formulable, puisque, dans son cas, elle implique l'impossibilité, en essayant de la penser, de lui donner précisément une forme. Cette absence de formation ou de formulation se retrouve chez lui à toutes les époques de sa vie. Sa merveilleuse lucidité est de telle sorte qu'elle ne l'empêche jamais de s'aventurer dans les sujets les plus obscurs. Que de fois ne le voit-on pas, cédant à un attrait fortuit, à un penchant troublant, à une passion irraisonnée, se livrer à de folles spéculations dont il était le premier à savoir qu'elles étaient déraisonnables. Il aimait s'enfoncer dans les régions troubles de l'esprit, où la pensée, pour progresser, est obligée de renoncer à se faire jour sous une forme précise. Dans la religion, ce qui l'attirait, c'étaient « les désirs confus », « les élans vers l'inconnu et vers l'infini ». Les expériences religieuses, à ses yeux les plus profondes, c'étaient celles qui mènent l'homme à « une contemplation vague », à « un mouvement qui l'enlève à toutes les idées particulières et individuelles ».

On voit que, dans la pensée de Constant, toute idée profonde est condamnée à se dépouiller de toute forme, pour ne plus subsister que sous l'aspect vague, confus, presque informe, d'un sentiment sans soutien, sans visage et presque sans consistance. C'est à dégager tant bien que mal cet état intérieur des formes dogmatiques et même purement rationnelles qu'il s'agit pour lui de se borner. On ne peut le faire avec aucune chance de netteté, ni de façon durable, puisque ce sentiment tend d'emblée à se perdre dans les brumes de l'esprit. Reste une pensée flottante, indéterminée, quelque chose de comparable à une neige qui fond, à un mouvement de l'esprit sur le point de s'évanouir dans le vide. C'est en ce lieu indécis qu'elle s'arrête, comme suspendue, ne voulant pas faire un pas de plus, mais ayant porté jusqu'à ce qui était pour lui une extrême limite la lucidité de l'esprit.

BENJAMIN CONSTANT : TEXTES

Le temps indépendant de nous va d'un pas égal et nous entraîne également, soit que nous dormions ou veillions, agissions ou nous tenions dans une inaction totale. Cette vérité triviale et toujours oubliée est toujours présente à mon esprit, et me rend presque insensible à tout. (*Lettre à Mme de Charrière*, 21 mai 1791.)

Je ne m'intéresse guère plus à moi qu'aux autres. (*Journal*, 25 octobre 1804.)

Demeurons immobile, spectateur indifférent d'une existence à demi passée. (*Adolphe*, chap. 7.)

Ma vie présente est monotone, ma vie future incertaine. Je ne puis donc rien dire d'intéressant. *(Lettre du 16 mars 1808.)*

Nous éprouvons un désir confus de quelque chose de meilleur... Cet élan vers l'inconnu, vers l'infini... Si l'on accusait cette définition d'être obscure et vague, nous demanderions comment on définit avec précision ce qui, dans chaque individu, dans chaque pays, à chaque différente époque, se métamorphose et se modifie. *(De la Religion,* début.)

Comment définiriez-vous l'impression que produit une nuit obscure... ? Comment définiriez-vous la rêverie, ce frémissement intérieur de l'âme, où viennent se rassembler et comme se perdre, dans une confusion mystérieuse, toutes les puissances des sens et de la pensée ? *(De la Religion,* début.)

BALLANCHE

Un peu comme celle de tous les romantiques, la pensée de Ballanche est essentiellement confuse. Mais il y a deux sortes de confusions. L'une insiste surtout sur la trouble apparence de la chose qu'on contemple, sur l'absence de précision ou de netteté qu'elle présente en elle-même, bref, sur ce qu'il y a de plus vague dans sa substance ou dans l'image qu'elle nous suggère, quand on la considère en particulier, isolément. Mais la confusion, cela peut s'entendre aussi de la propriété que possède une chose de s'assimiler à beaucoup d'autres, de façon qu'en se mêlant ainsi intimement avec ces dernières elle tend à perdre ce qu'elle a d'individuel. De ce point de vue, dire d'une pensée qu'elle est confuse, c'est dire que d'elle-même elle court le risque de s'évanouir au sein de toutes les autres pensées. De même, dire d'une forme qu'elle est confuse, c'est laisser entendre qu'elle n'est pas une forme distincte, ou que cette forme se fond dans beaucoup d'autres. Telle est la sorte de confusion qu'on peut trouver chez Ballanche à un degré qu'on ne peut relever nulle part ailleurs. Il en fait même le principe de toutes ses théories. Ballanche est essentiellement un penseur qui se donne un mobile unique dans tous ses écrits : c'est d'unifier, dans sa pensée, tout ce qui existe et a existé, comme ne constituant jamais, quelle que soient les différences qui y éclatent, qu'un même ensemble, sans distinctions, composé non d'individualités, non d'existences nettement séparées, mais d'une masse plus ou moins informe de tendances similaires, engagées dans le même développement, et qu'on ne peut comprendre que si on perçoit la profonde solidarité qui les lie.

Le point de départ, cependant, d'une étude entièrement consacrée à cette solidarité profonde des pensées humaines au cours des âges, se trouverait dans l'examen de cas individuels : « Il y a, dit Ballache, des mouvements indélibérés qui agitent sourdement le fond de notre être. » Ces mouvements ont pour cause l'intime relation qui existe toujours, plus ou moins obscurément, entre l'individu et l'ensemble des vies humaines : « Sentiment réel mais obscur et indéfinissable de l'essence et de l'ensemble de tout ce qui existe. » — « Vagues contemplations, dit-il ailleurs, de la conscience individuelle s'assimilant à la conscience générale... »

De ces textes et de quelques autres, il résulte que, pour Ballanche, la vision de l'être individuel (par exemple, décrite par lui dans un de ses ouvrages les plus célèbres, *La Vision d'Hébal*), peut, en de certains moments littéralement prophétiques, lui donner une idée de la vue divine embrassant l'universalité de la création. Ainsi, le penseur peut jouir d'une vision proprement synthétique de l'ensemble. Mais ce don ne trouve sa pleine réalisation que si dans la conscience individuelle les images du passé révolu et du futur pressenti se groupent, que si « le fini et l'infini se confondent ». La pensée individuelle, dépassant ainsi démesurément ses limites habituelles, s'abîme, dit Ballanche, « dans le sentiment d'une existence universelle ».

Cette confusion magique qui estompe les différences individuelles, sociales, historiques, a pour résultat dans l'esprit qui s'y livre, de « condenser les actes successifs qu'il perçoit dans un seul acte », de transformer les faits séparés de l'histoire en un seul drame continu, dont le visionnaire a au plus haut degré l'expérience ». C'est ainsi qu'il ramène les événements et les expériences appartenant à des époques déterminées à une expérience *achronique*, dans laquelle tous les temps apparaissent comme contemporains les uns des autres, et, pris ensemble, constituent « une épopée idéale » à la fois successive et spontanée (c'est-à-dire, dans le langage de Ballanche, appartenant toutes ensemble à une sorte de révélation intemporelle, éternelle même, de l'expérience humaine, dont toutes les époques se découvriraient comme étant d'un seul tenant et comme vécues simultanément par un même être collectif, appelé par Ballanche l' « homme universel ».

Tout se fond donc, en fin de compte, tout s'abîme dans un même instant, dans un même espace, dans une seule pensée, est-ce celle du poète ou du mage qui en a la vision ou de celui qui en est l'acteur originel ? Dans cette synthèse obtenue par pure confusion, absorption, identification de tous les éléments qui s'y confondent, il ne demeure plus rien d'individuel et de séparé. Il ne reste plus qu'une seule existence, « abstraite de toutes formes et de toutes limites », aperçu total d'une immense histoire universelle dont toutes les particularités, fondues ensemble, « ne font qu'un ».

BALLANCHE : TEXTES

Un Ecossais, sujet à des accidents nerveux particuliers et doué de seconde vue, s'était accoutumé, dès l'enfance, à vivre d'une double vie... Parfois il s'élevait au-delà de sa vie individuelle; il s'exaltait, s'épanchait, se divinisait, *s'assimilait* à la vie universelle. Le centre de son petit monde, gravitant vers le centre du grand monde, *tendait de s'y confondre. (Vision d'Hébal.)*

Il me semblait que j'étais confondu et abîmé dans le sentiment d'une existence universelle dont je faisais partie... Toute la chaîne de l'organisation, depuis la pierre brute jusqu'à la plus haute intelligence, était remuée à la fois. (*Œuvres*, t. 6, p. 212.)

Le fini et l'infini *se confondent* dans le même temps et dans le même être. (*Ville des expiations.*)

C'était l'existence absolue, inconditionnelle, *abstraite de toute forme.* (*Vision d'Hébal.*)

... Condenser des actes successifs dans un seul acte, un acte instantané. (*Vision d'Hébal.*)

... idée d'une contemporanéité générale... (*Œuvres*, t. 6, p. 288.)

J'eus un sentiment réel, mais *obscur et indéfinissable*, de l'essence et de l'*ensemble* de tout ce qui existe. (*Orphée*, *Œuvres*, t. 5, p. 169.)

Le genre humain, *seule forme subsistante* se réveillant de la mort [dans le Jugement Dernier]... Tant de générations qui parlent par un cri unanime, devenu une voix articulée, une seule voix, la voix de l'homme universel.

MADAME DE STAËL

Mme de Staël confond la mélancolie et l'enthousiasme. Chez tous les autres poètes de son temps, ces deux sentiments sont incompatibles. Qui prend conscience de soi-même dans le regret, dans la privation, ne saurait s'orienter qu'en arrière, vers le sentiment déjà vécu et douloureusement rappelé. A l'époque de Mme de Staël, Chateaubriand, quelque peu plus tard Lamartine sauront ainsi créer une poésie inoubliable, qui est celle du jamais plus, du passé hors d'atteinte et de la mélancolie. Mme de Staël a connu, elle aussi, et pratiqué ces sentiments. Elle a su y percevoir, comme beaucoup de ses contemporains, une des voies essentielles qui permettent à la pensée d'échapper à l'actuel, c'est-à-dire à la précision, à l'exactitude, à l'immédiateté qui sont les attributs de chaque moment déterminé de notre existence. Le passé est donc la meilleure route, en tout cas, la plus évidente que nous puissions prendre pour nous soustraire à la règle de l'universelle détermination. C'est ce qui avait été compris d'ailleurs depuis la fin du XVIIIe siècle. Le grand secret de mélancolie avait commencé de troubler les âmes depuis Young et ses *Nuits*, depuis Ossian et ses brumes, depuis les petits romantiques fin-de-siècle, comme Léonard ou Chênedollé. Tout le préromantisme exprime cette nostalgie. Elle se traduit le plus souvent dans les mots et dans les images par le vague, la confusion, la brume ossianique, l'effacement des formes au fond des perspectives de la nature ou de la pensée. Le retour au passé, ou, du moins, au souvenir plus ou moins brumeux ou fané qu'il nous laisse, nous semble la route la plus proche, la plus aisée, pour nous engager en direction de l'infini.

Mais il en est une autre. C'est celle choisie le plus souvent par Mme de Staël. C'est la route opposée, celle qui tourne le dos au passé et s'oriente vers l'avenir. Sans doute, ayant vécu, toute sa vie, environnée de romantiques, grands spécialistes des épanchements rétrospectifs, Germaine de Staël n'a pu s'empêcher, elle aussi, en différents endroits de son œuvre, de se tourner vers le passé. Mais dans la grande majorité des cas, c'est, au contraire, au futur qu'elle donne passionnément la préférence. Généralement on ne *s'élance* pas en arrière. Si on se laisse tenter, on *glisse*, on penche volontiers de ce côté. Parfois même, on s'y enfonce, on s'y enlise. Mais on ne se jette jamais avec toute l'ardeur de son être vers les horizons indécis et voilés que le passé, le plus souvent, entrouvre pour nous. Pour ce qui est du futur, c'est autre chose. La route est grande ouverte, l'horizon, le plus souvent, est libre. On peut s'y aventurer avec ardeur. C'est le cas de Mme de Staël. Au milieu des « passéistes » de son temps, elle est un des rares « futuristes ». Elle l'est même, plus qu'un autre peut-être, par l'intensité du sentiment qui la marque, c'est-à-dire l'enthousiasme. L'enthousiasme, chez Mme de Staël, loin d'être une effervescence passagère ou une sorte de jaillissement instantané qui éclate et s'épuise dans la sphère du moment actuel, se présente comme une force propulsive l'orientant irrésistiblement chaque fois, non pas vers un futur déterminé, vers une proie choisie entre toutes et aussitôt poursuivie, mais tout simplement vers un espace temporel grand ouvert, qui a pour première et presque unique caractéristique d'être indéfinissable et sans limite. S'élancer vers l'au-delà, quel qu'il soit, faire reculer démesurément les limites de la sphère de l'existence, ne tenir compte d'aucune borne, aller de l'avant sans avoir de but déterminé, enfin passer du train-train de la vie courante à une existence illimitée et qui aurait les dimensions de l'éternité, telle est la vie convoitée, passionnément recherchée et toujours en voie d'être dépassée par Germaine de Staël. On peut y voir évidemment une certaine ressemblance avec les nostalgies du passé, chères à la plupart de ses contemporains. Mais chez elle, c'est d'une *nostalgie du futur* qu'il s'agit. Du futur, ou plutôt de ce temps encore non figurable qui se dessine toujours au-delà des frontières reconnues de la pensée présente. La contemplation de l'avenir, il est vrai, ressemble en un sens à la contemplation du passé. Comme cette dernière, elle offre une grande part d'indétermination. Le vague du désir y est semblable, l'impuissance qu'on éprouve à en déterminer les formes, est aussi grande ou plus grande encore. On peut rêver *un* futur avec le même abandon qu'*un* passé. Mais tout cela, toute cette passivité habituelle de l'être s'abandonnant aux pentes diverses de la pensée temporelle, est comme emporté et charrié chez la rêveuse passionnée qu'est Mme de Staël par un flot d'énergie mentale qui la jette toujours en avant, tout en ne lui permettant jamais de déterminer et de posséder définitivement l'objet poursuivi ainsi devant elle.

D'où, au cœur même de cette nature essentiellement, anticipatrice, une angoisse éprouvée peut-être par elle plus intensément que par n'importe quelle autre personne de son époque, sauf en de certains moments par Chateaubriand. C'est l'angoisse de ne pouvoir atteindre, la crainte de *manquer* ce qu'on vise, de ne plus même savoir exactement ce qui est ainsi vraiment visé ; ou bien de ne le concevoir qu'inexorablement refusé et tenu à distance. Comment espérer rejoindre ce qu'on ne peut même formuler ? Derrière l'objet défini qu'on croit poursuivre, il s'en profile un autre, puis encore un autre, et cela se prolonge à l'infini. Le sentiment de l'infini chez Mme de Staël n'a donc jamais chez elle le caractère d'un repos de l'âme dans l'immensité qui se découvre devant elle. Le sentiment de l'infini, c'est, pour elle, le sentiment d'être exclue de l'infini. Alors, l'indétermination n'apparaît plus comme une ouverture mais comme une profondeur inexplorable. La conscience de l'infini rejette cette romantique vers le fini, ce qui lui est intolérable. L'erreur de Mme de Staël est d'avoir voulu transformer la passivité sereine de l'esprit contemplateur en son contraire, c'est-à-dire en une activité. Car toute activité risque de rejeter l'esprit dans le déterminé.

MME DE STAËL : TEXTES

Le vague des idées sans bornes est singulièrement propre à l'exaltation. (*De la littérature*, Ed. Colburn, II, p. 196.)

Je dirigeai notre conversation sur ces grandes pensées vers lesquelles la mélancolie nous ramène invinciblement : l'incertitude de la pensée humaine, l'ambition de nos désirs, l'amertume de nos regrets, l'effroi de la mort, la fatigue de la vie ; et tout ce vague du cœur, enfin, dans lequel les âmes sensibles aiment tant à s'égarer. (*Delphine*, Ed. Didot, I, p. 359.)

Je rêvais l'avenir en écoutant ces bruits harmonieux ; et, confondant les espérances de la jeunesse avec celles de l'autre monde, je me perdais délicieusement dans toutes les chances de bonheur que m'offrait le temps sous mille formes différentes. (*Ibid.*, I, p. 603.)

La pensée va peut-être encore plus loin, quand elle n'a point de bornes, ni même de but déterminé et que sans cesse en rapport avec l'immense et l'infini, aucun intérêt ne la ramène aux choses de ce monde. (*De l'Allemagne*, Didot, II, p. 46.)

Le sublime de l'esprit, des sentiments et des actions doit son essor au besoin d'*échapper aux bornes* qui circonscrivent l'imagination. (*De la littérature*, I, p. 258.)

L'enthousiasme que le beau idéal nous fait éprouver, cette émotion *pleine de trouble et de pureté tout ensemble*, c'est le sentiment de l'infini qui l'excite. Nous nous sentons comme *dégagés* par l'admiration des entraves de la destinée humaine... (*De l'Allemagne*, II, p. 224.)

GOETHE

On peut se demander si toute la pensée de Goethe et son évolution ne se ramènent pas à un nécessarisme de type spinoziste, qui presque dès le début aurait avorté ou plutôt dévié.

Cette déviation se trouverait décrite dans *Werther*. *Werther*, c'est le roman de l'illimitation et de l'échec tragique qui est la conséquence directe de la tentative faite par le héros pour en réaliser les conditions. Or, cette illimitation est de type spinoziste. Elle consiste essentiellement dans la volonté de s'égaler en pensée à un infini qui n'est pas simplement cosmique, qui est de nature divine. Il ne s'agit donc nullement de se soumettre au nécessarisme, mais de s'identifier hardiment avec lui, de façon à parvenir dans l'aspiration à l'infini à une hauteur de pensée telle que l'être ainsi détaché de la réalité déterminée se sente participant de plain-pied à la force divine déterminante. Il n'est pas difficile de voir là un spinozisme dévoyé. L'impossibilité réelle de s'élever ou de se maintenir à ce niveau entraînera la chute de Werther. Il passera d'un état d'exaltation proche du divin, joint au sentiment d'une liberté infinie, à un état directement opposé, où il se découvrira prisonnier de la nécessité, c'est-à-dire du déterminé.

Cette catastrophe est précédée par un état intermédiaire ambigu, qui est celui de la pensée vague, par lequel Werther et le jeune Goethe se montrent très proches des romantiques. La pensée vague apparaît d'abord à Werther qui s'y livre sans frein, comme un état irrésistiblement fascinant, puisqu'il confond l'imprécision, le flottement et le caractère essentiellement voilé des formes de la pensée trouble, avec l'envahissement de l'infini qui est aspiration unique. Or cette illusion ne peut se maintenir. Elle doit nécessairement aboutir à la chute de Werther.

Werther ne pourra se soustraire aux conséquences de cette chute, mais Goethe s'y soustraira. Il s'y soustraira par une *acceptation volontaire, délibérée même, du déterminé,* qui deviendra chez lui une pratique constante, sauf en de brèves occasions, comme dans l'épisode des Mères, du *Second Faust.* Rappelons à ce propos la phrase mise dans la bouche de Méphistophélès, au moment où il parle à Faust des Mères, ces êtres mystérieux qui vivent en dehors du monde réel : « Quitte le monde créé pour fuir vers les espaces indéfinis des formes possibles. » Il n'est pas impossible de voir là une certaine similitude avec les thèmes de *Werther.*

P. S. : On peut rapprocher ce dualisme goethéen où se trouvent confrontés liberté et déterminisme, de la pensée de Schiller, où, comme dit Victor Basch (*Poétique de Schiller*, Alcan, p. 56), on peut distinguer aussi deux éléments fondamentaux qui se heurtent de front, l'un de liberté, l'autre de déterminisme, de sorte que, pour Schiller, « l'homme est à la fois un être absolu et libre, d'une part, et, de l'autre, un être déterminé et contingent ».

P. S., II : L'idée de flottement dans l'indéterminé, si évidente dans le *Werther* de Goethe, et liée, comme nous le pensons, aux doctrines spinozistes, se retrouvera dans la pensée de Schleiermacher, où l'on trouve le passage suivant : « *Sans exercer d'activité déterminée*, l'esprit parfois contemple l'ensemble des choses, *non comme quelque chose de distinct et ayant sa détermination en soi*. C'est alors que l'homme pense à l'infini et qu'à sa concentration sur un objet déterminé, il « adjoint l'extensivité du *flottement dans l'indéterminé et l'inépuisable* ».

GOETHE : TEXTES

Un grand tout vaguement crépusculaire s'étend devant notre âme... Nous aspirons à nous y abandonner de tout notre être. *(Werther.)*

... Fuir vers les espaces indéfinis des formes possibles. *(Faust.)*

... Se perdre dans la plénitude de l'infini... *(Werther.)*

... Vite arrêté par les bornes de mon imagination et pourtant ne pouvant m'empêcher d'aller plus loin... *(Werther.)*

... Un monde de pressentiments obscurs plutôt que des images nettes et des forces vives... Tout flotte vaguement. *(Werther.)*

Tout flotte et vacille de telle sorte... que je ne puis saisir aucun contour. *(Werther.)*

Un ensemble immense et comme voilé d'un brouillard s'étend devant notre âme. *(Werther.)*

[Il y a] métamorphose de la vie infinie en un gouffre... *(Werther.)*

[Plus tard. A propos de Winckelmann Goethe parlera d'un *retour à un point limité*.]

Dans une déclaration tardive (1800) Goethe déclarera : « Une particularité me détermine toujours... »

NOVALIS

Où suis-je ? où sommes-nous ? Telle est la question que se pose, comme tout *homo viator* égaré dans l'existence, le héros du roman fameux de Novalis, Henri d'Ofterdingen. C'est déjà la question que se posait saint Augustin, inquiet de ne pas être clairement assuré de la voie qui mène à Dieu. Et ce sera aussi, après d'innombrables autres pèlerins errant dans l'existence et troublés de ne pas connaître la bonne route, la question que se posera Marcel, le héros du roman de Proust, se réveillant dans l'obscurité et se découvrant incapable de déterminer dans quel moment et dans quel lieu il est en train d'exister.

Où suis-je ? où sommes-nous ? Si nous tenons à rappeler la place prise par cette petite phrase en tant d'épisodes de l'histoire de la pensée humaine, c'est qu'avant ou après bien d'autres Novalis et son héros la prononcent avec une certaine solennité. Par là ils se rattachent à une longue tradition, celle des êtres qui s'interrogent sur leur destinée. Dans le voyage entrepris par Ofterdingen et qui va le mener à travers les temps et les pays, la question : « Où suis-je ? », apparaît à plus d'une reprise comme une demande urgente et essentielle, et néanmoins à laquelle il est difficile de répondre. Question plus essentielle peut-être encore que cette autre, si fréquente aussi : Qui suis-je ? Que suis-je ? parce qu'elle a sur celle-ci une espèce de priorité. D'une part, le pèlerin qui la pose a le sentiment de se trouver au seuil d'une nouvelle existence, et, d'autre part, il ne peut se figurer ce que sera celle-ci. Aussi sa pensée oscille-t-elle entre des perspectives plus ou moins déterminées.

Qu'il avance, ou croie avancer dans l'existence, qu'il suive dans le cours de son voyage un chemin qui le conduira d'abord dans sa propre enfance, puis dans les temps où vécurent ses aïeux, puis, toujours plus loin, dans la profondeur des âges révolus, et enfin même dans une antériorité qui précède toute la suite des âges, tout cela, toutes ces découvertes sur lui-même ne se feront pas par progression mais par régression. En se demandant où il est, Ofterdingen est amené à se reporter indéfiniment en arrière, c'est-à-dire à se dépouiller successivement de ses acquis et à se rapprocher de la nudité originelle. Tel est le chemin parcouru par Novalis, comme par son héros, vers la connaissance de soi, chemin qui, au lieu de le mener vers le futur, lui fait acquérir une connaissance, avant tout, régressive. Et ce n'est pas même encore assez dire. Le mouvement rétrograde de la pensée ne se contente pas de mener le héros jusqu'au moi primitif. Ce serait là simplement renforcer le moi dans sa positivité, le débarrasser du superflu pour mieux faire apparaître son importance en tant qu'individu. Or, telle n'est pas la direction dans laquelle Ofterdingen s'engage. Il pénètre dans le *dessous* de l'existence, dans la région obscure où les traits individuels s'estompent, puis les traits familiaux, puis ceux de la race; puis, en deçà même des divisions qui séparent les différentes parties du temps, dans une région plus impersonnelle encore de la vie subjective, là où les divisions du temps n'existent plus. Les expériences se fondent les unes dans les autres. Tous deux, Ofterdingen, symboliquement, et Novalis, métaphysiquement, se trouvent poursuivant une aventure idéale — ou mentale —, qui semble avoir pour aboutissement — s'il est permis de parler encore ici d'aboutissement — un état ultime, indivisible, toujours identique à lui-même, et où l'être ne se trouverait plus situé, selon les termes mêmes de Novalis, *dans une succession chronologique déterminée*. A ce point de l'ascèse dégressive, le voyageur se verrait ou se retrouverait dans un temps sans passé ni futur, sans division d'aucune sorte, un temps, à strictement parler, indéterminé, à peine différent de l'éternité proprement dite.

Or, dans la pensée de Novalis, il est visible que ce qui se passe pour le temps a lieu aussi, de la même façon pour l'espace. L'enfoncement d'Ofterdingen dans une durée profonde qui finit par se confondre avec l'intemporalité correspond à un approfondissement analogue dans le domaine de l'espace. Tout commence ici encore par un mouvement de retrait qui se prolonge dans la distance. Les formes visibles se font plus lointaines. Par un phénomène onirique de même nature, l'image même que le voyageur présente de lui-même paraît s'éloigner de lieu en lieu, comme elle le fait d'époque en époque. On le voit s'enfoncer dans un monde souterrain et même sous-marin. L'unification des temps et la confusion des formes produisent le même effet. Ce sont des phénomènes obéissant aux mêmes lois. Un état d'âme unique tend à se substituer à la diversité des réactions successives. Il n'a pas d'autre objet que de montrer, fondus en une seule unité spatio-temporelle indéfinissable, les états d'âme successifs ou dispersés, que d'ordinaire les divisions du temps et de l'espace nous forcent à distinguer les uns des autres. Toute détermination reposait sur la division. Maintenant plus rien ne s'oppose à ce que les états différents se confondent. Ils cessent d'être perçus séparément. Les particularités qui les opposaient s'estompent. Les déterminations se perdent dans une indétermination générale. Alors la pensée ne perçoit plus qu'un objet très simple, sans forme aucune, occupant indifféremment tous les points du temps et de l'espace. Cette simplification infinie des perspectives ne peut avoir sur l'esprit qu'une influence profondément apaisante. Tout doucement la pensée renonce au besoin qu'elle avait d'établir partout des distinctions.

Ainsi la pensée novalisienne suit sa pente. Elle passe par un certain nombre d'étapes, toutes négatives. Peut-être une des plus importantes, une de celles sur lesquelles le poète a le plus insisté, c'est la disparition graduelle de la lumière. L'univers conçu par Novalis — on ne peut que le constater — a tendance à s'enfoncer dans la nuit. C'est que la nuit est de toutes les réalités la plus favorable à la sérénité et à la profondeur, parce que essentiellement négative. Elle engendre par polarisation un univers équivalent à celui de la lumière, mais de signe contraire : un univers entièrement ténébreux. Novalis est séduit par lui, il se soumet à son empire. Sa poésie ne se contente pas de fuir le jour, elle a pour dessein exprès de le remplacer par la nuit. La poésie novalisienne est la plus nocturne de toutes les poésies. La nuit y apparaît comme une puissance négative, engendrant un univers nocturne. Elle sécrète une substance obscure qui a pour office de voiler les formes, de les ensevelir dans les ténèbres. Ce phénomène va bien au-delà d'une simple suppression de la lumière. Il engendre l'obscurité, le vague, le non-formel. L'univers devient un univers sans forme. C'est ce que Novalis reconnaît lorsqu'il écrit : « En ce moment il nous semble que nous sommes intérieurement obscurs, solitaires, sans forme. »

Bien entendu, tel qu'il est décrit par Novalis, cet état n'est nullement déplorable. Il est au contraire l'image même de la perfection. Parfois Novalis se complaît à la décrire simplement sous l'aspect d'une diminution discrète mais progressive de la lumière ambiante. Comme tous les romantiques allemands, il aime les lumières crépusculaires. Dans la nature externe comme dans les sentiments, il recherche les voiles, la pénombre, les apparitions vagues et incertaines. C'est qu'en se dérobant à la lumière du jour les formes disparaissantes inspirent le désir de les voir céder définitivement la place à la nuit profonde, c'est-à-dire à l'apparition d'un monde purement négatif. Voici en quels termes le poète s'adresse à la nuit dans les Hymnes qu'il lui a consacrées : « La domination de la nuit ne connaît ni durée ni espace. Eternel est le temps du sommeil. »

L'espace et le temps de la nuit sont donc des lieux rêvés que Novalis vénère entre tous. Est-ce en raison de la propriété qui est la leur de n'avoir aucune positivité, de n'avoir pas d'être ? Est-il cependant concevable d'aimer ce qui se présente à nos sens comme dépourvu de tout signe indubitable d'existence ? Ou, à l'inverse, comme c'est peut-être le cas avec Novalis, ne faut-il pas admettre que ce qui lui fait tant aimer la nuit, c'est précisément qu'elle est un signe, mais un signe négatif. Etant *sans forme*, elle est par cela même une raison de la préférer à toute forme assurée d'exister. Là, peut-être, dans le mot *forme*, associé au signe négatif, réside le motif de la préférence de Novalis pour ce qui ne lui apparaît, au fond, que comme une absence ou comme un vide. Si les choses, d'aventure, lui plaisent fugitivement, ce n'est jamais à cause, mais en dépit de leurs formes. De toutes les formes, les seules qui le séduisent sont les plus vagues, les moins certaines, les moins actuelles.

D'où la préférence avouée par lui et que d'aucuns pourraient trouver exaspérante, pour tout ce qui trahit une absence de netteté. Il en donne lui-même l'explication : « Une disposition, des sensations *vagues*, des sentiments et des perceptions *indéterminés*, rendent heureux. » Réflexion du même ordre que toute une série d'autres, faites un peu plus tard par un autre grand poète romantique, l'Italien Leopardi dans le *Zibaldóne*. Novalis renchérit sur ce thème dans un autre passage que voici : « On se trouvera bien, lorsqu'on ne remarquera en soi *aucun penchant spécial, aucune suite de pensées ou de sentiments déterminés.* » Ces deux passages sont d'une extrême importance. Ils impliquent, à première vue, la fusion de deux tendances qui n'ont pas généralement l'habitude de se trouver associées, la tendance au vague et la tendance au bonheur. Le bonheur, sentiment de plénitude, est ici lié au contraire d'une plénitude, sinon à un vide, au moins à une incomplétion, à une privation.

Mais, peut-on se demander, Novalis prend-il le mot *indéterminé* dans son sens purement négatif ? Qu'il signifie dans la pensée du poète une privation de formes distinctes, il n'y a pas de doute. Mais l'indétermination se rapportant à certain trait particulier de la réalité ne prétend pas nécessairement signifier un manque d'être absolu. Elle implique une limitation, il est vrai, mais le paradoxe est que la limitation en question opère précisément sur tout ce qui pourrait limiter l'expérience. Toute *détermination*, quelle qu'elle soit, en raison des limitations mêmes qu'elle impose, se fait au détriment de la valeur de l'expérience. Ce qui se trouve donc exprimé dans ces deux passages par Novalis avec une insistance exceptionnelle, c'est le caractère véritablement illimité que doit avoir toute possession de la réalité par l'esprit. Illimité, en ce sens qu'il doit s'élever librement au-dessus de toutes les déterminations — en particulier, spatiales et temporelles — qui tendraient à donner de la réalité une interprétation restrictive, alors que la chose désirable est de se dégager de toutes les restrictions, précisions et déterminations, afin de laisser apparaître au-delà une simple présence, nue, indéfinissable, illimitée, indéterminée, qui, de toutes les présences, est la seule parfaite ou la seule authentique. Non que Novalis recherche *a priori* les vastes horizons. Il rechercherait plutôt, ce qui n'est pas la même chose, une absence d'horizon. De même, l'indétermination dont il est question ici n'est pas présentée comme une simple privation de détermination, mais comme la faculté de passer outre, de survoler, de pressentir les profondeurs, ce qu'une perception trop attentive aux limites n'aurait pas permis d'évoquer. D'où chez Novalis, comme chez quelques autres poètes de la même école, une absence évidente de sens historique comme de sens perceptif (pris dans sa signification restrictive), les deux se combinant d'ailleurs avec une absence égale du sens des individualités. Tout ce qui est perçu dans le monde novalisien ne s'offre jamais au regard comme appartenant spécifiquement à un temps ou à un pays déterminé. Il n'appartient jamais, non plus, et pour les mêmes raisons, à l'univers clos qui est celui d'une pensée rigoureusement individualiste. La connaissance de soi et du monde n'est pour lui, tout simplement, qu'une connaissance intérieure ou extérieure de l'être saisi dans sa généralité. L'homme ou la nature, tels qu'ils se présentent en eux-mêmes, sans détermination aucune, telles sont les présences que nous pouvons trouver sans ornement dans l'œuvre de Novalis, comme nous pourrons les trouver un siècle et demi plus tard dans l'œuvre de Musil.

On voit que la moindre déviation ou complication introduite dans cette recherche obstinée de la simplicité aurait pu avoir des conséquences désastreuses pour tout écrivain partageant le point de vue de Novalis. Elles auraient immédiatement bloqué chez celui-ci ce qu'il considérait comme le seul moyen d'atteindre le fond de l'être. Novalis ne veut qu'une seule chose : participer à cette révélation inanalysable qui nous est faite de l'homme, ou de la nature, lorsque nous considérons en eux, directement, uniquement, l'expérience de l'être. Expérience évidente, indéniable, indécomposable, mieux comprise peut-être par notre sensibilité que par notre intelligence. Celle-ci veut toujours aller au-delà ou au-dedans, alors qu'il n'y a ni d'au-delà ni d'au-dedans. Il s'agit, sans complication, sans particularisation, de reconnaître ce qu'il y a, voilà tout. « Dans le futur, dit Novalis, *toutes les limites, toutes les déterminations tomberont d'elles-mêmes.* » En fait, pour qui le veut, elles tombent dès à présent. Elles n'existent, en effet, qu'à partir du moment où, par une erreur de calcul, on les surajoute à la somme de l'être. — Ce qui nous laisse à supposer que le vrai est toujours indéterminé.

Il résulte de ces réflexions que nous sommes toujours dans l'indétermination, qu'elle est notre vraie nature. Nous n'en pouvons jamais sortir. Le mérite de Novalis et de son héros, Ofterdingen, c'est de s'apercevoir que ce qui est là a toujours été là, sinon réellement, au moins potentiellement. Nous avons l'habitude, la très mauvaise habitude, de chiffrer ou de dater ce que nous éprouvons. Nous séparons nos expériences les unes des autres, nous réservons à chacune une case particulière. C'est là ce que nous appelons des déterminations. Dès le moment où nous les avons différenciées, elles ont perdu le seul pouvoir — négatif d'ailleurs — qu'elles avaient, celui de rentrer les unes dans les autres, de se confondre dans le même ensemble. Elles ont cessé d'être vagues, d'être profondes, d'être obscures, d'être magiques, elles ont perdu aussi le pouvoir singulier et merveilleux d'abandonner toute forme particulière et de se fondre ainsi en une seule et même façon d'être. Tout espoir est-il perdu de les retrouver telles qu'elles étaient avant leur défloration ? Peut-être. Il faudrait parvenir à les refondre, à les unifier, à les identifier, à les ramener, en somme, en deçà de ce point de détermination où nous avons le malheur de les fixer. C'est ce que Novalis s'essaye à faire. Ce point de détermination, pour lui, c'est l'*unité*, ou plutôt le *un*, fondement et principe de toute réalité déterminée, créée par le besoin que nous avons de considérer ce que nous regardons, quel que ce soit, comme indépendant, détaché de tout, non identifiable avec quelque autre réalité particulière. Toute détermination, en effet, est une séparation. Pour retrouver l'union ainsi disparue, il faut donc, pense Novalis, remonter en deçà du *un*, donc en deçà du point de détermination absolu. Il faut atteindre — ce qui peut sembler très étrange à première vue — le *zéro*. Qu'est-ce en effet que le Zéro ? Pour Novalis, ce n'est pas une quantité purement négative. C'est une négation de toutes les négations qui surabondent autour d'elle. C'est, par conséquent, la non-détermination par excellence; mais c'est aussi, virtuellement, puisqu'elle n'est rien en elle-même, la possibilité de devenir n'importe quelle détermination que ce soit. C'est donc ce que Novalis appelle une non-détermination positive. Il lui donne aussi un autre nom : il l'appelle *liberté*.

Libre, infiniment libre, aucun objet particulier ne peut lui convenir. Le monde réel, fait de déterminations multiples et de virtualités solidifiées, ne saurait donc être considéré comme un terrain satisfaisant pour les manifestations littéralement infinies de la pensée indéterminée, dont l'autre nom est pensée libre. Dans le monde externe — ou réel — son rayonnement ne peut que se heurter à ce que Novalis désigne sous le nom de « résistances ou déterminations imposées au Moi par le Non-Moi ». — Mais dans le monde interne, dans le monde de notre propre pensée, rien ne s'oppose à l'unification libre que nous pouvons faire du moi-sujet avec les objets qu'il se donne. Une pensée pure, une image pure, un sentiment très simple sont engendrés par nous, sans que nous ayons besoin d'avoir recours à des déterminations externes. L'objet est intériorisé, il n'est donc plus différent du sujet, mais se confond entièrement avec lui. Il constitue avec lui une unité inséparable, un sujet-objet, où il n'y a plus d'objet individuel, mais « une non-séparation, une non-numération, une indistinction » (ce dernier terme employé par Novalis étant tout à fait synonyme d'indétermination). A supposer que, dans ce dernier état, l'on éprouve encore le besoin d'exprimer ce qu'on éprouve, plus aucun sujet *déterminé* ne pourrait mériter qu'on s'y arrête. Les seules « formes » qu'à ce niveau le poète puisse concevoir ne pourraient plus être que des formes sans forme, ces étranges créations de l'esprit qu'à un moment donné Novalis appelle « une pure modulation d'états d'âme ».

Citons, pour conclure, la phrase suivante, tirée d'un *Traité de la nature*, écrit par l'un des compagnons les plus proches de Novalis, Lorenz Oken : « Le zéro idéal est l'unité absolue, la Monade; non une individualité comme un objet individuel, comme le nombre 1, mais une non-séparation, une non-numération, dans laquelle on ne peut trouver ni 1, ni 2, ni ligne, ni cercle; bref, c'est une *indistinction*, une homogénéité, une clarté ou transparence, une pure identité. »

FICHTE

Il faut commencer par le Moi et par la distinction qu'il convient de faire dans ce Moi entre la partie intuitive et active de lui-même, d'une part, et, d'autre part, le Moi en tant qu'Idée, c'est-à-dire en tant qu'objet idéal de cette activité pensante. Le Moi-idée n'existe pas réellement, il ne peut donc être qu'imaginé et approximé.

Toute conscience de soi est déterminée par cette activité consciente qui est en elle et qui est elle, ou qui en est la condition essentielle. Or cette activité fondamentale ne saurait être conçue à aucun degré comme un simple objet situé dans la conscience et qui pourrait être découvert par une observation interne. Elle est pure liberté, perçue en tant que telle et qui ne peut être regardée comme étant ou ayant jamais été un être en soi.

S'il s'agissait du Moi comme pensant à un objet déterminé, il y aurait distinction explicite dans la conscience entre le sujet pensant et l'objet qu'il pense. Mais s'il se pense directement lui-même, le moi pensant et le moi pensé sont un seul et même moi. Celui-ci est à la fois sujet et objet. C'est en cette identité absolue que consiste la véritable nature du moi. Le moi est ce qui ne peut être sujet sans être dans le même acte indivisible objet, et qui ne peut être objet sans être du même coup sujet. Et réciproquement tout ce qui a cette caractéristique n'est autre que le Moi. Les deux expressions sont identiques.

L'infinitude du moi peut être limitée. Point de sujet sans un objet, point d'objet sans un sujet. Mais par l'imagination productive, le moi, en lui-même infini, devient fini, et le défini ou *déterminé* devient possible. Cette imagination productive est ce qui tire les objets définis de l'infini vide et informe. A chaque instant donc, le moi, en raison de la propriété qu'il a d'étendre indéfiniment la sphère de son être, peut donc prolonger celle-ci dans toutes les directions, mais il ne peut le faire qu'à la condition de poser en face de lui quelque chose qui n'est pas lui, c'est-à-dire un non-moi. Il rencontre une résistance et se sent *limité*. La détermination de son moi vient donc non des objets eux-mêmes, mais de la conscience qu'il se sent refoulé ou arrêté.

FICHTE : TEXTE

Le moi, une fois qu'il a pris conscience de lui-même, éprouve le besoin de se déployer et de s'étendre. Il rencontre alors une résistance en dehors de lui; il se sent *limité*, *déterminé*. (A. Bossert.)

Dès ses premiers écrits, c'est-à-dire dès la publication des *Idées sur la philosophie de la nature*, datant de 1797, Schelling insiste sur l'unité fondamentale de la nature et de l'esprit. Il en déduit l'existence d'un mouvement par lequel les forces inconscientes de la nature s'efforcent de s'élever jusqu'au niveau de la vie spirituelle. Durant cette période Schelling cherche à définir l'origine commune de ces deux réalités. Toutes deux tendent à atteindre l'unité absolue de l'objet et du sujet. Elles y tendent selon les règles d'une dialectique qui met en jeu deux pôles, le pôle objectif et le pôle subjectif.

Déjà à cette époque la pensée de Schelling se montre très voisine de celle de Novalis. Pour l'un et l'autre une poésie inconsciente se dégage de la vie de la nature. Elle éclate au grand jour en tant que conscience chez l'homme. Ceci ne signifie pas qu'il y ait évolution au sens donné à ce terme par Darwin. Il y aurait pour Schelling une transmutation progressive de l'objectif en subjectif, phénomène dont il essaie de décrire les étapes.

Plus tard, sous l'influence de Franz von Baader et, par son intermédiaire, sous celle de Boehme, Schelling fait un pas de plus et décrit le processus par lequel cette subjectivation progressive de la nature s'accomplirait. La source serait l'*Ungrund*. Pour Baader, en particulier, tout acte de conscience proprement dit tire son origine d'un état négatif, l'*Ungrund*, qui laisse supposer l'existence d'une division ou dispersion originelle, régnant dans les profondeurs abyssales de la vie. L'*Ungrund*, principe négatif, serait néanmoins le germe d'un principe opposé, positif celui-là, le *Grund*. Il se formerait par une sorte de dépassement relativement à l'*Ungrund*. Ainsi se créerait une antithèse fondamentale au sein même de la réalité. Le fond obscur, irrationnel, racine de l'être, se purifierait et s'harmoniserait dans son contact avec le monde divin. Il y aurait négations, et négations de ces négations, dans un vaste déploiement dialectique tendant à une fin qui ne peut être autre que le triomphe du principe lumineux et de la pleine conscience dans la liberté. C'est aussi la victoire du sujet sur l'objet. Le Moi émerge donc d'une sorte d'enfouissement initial dans les ténèbres de l'objectivité radicale et, en s'affranchissant des ténèbres, conquiert sa liberté.

SCHELLING : RÉSUMÉ DES POINTS ESSENTIELS

D'abord un arrière-fond de l'existence sans lumière ni conscience.

Le point de départ du mouvement n'est pas un point vide, ni actif, mais une négation à laquelle s'oppose une négation de cette négation...

Qui veut s'élever doit commencer par se rétracter, par se retirer vers sa racine, qui veut croître doit commencer par se rétrécir.

Pas de conscience sans quelque chose qui en est exclu et qui par elle, simultanément, est pourtant attiré.

L'inconscient et le conscient en Dieu se découvrent dans l'acte indivisible par lequel s'accomplit le passage de l'un à l'autre.

HEGEL

Si l'on veut distinguer dans la dialectique de Hegel le progrès de l'Idée, tel qu'il se trouve décrit depuis son point de départ qui est l'indétermination pure jusqu'aux déterminations qui en seront l'achèvement, il faut passer par un certain nombre d'étapes définies. Voici la description de quelques-unes :

1) D'abord l'Idée est saisie dans son indétermination originelle, c'est-à-dire dans la forme la plus abstraite et la plus générale qu'on puisse concevoir. Sans aucun lien

avec le dehors, elle est pure virtualité. Elle est le moi existant en lui-même, sans rapport réel avec un monde extérieur non encore reconnu. Dans l'absence de toutes formes, l'Idée est seul principe actif, mais indéterminé et abstrait. Elle n'existe que dans sa généralité et ne sortira de son indétermination que lorsqu'elle extériorisera ce qui n'existe encore qu'en elle-même, idéalement.

L'exemple unique que Hegel donne de l'Idée ou de l'Etre à l'état indéterminé dans sa solitude initiale, c'est l'Absolu. On n'en peut donner de définition que négative. Il est l'Etre qui se pose en lui-même, la forme absolue, ou, si l'on veut, la totalité encore soustraite à toute forme.

2) Une étape sera franchie lorsqu'on verra l'Idée dans son développement. Un cas particulier important sera celui de l'esthétique. Là, l'Idée, indéterminée à son départ, apparaît comme se cherchant une forme. Dans cette recherche, privée qu'elle est maintenant de sa forme absolue, aspirant d'autre part à une unité qu'elle n'a plus, tendant à des précisions et à des déterminations nécessairement contraires à sa nature originelle, elle devient confuse. Il lui faut à tout prix extérioriser l'universel qu'elle contient au moyen de formes particulières. Elle y arrive à grand-peine en procédant à partir de la représentation indéterminée qu'elle se fait de son univers en elle-même, pour aboutir à s'en donner des déterminations.

3) On peut considérer enfin, comme illustration exemplaire de cette transformation de l'indéterminé en déterminé, le cas de la musique.

Il se rattache plus étroitement que tout autre à l'état originel de l'Idée, et cela par la nature propre de l'activité à laquelle elle se trouve consacrée. Comme l'Idée pure, en effet, elle a quelque chose d'essentiellement négatif. Son intériorité est similaire à l'intériorité de l'Idée saisie en elle-même. C'est, dans le cas de la musique, le sentiment se présentant dans l'absence de toute forme. Cette informité s'y traduit par le caractère perpétuellement évanouissant de toute expression qu'elle se donne. Elle n'a d'autre contenu que la subjectivité pure.

Celle-ci se révèle donc comme sans objet quant à son contenu et quant à son mode d'expression. Par une espèce de paradoxe, cette absence d'objectivité constitue pourtant le côté formel de la musique, en ce sens qu'elle se présente comme forme de l'informe. A la différence des autres arts, elle n'a pas, dit Hegel, d'aboutissement objectif. Si, grâce à elle, l'auditeur est ému, touché, ce n'est pas en raison de quelque objet, en d'autres termes en raison de tel ou tel contenu déterminé, mais parce que l'action exercée par la musique s'exerce au cœur même de la vie spirituelle, mise par lui en mouvement.

De tous les arts, la musique est donc le seul ou le mieux placé pour s'affranchir d'un contenu déterminé. Sa tâche se résume à rendre l'intériorité perceptible à elle-même. Ainsi, ce qui est objectivité dans la musique, c'est directement le moi lui-même, dans son intériorité propre. Devenu, d'un côté, pur sentiment de soi, il n'est pourtant pas une simple succession, sans détermination, des moments du temps. La pensée n'est plus ici en présence d'une indétermination vide, d'une persistance indéterminée de la conscience de soi dans la vacuité de la durée. Il y a orientation vers une unité déterminée.

4) Reste à dire un mot sur ce que Hegel appelle la « conscience malheureuse ». Comme dans le cas de la musique, on y relève une sorte de conflit entre le thème de la séparation et celui de l'union. Mais, dans la conscience malheureuse, cela se traduit par une inquiétude proprement dite, même une angoisse, tournant au vertige, aboutissant à un désordre cyclique qui ne cesse de s'engendrer et de se réengendrer. D'où un phénomène extrême de confusion qui risque de se prolonger sans terme, par un renversement constamment alterné des tendances, créant un imbroglio perpétuel, un tâtonnement intérieur sans trêve.

En premier lieu, il y a recherche de l'unité, aspiration à l'unité absolue. L'art n'a pas encore de forme précise et définitive... On se trouve en présence de l'Idée non déterminée, sans forme.

L'identité simple et parfaite de l'absolu est une identité indéterminée, ou plutôt une identité d'où toute précision de l'Essence et de l'Existence, ou de l'Etre en général et de sa réflexion est absente. C'est pourquoi la définition de l'Absolu ne peut être que négative.

Pour que l'idéal s'offre à nous dans un contenu déterminé, il est nécessaire qu'il ne demeure pas infiniment dans sa généralité... L'art ne peut se contenter de représenter un état du monde général, mais doit procéder à partir de la représentation indéterminée à la description d'objets déterminés.

[Cependant] de tous les arts la musique possède la plus grande possibilité de s'affranchir... d'un contenu déterminé... Elle rend l'intériorité visible à elle-même.

FRIEDRICH SCHLEGEL

« L'univers, dit Friedrich Schlegel, n'est qu'un jeu du déterminé et de l'indéterminé. » Cette réflexion ne fait que répéter toute la philosophie romantique allemande. Pour un Hegel, pour un Schelling, comme pour un Friedrich Schlegel, l'établissement d'un lien entre la pensée indéterminée et la pensée déterminée est le grand jeu par excellence. Il se pratique chez quantité de philosophes. De l'indéterminé, c'est-à-dire de la pensée divine considérée dans son fond le plus reculé, pensée obscure, latente, sans forme, mais, pour cela, potentiellement infinie, découlerait, par le jeu dialectique, une pensée humaine définie et déterminée, et c'est de l'opposition, mais aussi de la combinaison entre ces deux pensées antinomiques, que naîtrait l'histoire de l'univers. L'essentiel dans une telle conception c'est que la pensée indéterminée est représentée comme ayant la source et l'initiative. C'est d'elle que dépendraient toutes les déterminations qui s'ensuivraient.

Remarquons que la situation se présente de façon assez semblable, mais curieusement inversée, dans la philosophie de Schlegel. Si, pour lui aussi, l'univers apparaît comme le résultat d'un jeu entre ce qu'il appelle l'indéterminé et le déterminé, le premier de ces deux termes, pour lui, n'est pas l'indéterminé, mais le déterminé : le premier, en tout cas, dans l'expérience pratique que nous avons de leurs interventions. C'est que Schlegel ne se place pas, comme Hegel ou Schelling, dans le domaine du métaphysique, mais dans celui du psychologique, c'est-à-dire dans la conscience d'une expérience personnelle. Moi qui pense et qui me pense, prenant conscience de moi-même, je me découvre engagé dans une situation mentale qui me concerne directement et que je subis. Je me perçois moi-même dans la détermination que je prends, et je me vois comme indivisiblement lié à cette détermination. Mais je me découvre aussi, contradictoirement, dans ma capacité et mon désir de dépasser cet état premier de détermination, qui, à la fois, me fait et me limite. Ce désir de dépassement est réalisable en raison du fait que mon être, si limité actuellement qu'il puisse être, est directement issu du pouvoir illimité que possède la réalité indéterminée. Ce pouvoir est en moi, dans un sens il est encore moi. Si je veux, il est donc en mon pouvoir d'échapper à moi-même. Je me découvre libre, libre de ne pas me laisser limiter et fixer par moi-même, libre de me soustraire à la détermination en laquelle je me reconnaissais entièrement dans le moment précédent. Me voici donc maintenant dépassant cette détermination en prenant une décision qui lui est contraire, et qui a pour effet d'abolir l'être que j'étais, donc un acte d'autodestruction. Je suis toujours moi, mais un moi maintenant libéré de sa limitation, affranchi de sa détermination, donc pleinement libre. En raison de cet acte, la substance de mon moi m'apparaît maintenant comme entièrement indéterminée. Toutefois je ne puis demeurer dans cette indétermination. Le désir de me dépasser, que j'éprouvais déjà précédemment, se répète. Il m'inspire l'envie de procéder à une nouvelle reconstitution de moi-même par moi-même. Ce processus ne peut que se répéter indéfiniment dans un mouvement qui repasse par les mêmes étapes, et qui implique une succession d'autocréations et d'autodestructions.

Restent dans l'analyse de ce mouvement complexe deux points essentiels à considérer. Le premier concerne ce qu'on a coutume d'appeler ironie romantique, sentiment considéré comme très important par Schlegel. Il consisterait, selon lui, dans l'état ambigu où se trouverait la pensée humaine, quand, dans son progrès toujours irrégulier, fait, comme nous l'avons dit, d'autodestructions et d'autocréations, elle passerait d'une expérience de soi-même à une autre. Si ce passage, le plus souvent sans transition, se fait d'un état inférieur à un autre qui se révèle comme supérieur, le jugement qui se trouve ici impliqué ne peut s'accomplir, selon Schlegel, qu'en entraînant une brusque altération du jugement antécédent porté par le sujet sur lui-même. Il perçoit alors un changement radical de valeurs, ayant pour conséquence un état nouveau, exceptionnel, de lucidité, que Schlegel qualifie d'*ironique*. Ce sentiment n'affecte pas seulement l'objet jadis prisé, et maintenant méprisé, il frappe aussi le sujet lui-même, le moi pensant, qui, *ex abrupto*, se voit jeté du passé dans le présent, ou, pour exprimer avec plus de force cette transformation de soi, confronté dans une sorte de simultanéité grotesque, avec un autre être qui serait l'envers de lui-même. L'ironie souligne donc le caractère foudroyant, presque inassimilable, de la confrontation. Elle provoque un retournement de soi total. De plus, et surtout, en raison de la coupure violente qu'elle instaure, elle donne l'occasion de mesurer la distance, littéralement infinie, qui semble maintenant séparer l'état ancien, fait de limitation et de détermination, de l'état nouveau, qui est celui où l'on voit surgir un moi libéré, donc, dans un sens, indéterminé, si l'on entend par indétermination la capacité, dans ce cas-ci, entièrement recouvrée de prendre librement conscience des possibilités de son être.

Mais il est un autre état aussi, qui, dans l'esprit de Schlegel, est susceptible de créer la même libération de l'être, un état qui, comme celui de l'ironie, a pour effet de faire aussitôt échapper celui qui en fait l'expérience, à la même détermination que dans le cas précédent, c'est l'amour, ou plus précisément, l'influence salvatrice exercée par ce sentiment sur l'être déterminé qui en devient le sujet. L'homme, en effet, est pour Schegel l'être qui risque le plus de se trouver limité ou fixé dans son activité spirituelle. Il s'expose à devenir le prisonnier de ses déterminations. Alors intervient la femme, c'est-à-dire l'être sur qui les déterminations ont infiniment moins de pouvoir que sur l'homme. La femme est l'indétermination même. Sa pensée est instable, confuse, mais précisément par la *confusion incitatrice* (expression de Schlegel), qui est dans sa nature et qui exerce sur l'homme une espèce de séduction irrésistible, elle joue vis-à-vis de lui un rôle mystérieux mais salutaire et exaltant. Elle restitue à l'homme les richesses magiques de l'indétermination.

FRIEDRICH SCHLEGEL : RÉSUMÉ DES ÉTAPES

L'ironie romantique, dans son élévation vers l'absolu, procède par négations successives.

Successions d'autocréations et d'autodestructions impliquant une liberté absolue.

L'esprit ne peut se satisfaire d'autodéterminations particulières.

Continuelle négation de soi comme limité, comme fini.

D'où une détermination de soi toujours dépassée et toujours recommencée, qui se poursuit à l'infini.

Principe mâle du déterminant. Principe féminin de l'indéterminé.

D'un côté, il y a la confusion incitatrice de l'indéterminé, et, de l'autre, la puissance géniale du principe masculin formateur, afin que se réalise la formation.

SOLGER

Solger est hanté par le spectacle que lui offre toujours le passage soudain d'un contraire à un autre. Ce qui le frappe par-dessus tout, c'est le retournement brusque d'une certaine situation ou action, par exemple, de l'idéal au réel ou du réel à l'idéal. Ainsi le spectacle de la puissance divine, au moment où elle fait irruption dans la réalité sensible, se trouvant occultée par celle-ci, ce qui entraîne un revirement immédiat.

Le conflit des tendances opposées se succédant l'une à l'autre engendre au dire de Solger une réaction spéciale que Solger qualifie d'ironique. Il y a ironie et même parfois double ironie, lorsque les deux tendances se nient réciproquement; et sont par conséquent conduites à nier leurs négations. Par là même, en se neutralisant ou en se détruisant, elles s'éclairent mutuellement et même s'approfondissent. Elles acquièrent une richesse imprévue du fait qu'elles se contredisent. Il y a là un processus de substitution constante qui interdit à la pensée de se fixer dans un sens défini, et même de se fixer dans aucun sens. La vérité réside peut-être, en effet, dans une sorte d'union dans la désunion, ou dans l'affirmation qui jaillit du choc causé par la contradiction. On peut comparer cet accord paradoxal avec celui du centre et de la circonférence, à celui de Dieu et de la création, ou de l'infini et du fini.

On peut y voir aussi — et c'est cela qui nous importe ici, l'union toujours contestée et toujours réaffirmée de l'indétermination (l'idéal en lui-même, l'absolu pris en soi) et de la détermination (l'idéal dans son rapport conflictuel avec les réalités particulières). Tel est le point de vue de Solger, très proche ici de celui de Hegel. L'essentiel, c'est que le rapport soit conflictuel. Il ne peut se manifester que dans le choc violemment négateur et destructeur de deux tendances contraires, créant ainsi une expérience que Jean Wahl qualifie de « spasmodique ». L'ironie, ainsi entendue, consiste dans le renversement incessamment renouvelé de telle situation. C'est, en somme, l'histoire de l'arroseur arrosé. Dans cette situation, l'artiste ou le penseur se trouve continuellement empêché de prendre au sérieux l'œuvre qu'il entreprend, en tant qu'elle indique une direction définie vers un but déterminé. Le manque de sérieux dont il prend conscience lui révèle l'effondrement de toutes les situations particulières, de façon que ne subsiste plus, dans un instant, mais dans un instant seulement, que l'Idée prise en elle-même.

SOLGER : TEXTES

Nous éprouvons dans notre conscience comme une fulguration de l'idée qui passe dans l'existence et s'y détruit. C'est un moment; un flux, un éclair qui s'évanouit en se déchargeant, mais qui dégage en nous une force supérieure et divine. (Cité par M. Boucher.)

Il y a d'une part un Divin transcendant dont nous ne pouvons rien déterminer et d'autre part des relations sans nombre avec le monde où nous vivons — et cela dans un éclair où le réel se consume en une vérité évanouissante.

... La puissance de Dieu en tant qu'elle fait irruption dans la réalité sensible...

Cf. Vladimir Jankélévitch, *L'ironie ou la bonne conscience*, p. 9 : Chez Frédéric Schlegel l'ironie est *verstand*, liberté du sujet surplombant l'objet; chez Novalis, *Gemüt*, liberté magique et

poétique transfigurant le monde, liberté romanesque, roman-
tisant la nature; l'univers est un conte. L'ironie est pouvoir de
jouer... Le hasard et le destin se rejoignent : liberté engloutis-
sant toutes les valeurs de culture, aboutissant à une sorte
d'*indifférence quiétiste*... Grâce à la poésie romantique, telle que
l'entend Jean-Paul, les frontières du monde objectif se dis-
solvent dans la pénombre du clair de lune, Hegel a beau
railler (*Esthétique*, III, 3) l'autocratie de ce moi ironique qui
ENGLOUTIT TOUTE DÉTERMINATION dévore toute particularité...
Par rapport à notre libre arbitre infini, toutes les choses condi-
tionnées *s'anéantissent dans le chaos de l'ironie, s'égalent dans le
rien*... chez Solger l'ironie [va plus loin encore] : c'est la
conscience de la révélation par laquelle l'absolu, dans un
moment fugitif, se réalise et du même coup se détruit.

HÖLDERLIN

Il y a toujours un point de départ dans la pensée de
Hölderlin, mais il est essentiel qu'il soit indéfinissable. A
strictement parler, ce n'est même pas un point de départ
proprement dit, mais plutôt un état initial, qui ne peut
avoir que des caractéristiques négatives (tel le *bleu du ciel*,
par exemple). On peut l'appeler matière, à condition de
ne concevoir cette matière que dépourvue de toutes
qualités positives. Elle n'a rien à voir, bien entendu, avec
la matière brute, proprement matérielle, telle que l'en-
tendent les matérialistes. Elle n'a absolument rien de
positif et ne montre rien de *donné*. Elle n'est même pas
potentielle, au sens où elle contiendrait en puissance ce
qu'elle serait apte à développer par la suite. Mais elle est
potentielle, en ce sens qu'étant absolument indéfinie elle
est susceptible de développements, encore qu'en elle-
même, en son fondement, elle ne soit que virtualité pure.
Enfin, n'ayant encore aucune inclinaison et pouvant les
épouser toutes, elle n'est qu'une présence idéale, une
activité sans objet, sans détermination, sans développe-

ment, sans individuation, restant purement générale. Peut-être, en suivant Fichte, ce que Hölderlin est parfois incliné à faire, pourrait-on accepter la formule suivante : il y a préexistence de la *tendance*; mais ce serait à condition de considérer cette tendance initiale comme absolument générale, précédant donc tout objectif déterminé, et n'étant en somme qu'une éclosion confuse de l'esprit, avant que celui-ci, en se développant, ne se détermine. Ceci équivaut à dire que le mot *matière* employé ici par Hölderlin lui-même est trompeur et insatisfaisant. Il devrait être remplacé par un autre signifiant un état préalable de l'être, et qui impliquerait non une conscience, mais une pré-conscience (quelque chose comme une sensibilité absolument obscure), et une objectivité sans objet particulier, donc totalement indifférenciée, qui serait comme le premier état de tout être.

Cette présituation étant décrite, rien ne s'oppose à ce qu'on la désigne — négativement — comme indétermination pure. A un degré moindre, plus concrètement, on peut la reconnaître dans certains états partiellement négatifs, tels que la pénombre, le silence, la nuit, les formes incertaines de la nature, le trouble, l'émotion vague, le rêve où tout se fond, et peut-être le bleu du ciel.

HÖLDERLIN : TEXTES

Perdu dans le bleu immense, souvent je lève les yeux vers l'Ether ou je les abaisse sur la mer sacrée... Ne faire qu'un avec toutes les choses vivantes, retourner, par un radieux oubli de soi, dans le Tout de la Nature... Toutes pensées fondent devant l'image du monde éternellement un. (*Hypérion*, p. 137.)

La matière doit être appropriée, assimilée par le poète... [C'est là un] effet. Cet effet est au fond l'identité de la matière, car c'est en lui que se concentrent toutes les parties. Mais il est indéterminé, la matière n'étant pas encore développée. (Pl., p. 611.)

Le poète, se sentant intégré par toute sa vie intérieure et extérieure au ton pur de son émotion originelle, regarde son univers... Tout se montre à lui comme la première fois, c'est-à-dire que tout est incompris, indéterminé, à l'état de pure matière et vie diffuse; et il est essentiel qu'en cet instant il n'accepte rien comme donné, que rien de positif ne lui serve de point de départ. (Pl., p. 630.)

Car si quelque image de la nature et de l'art, sous une forme déterminée, préexistait pour lui à cette réflexion sur la matière infinie et la forme infinie, le poète se placerait en dehors de son champ d'efficacité. (Pl., p. 630.)

... planant de manière indéterminée entre son fondement et son objet... (Pl., p. 626.)

Mon cœur se plaît dans cette pénombre... Tout mon être fait silence et écoute... (*Hypérion*, Pl., p. 133.)

La nuit éclairée d'astres était devenue mon élément. Quand le silence s'y établissait... commençait le plus beau temps de mon amour.

... Je me retournai une dernière fois et vis encore un instant trembler devant mes yeux une forme incertaine, puis s'enfoncer dans la nuit.

JEAN-PAUL RICHTER

On ne saurait décrire exactement le spectacle offert par les œuvres de Jean-Paul Richter. On y rencontre des êtres vagues, engagés dans des occupations vagues, perdus dans leurs pensées vagues. Jamais aucun auteur n'a reflété avec autant de persévérance un univers qui, en dépit des détails accumulés pour nous le rendre vivant, s'avère avoir aussi peu de consistance. Ou bien l'auteur semble avoir commis inconsciemment la faute de réduire chaque fois ce monde, en dépit de tous ses efforts, à une sorte de conglomérat insubstantiel de formes en désordre, qui enlève au lecteur tout espoir d'y jamais rien trouver de déterminé. Ce n'est ni l'univers grandiose du chaos premier, décrit par Du Bartas, ni celui de la pensée divine, encore virtuelle, que Maurice Scève nous évoque, avant que s'y imprime le dessein de la création. C'est un monde primitif sans grandeur, mais non sans une certaine fraîcheur rustique, comme s'il avait su préserver quelque chose de la naïveté pastorale, et qui paraît voué à présenter toujours les mêmes aspects inoffensifs, les mêmes sentiments, les mêmes comportements, cependant que s'y déroulent des scènes champêtres improbables.

Pourtant une sorte de courant traverse ces régions. Il est lent, parfois presque inexistant, rendu d'autre part plus difficilement discernable par l'intervention de multiples autres courants venus on ne sait d'où : le tout étant alourdi par une foule confuse de figures qui, trop faibles pour se démarquer les unes des autres, perdent inévitablement au bout de quelques pages le caractère distinctif qu'elles s'efforçaient d'avoir.

En dépit donc de la constance avec laquelle certaines images viennent apporter leur tribut à l'ensemble, rien ne peut empêcher l'inévitable désagrégation, ou peut-être uniformisation, de l'œuvre prise dans son entier. Par un phénomène assez bizarre, mais dont il n'est pas impossible de fournir une explication satisfaisante, la variété des effets qui est ici considérable a le même résultat qu'une persévérante monotonie. La confusion aboutit à une fusion. La multiplicité se fond en unité. Le changement se mue en permanence. Il n'est pas difficile d'en voir la cause. Un glissement continu se fait, qui va généralement de la lumière à l'ombre, de la discernabilité relative des images à une apparence de plus en plus floue, du caractère plus ou moins précis des situations à un flottement général. A cela ajoutons l'immobilisation graduelle de l'intrigue, constamment ralentie par l'encombrement des images à la dérive. Tel paysage, présenté d'abord sous un aspect hivernal, reparaît, sans qu'il en soit donné de claires raisons, sous une forme estivale; mais rendu plus trouble encore par le fait qu'il semble être entrevu dans un demi-sommeil par un rêveur mal réveillé. Puis brusquement surgit dans les yeux de celui-ci un jet de lumière qui l'induit à songer aux premiers moments de la création. Tout cela se croise, se presse, se confond. Tout cela se trouve doucement mais irrésistiblement charrié dans le même courant indécis de pensée. Le poète compare ce qui lui arrive aux changements multiples qui se font jour dans le courant d'un fleuve. Il reconnaît en celui-ci le fleuve de la vie. Celui-ci, à son tour, dans son esprit, se transforme en un océan sans bornes. A cette vue il s'évanouit de plaisir.

Cet évanouissement final, où le moi apparaît à lui-même comme le lieu, à la fois cosmique et mental, où le phénomène se manifeste, est fréquent chez Jean-Paul Richter. Souvent ce qu'il évoque est une image déjà presque indéfinissable en elle-même, mais qui se trouve condamnée à perdre bientôt ce qui lui restait de forme. Elle finit par devenir, en raison de sa vacuité bientôt presque totale, la représentation, non, sans doute, du néant lui-même, mais d'un affaiblissement graduel de la netteté des formes, aboutissant à un semi-anéantissement. Ailleurs, l'existence se révèle au poète sous l'aspect d'un royaume d'ombres, où tout se dégrade, où les contours deviennent flottants, où les formes perdent toute distinction dans une agitation confuse.

Partout se marque donc, chez Jean-Paul, la préférence qu'il a pour ce qu'on pourrait appeler les formes décli-nantes, celles qui, incapables de garder longtemps leur apparence, se trouvent bientôt condamnées à renoncer même à la fragile substantialité qu'initialement elles pouvaient avoir. Rien ne plaît plus à l'auteur que de suivre pas à pas ce processus de désagrégation. Il ne s'arrête qu'au moment où plus aucune trace de ces formes ne survit, sinon dans la pensée du spectateur, la place vide laissée par elles en disparaissant.

On pourrait supposer, en présence de ce phénomène

tant de fois décrit par le poète, une certaine propension au pessimisme; car la dissolution des formes a souvent en elle-même quelque chose de mélancolique. Mais ce qui se trouve représenté ici ne se rattache pas nécessairement à une vision pessimiste de l'existence. Peut-être faut-il y voir tout simplement une expression d'un certain type de pensée, que nous pouvons appeler la pensée incertaine, la pensée naturellement tâtonnante. Cette pensée se manifeste de préférence dans certains cas, ceux de grande fatigue ou de somnolence invétérée, peut-être aussi dans la détente profonde qui suit parfois certaines activités organiques. Ils ont pour effet de faire perdre au patient une partie de sa lucidité. De tels états se retrouvent souvent chez Jean-Paul. Rappelons l'un des plus connus, celui qu'on trouve dans le conte intitulé *Le Runenberg*. On y voit le héros arriver par degrés dans la confusion et l'imprécision de toutes formes à percevoir son existence antérieure, sur toute son étendue, non comme ravivée par la force du souvenir, mais au contraire comme reposant à une distance infinie, dans le fond de sa mémoire, où elle semble s'être retirée hors d'atteinte, comme dans un lieu appartenant à une autre réalité.

Rapprochons de ces passages de Richter certains autres, très similaires, d'un de ses contemporains, Ludwig Tieck :

« Surpris et troublé, il voulut reprendre ses esprits et renouer les fils de ses souvenirs, mais sa mémoire était comme remplie d'un brouillard confus dans lequel des formes imprécises s'agitaient et se mélangeaient frénétiquement... Toute son existence antérieure était derrière lui comme dans les profondeurs du lointain; les choses les plus étranges et les plus banales étaient confondues. »

Ou bien :

« Brusquement éveillés, tous ces fantômes incertains réapparaissaient sans forme précise, volant dans les airs. »

Dans l'œuvre maîtresse de Hoffman, tout consiste dans le surgissement en présence du moi, en confrontation avec lui, d'un autre moi, d'un moi rival, qui aurait les mêmes prérogatives que celui qu'il affronte, les mêmes droits d'être considéré comme le véritable moi. Impossible, en effet, d'admettre entre ces deux moi un équilibre ou un simple *modus vivendi* qui leur permettrait de se reconnaître comme égaux, ou qui, ce qui revient à peu près au même, leur donnerait un droit égal à être reconnus comme le seul moi authentique. Or, ils ne peuvent être l'un pour l'autre que de mortels ennemis, semblables à deux prétendants à un même trône, qui ne peuvent que chercher mutuellement à s'éliminer. La seule différence (mais il est vrai qu'elle rompt cette illusoire égalité), c'est qu'en chaque occasion, chez Hoffman, le conflit est présenté du point de vue d'un seul des deux rivaux. Le subjectivisme radical auquel celui-ci est soumis ne lui aurait pas permis d'arranger les choses autrement. Il n'en reste pas moins qu'il s'agit dans ce cas d'un subjectivisme d'une sorte tout à fait exceptionnelle. Il n'y a pas *un* moi, il y en a *deux* pour le même être. Le moi est double. Pire encore, il est en conflit mortel avec lui-même. Il est un sujet, mais pas le seul sujet. Il est donc un sujet en rapport — d'opposition d'ailleurs — avec un *autre* sujet du même objet. Autre, mais non moins moi que le moi. On peut voir là la manifestation d'une polarité extrême, en ce sens qu'elle a l'air d'avoir lieu strictement à l'intérieur du même être.

Que dire de cette situation du point de vue qui nous occupe, celui qui a pour objet l'étude de la pensée indéterminée ? Par un curieux paradoxe nous voyons apparaître ici le contraire de ce à quoi, théoriquement, l'on pouvait s'attendre. D'un côté, la violente rivalité qui éclate entre les deux moi ne peut qu'engendrer un *trouble* d'une gravité exceptionnelle dans la pensée de celui ou de ceux qui en font l'expérience. Le moi se met à douter de lui-même, c'est-à-dire à éprouver à l'égard de son adversaire un sentiment d'une extrême complexité. Sa propre personnalité, où est-elle, est-elle en lui ou en l'autre ? C'est comme si l'être qu'il était se scindait en deux et qu'une moitié de lui-même lui devenait hostile. Il y a là, il faut le reconnaître, un aspect tout à fait inattendu de la pensée indéterminée. L'image de soi-même qu'on s'offre à soi-même ne se contente plus ici d'être vague, elle prend l'apparence d'un inconnu. L'indétermination serait donc de ce point de vue poussée véritablement à l'extrême. Le moi, dans sa propre intimité, dans sa profondeur intérieure, se révélerait être un étranger. Et pourtant, par un nouveau renversement de la perspective, l'image de ce moi étranger, ainsi révélée à la conscience dans son mystère, est une image extraordinairement distincte, violemment éclairée, d'une précision exceptionnelle. On n'en saurait concevoir de plus nettement déterminée. Bref, tout le drame entre les deux moi se présente sous deux aspects diamétralement opposés de l'être : la tendance à l'indétermination, la tendance à la détermination.

HOFFMAN : TEXTES

— Où est le moi qui peut engendrer du moi le non-moi ? *(Princesse Brambilla.)*

— Tu n'es pas moi, tu es le Diable, m'écriai-je. *(Les élixirs du Diable.)*

Quand je revivais en rêve ces aventures, il me semblait que ce n'était pas moi qui les avait vécues, mais un autre. *(Ibid.)*

La plus curieuse part de l'affaire, c'est qu'on se sent scindé en deux parties. *(Maître Puce.)*

Qu'est-ce donc, sinon un idéal qui en s'extériorisant se reflète dans une figure étrangère ? *(La Fermata.)*

... C'étaient des accords qui se confondaient comme dans un fleuve de feu. *(Les automates.)*

Le vide décrit par Ossian, ou plutôt par MacPherson, à l'époque du préromantisme, n'avait rien de métaphysique. Il n'exprimait qu'une nostalgie profonde, inspirée à celui qui, en mesurant toute la longueur de temps qui le séparait d'un passé lointain, évoquait celui-ci avec une grande tristesse, en prenant conscience du fait que ce passé s'était irrémédiablement éloigné de lui et ne pouvait lui être rendu. Le caractère sans recours de cette séparation ôtait donc au regret qu'il causait, la vivacité qu'il aurait pu avoir, et engendrait un sentiment proche de la résignation. Mais l'expérience du vide, décrite par Blake à peu près à la même époque, quelque similaires que puissent en être les termes, est tout autre. Ce qui importe ici, ce n'est plus la distance séparant le poète des heures jadis vécues ou d'un passé immémorial. Ce temps est maintenant révolu. Dès lors, il ne peut plus qu'engendrer une simple mélancolie. A l'inverse, le spectacle tragique, évoqué par Blake, et qui est celui du Dieu tombant dans un abîme sans fond (thème qui sera repris plus tard par Hugo, et qui est celui de la chute infinie des êtres dans le gouffre du temps), a une signification profondément différente. Le sentiment qui s'en dégage n'est plus un sentiment de pure mélancolie. C'est une impression d'horreur extrême, vécue par un être en train de tomber dans un abîme. Il est comme pris à la gorge par le drame dont il est la proie. Drame profondément réel, vécu dans l'actualité, mais qui a pourtant pour cause directe, non quelque chose de positif, mais un vide. Cette expérience, plus d'une fois rapportée par Blake, n'a que peu d'équivalents, excepté peut-être dans quelques vers de Milton. Elle représente en somme l'irreprésentable, c'est-à-dire l'absence radicale de support, de substance, donc l'absence d'être, vécue par l'être. Le négatif apparaît ici comme une sorte de positivité inversée, affectée du signe moins. Le néant devenu directement perceptible et affronté dans une expérience personnelle vécue imaginairement par le poète et présentée comme vécue réellement par un dieu. Seul Hugo, par la suite, trouvera des effets de cette sorte.

Une ombre pleine d'horreur s'élève dans l'éternité inconnue, stérile, refermée sur elle-même. Quel démon a formé ce vide abominable, ce vacuum qui fait frémir d'horreur l'âme des hommes ? (*Le livre d'Urizen*, cap. 1.)

L'horrible vacuum s'étend en-dessous de lui de tous côtés. (*Le livre de Los.*)

Et il continue de tomber à travers le vide, un vide qui toujours s'étend et où tombent, sans fin, jours et nuits, car jours et nuits n'existent pas encore, et l'espace qu'ils occuperont est mesuré par la chute ininterrompue de Los dans l'horrible vacuité sans fin. (*Ibid.*)

SAINT-MARTIN

Un mot seulement à propos de Saint-Martin qui, comme Blake, mais avec infiniment moins de force et de poésie, a su décrire ce sentiment de la profondeur ténébreuse qui existe dans le cœur de l'homme : « Il faut commencer, dit-il, par considérer ces ténèbres et par en sonder la profondeur. » D'où, chez lui, l'encouragement à « plonger nos regards dans les profondeurs de notre existence intime », là où nous pourrons reconnaître que notre être « est susceptible de sentir bouillonner sans cesse en lui la source divine ». — « Dieu et son éternité, dit-il encore, ne sont-ils pas comme un gouffre où tous les êtres vont s'engloutir ? » Et il ajoute que cette expérience a pour résultat de « nous faire descendre dans le corps général terrestre et y *perdre* l'apparence de nos *formes* grossières ».

Il y a donc chez Saint-Martin, ici tout à fait dans la ligne de Boehme, le désir de se détourner de la clarté superficielle, expérimentée à la surface de notre être, pour nous enfoncer dans les profondeurs : « Cachons-nous promptement sous la terre, écrit-il, enfonçons-nous dans ses abîmes. Dérobons-nous à la splendeur de la lumière. »

Ajoutons que l'influence de Saint-Martin sur l'indéterminisme allemand et, en particulier, sur Schelling, fut considérable.

WORDSWORTH

Le poème wordswordien — nous pensons ici surtout au célèbre poème intitulé le *Prélude*, mais cela est vrai aussi de beaucoup d'autres textes du poète — est caractérisé par une grande unité de ton. La pensée s'y concentre sur un seul thème : la relation du poète avec la nature environnante. Cela forme généralement le seul sujet auquel il se consacre. C'est ainsi, à première vue, que le poème wordswordien apparaît comme une œuvre rigoureusement homogène, dont le poète décrit fidèlement, sans grandes variations, les aspects profonds, mais peu nombreux. D'où une certaine monotonie. Et pourtant, si l'on y regarde de plus près, l'on se rend compte, que, comme une série de tableaux du même peintre consacrés par lui à nous donner des versions différentes d'un seul paysage, le poème de Wordsworth se présente comme un tout, mais un tout composé de vues soigneusement isolées les unes des autres, dont chacune révèle un aspect particulier. Chaque épisode, on pourrait presque dire chaque fragment, apparaît sans liaison évidente avec ceux qui précèdent ou ceux qui suivent. Il existe, détaché, comme s'il se recueillait en lui-même, à l'écart. D'où, dans le poème, un effet perceptible de discontinuité. Nous en avons un exemple dans un épisode fameux où l'on voit un être dans une barque descendant au fil de l'eau. Voici qu'en se penchant par-dessus bord il découvre au-dessous un paysage mystérieux qui reflète, mais en la transformant, la vue qu'il découvrait à la surface. Cela suffit pour qu'il soit étrangement touché. Ce monde occulte, où le connu et l'inconnu se superposent et se mêlent, lui présente des images inversées. Elles sont tremblantes et fragmentaires. Il n'en a lui-même qu'une brève vision, sans pouvoir fermement les relier entre elles et avec celles qu'il avait perçues à la surface des eaux. Ainsi affranchies de la continuité qui relie d'ordinaire obligatoirement les choses avec lesquelles on se trouve en relation, elles semblent flotter dans le vide, à grande distance de celui qui les regarde. Telle est, chez Wordsworth, l'expérience de la profondeur. Elle ne se manifeste jamais directement, comme les rapports de plain-pied que nous entretenons avec l'actuel. Elle nous incite plutôt à y chercher une similarité émouvante avec telle période lointaine de notre enfance, dont notre mémoire imparfaite ne posséderait pas de représentation précise, rien peut-être qu'une obscure réminiscence. Si le souvenir, comme nous le croyons volontiers, n'est qu'une reproduction plus ou moins exacte du passé dans le présent, ce que nous éprouvons ici ne ressemble pas exactement à un souvenir. Il s'agirait plutôt d'une mise en rapport fortuite, hésitante, peut-être imaginaire, de notre être actuel avec un autre lieu que celui où nous sommes, avec une autre époque, avec un autre moi. Nous les avons peut-être déjà connus, vécus, perçus, mais, en ce cas, ils nous paraissent maintenant très éloignés de nous, malgré l'intensité curieuse avec laquelle nous les distinguons dans la distance : distance d'ailleurs singulièrement aggravée, puisqu'elle est devenue à présent plus verticale qu'horizontale. C'est en effet au fond de nous-mêmes, en nous penchant sur le passé, comme du bord d'un bateau, que nous pouvons distinguer l'objet de notre attention dans une sorte de brume, au sein de la profondeur liquide. Si vives d'ailleurs que soient à nos yeux ces images retrouvées, elles se trouvent à demi voilées par le tableau confus que présentent les régions où elles baignent. Un hiatus se creuse entre elles et nous. Il nous apprend que vivre, c'est se retrouver toujours d'époque en époque, mais se retrouver toujours à distance de soi-même. Notre être vrai n'est jamais à proximité de notre moi actuel. Il est *là-bas*. Nous ne pouvons espérer être en contact immédiat avec lui. Entre lui et nous, il y a un lien, mais il y a aussi une distance.

De la sorte, différemment de Proust, mais non sans quelque analogie avec lui, Wordsworth nous présente une section de notre existence, soustraite au temps présent, et qui, en marquant combien elle en est éloignée, se désactualise. Pour comprendre tout le sens de ce démarquage, il nous faut renoncer à considérer le passé comme de même nature que le moment où nous sommes, et par conséquent comme entièrement dépendant des déterminations du temps présent. Notre redécouverte du passé a donc des côtés négatifs aussi bien que positifs. Elle nous permet de nous dérober à l'empire exclusif que le moment présent veut exercer sur nous. Elle nous donne les moyens de localiser au fond de nous quelque chose de très secret, qui est nous. Nous rejoignons de la sorte, pour un temps, par une faveur exceptionnelle, non plus une simple tranche de notre existence, mais notre être vrai, notre permanence occulte. Tout Wordsworth se trouve contenu dans cette jonction du fortuit, du lointain, d'une part, et de l'éternel, de l'autre. Le temps vécu nous apparaît, de façon inespérée, comme notre bien propre, le seul authentique, dès qu'il nous est donné, non pas de le ranger parmi nos acquis, parmi nos richesses actuelles et positives, mais au contraire d'en revivre au moment voulu certaines expériences si simples qu'on peut les considérer comme négatives. Le critique anglais Walter Pater, qui, mieux qu'un autre, a compris Wordsworth, nous énumère les impressions toutes négatives que ce dernier nous rend merveilleusement perceptibles : le silence, l'obscurité, l'immobilité absolue. Constatons que toutes trois impliquant le passage du déterminé à l'indéterminé.

Emotions éprouvées en de certains lieux ou moments isolés, détachées de la continuité des temps et des choses, perçues incomplètement.

Cela se manifeste sous la forme d'obscurs sentiments, souvent représentatifs de joies oubliées. *(Prélude.)*

L'on ne se souvient pas, l'on éprouve simplement l'impression obscure d'une sublimité possible, d'une relation établie dans notre enfance entre nous-mêmes et la beauté éternelle. *(Prélude.)*

Pour un instant, un bref instant surpris dans la mobilité des temps, quelque chose comme une sérénité divine. *(A la vue d'un portrait.)*

Tous les moments, quoique séparés les uns des autres, baignent dans le même silence, font partie de la même trame. *(Intimations de l'immortalité.)*

Ils surgissent brusquement de lieux cachés depuis bien des années. *(Le Charretier.)*

Etats d'âme fugitifs, faits d'exaltations confuses mais comparables à un pivot fixe, formant le centre d'un monde troublé. *(L'Excursion.)*

Pater disait de Wordsworth : « Il a le pouvoir de percevoir et de transmettre à la conscience du lecteur certaines impressions abstraites et élémentaires : silence, obscurité, immobilité absolue. » *(Appréciations,* p. 44.)

COLERIDGE

Si l'on pense à Coleridge, l'on se rappelle immédiatement la fameuse distinction qu'il a faite entre ce qu'il appelle *imagination* et ce qu'il appelle *fancy.* L'imagination est pour lui une force spirituelle essentiellement active et unificatrice. Elle impose une forme déterminée aux objets sur lesquels elle exerce son pouvoir. Ce que Coleridge appelle *fancy* au contraire est la vie capricieuse, multiple et chimérique, à laquelle s'abandonne la pensée, lorsqu'elle se laisse aller au plaisir de rêver, de sentir, d'imaginer, sans se fixer sur un objet précis. Elle est donc le contraire de l'imagination conçue dans le premier sens. Répugnant à toute synthèse, elle ne mérite pas, dans le jugement de Coleridge, le nom d'activité mentale. Elle est purement passive : sorte d'assemblage d'images sans cohésion, qui flottent dans l'esprit heureux de ne pas donner une forme déterminée à sa pensée. Indéterminées et fortuites, ces images errent, seules ou par bandes, procédant par associations capricieuses, substituant à l'activité minutieuse et intentionnelle de l'être pensant une multitude de formes plus ou moins imprécises, dansant désordonnément dans l'esprit, comme une troupe d'insectes dans un rayon de soleil.

Il va de soi qu'une telle distinction a quelque chose d'assez sommaire. Affirmer sans nuance qu'il y a une bonne et une mauvaise sortes d'imagination, c'est négliger toutes les variétés infinies d'images qui naissent et meurent, tantôt conjointement et tantôt séparément, dans l'esprit. Mais c'est surtout introduire dans l'analyse de celui-ci un manichéisme des plus suspects. Telle est pourtant l'erreur qu'a commise Coleridge. Mal à l'aise dans l'existence qu'il mène, intoxiqué par les stupéfiants, à l'empire desquels il lui devient de plus en plus impossible de se soustraire, intensément préoccupé d'autre part par des scrupules moraux, enclin à condamner en lui-même des penchants ou des habitudes dont il ne peut se défaire, et incité enfin à en avoir d'autres auxquels il lui est pourtant difficile de s'adapter, il tente de s'imposer à lui-même des règles d'hygiène spirituelle. Le fait est que, par un certain côté, il consentirait volontiers à céder aux tendances mêmes dont, par un autre côté, il préférerait se détourner. Comprendre en son fond la pensée de Coleridge, c'est donc comprendre, avant tout, non la ligne rationnelle et morale qu'il essaye de suivre, mais le mouvement profond, exprimant ses inclinations les plus secrètes. Non que celles-ci soient nécessai-

rement les meilleures. Mais chez lui ce sont les plus naturelles, les plus spontanées, celles qui l'encouragent à suivre
sa pente et à trouver ainsi dans le parcours qu'elles l'inci-
tent à emprunter une richesse d'images que le caractère
un peu trop strict de l'activité à laquelle il donne pourtant
le nom d'imagination l'empêcherait d'avoir.

Pour bien comprendre par conséquent la pensée quelque
peu confuse de Coleridge, il vaut mieux, semble-t-il,
essayer de se la figurer dans son désordre originel, et la
suivre ensuite dans les étapes qu'elle a parcourues, en se
décomposant d'ailleurs de plus en plus à mesure, pour
aboutir finalement à un état des plus vagues, où il n'y a
plus d'objet défini de pensée, rien qu'un moi réduit à sa
seule activité interne tournant à vide. L'on peut en effet distinguer différentes étapes dans cet effacement progressif de
l'objet que se donne l'esprit. Au début et même plus tard,
vers le milieu de sa vie, on distingue encore dans les écrits
du poète-philosophe qu'était Coleridge une espèce de synthèse : non pas, certes, la synthèse rigoureusement logique,
dans le cadre de laquelle, le plus souvent, à cette époque,
il s'efforce de faire fonctionner son activité imaginative.
Au contraire, presque à l'opposé de cette construction
abstraite, ce qu'il cherche à réaliser, c'est quelque chose
comme une confluence d'impressions passives, formant ce
qu'il appelle un *agrégat* ; l'agrégat étant constitué d'expériences sensibles, distinctes les unes des autres, donc isolées, de l'une à l'autre desquelles il n'est d'ailleurs, le
plus souvent, pas facile de se transférer : phénomène de
discontinuité des images successives, fréquent chez Coleridge, et qui fait penser à un phénomène analogue, soigneusement décrit dans la philosophie de Hume (fort prisé
de Coleridge), qui a en effet pour base — toute négative —
l'impossibilité de lier entre eux les états mentaux qui se
succèdent.

Entre ces deux philosophes, Hume et Coleridge, malgré
leur similarité apparente, il y a, bien entendu, une grande
différence. La discontinuité, chez Hume, s'exerce, avant
tout, dans le domaine des perceptions. Toute pensée dis-

tincte, pour celui-ci, a une existence nettement séparée, et c'est en raison de cette netteté, grâce à laquelle son indépendance s'affirme, qu'il est impossible, selon lui, d'établir entre les perceptions successives une véritable connexion. Il va de soi que, chez Coleridge, il en est tout autrement. Il ne saurait y avoir pour lui de difficulté à établir quelque connexion que ce soit entre des expériences aussi voisines l'une de l'autre. Mais une difficulté d'un autre ordre alors se présente. Elle provient du fait que, dans la pensée de Coleridge, les images ainsi perçues paraissent toutes extrêmement confuses, en vertu de leur nature profonde comme de leur multiplicité. Une multiplicité d'images confuses, semblables à celles d'un essaim entraîné dans le tourbillon d'une danse sacrée, telle est au fond la description la plus adéquate que Coleridge puisse donner de la plupart de ses expériences sensibles et de leur corrélatif d'images. Le spectacle qu'il offre alors au regard est composé d'une pluralité de fragments minuscules, enchevêtrés généralement les uns dans les autres, comme si, plus l'image gagne en complexité, plus elle risque de perdre ce que Coleridge appelle le « pouvoir coadunateur », celui qui lie ensemble les coordonnées.

Or, cette perte du pouvoir coadunateur ou principe liant est de tous les phénomènes auxquels sa pensée est soumise celui que Coleridge redoute le plus. Une activité essentiellement formatrice et unificatrice n'a-t-elle pas toujours été son ambition ? Pourtant, il constate que, malgré lui, au lieu de l'association rêvée, en de nombreux cas, c'est une grave dissociation qui s'opère en lui. L'œuvre philosophique entière de Coleridge, mais aussi son œuvre critique et surtout sa pensée sont dominées par l'horreur que lui inspire cette disjonction mortelle des images. Tout se fragmente, tout se parcellise et, par conséquent, se désintègre. Tout se trouve assailli par une sorte de force centrifuge qui ne laisse au poète d'autre alternative que de contempler en lui-même un monde ravagé par la désintégration. D'une part, tout ce qu'il y a de réalité objective dans ce monde semble voué à une infinie décomposition des formes ; et, d'un autre côté encore, l'existence même des objets en tant que tels devient de ce fait brusquement dépourvue de toute importance réelle, puisque leur dissolution les réduit à rien. En revanche, ce qui prend une importance immense aux yeux de celui qui se voit témoin de ce désastre, c'est le sujet, le moi-sujet, soudain découvrant sa perte de contact avec les objets, quels qu'ils soient, qui entretenaient des relations avec lui. Restent donc, pour finir, un moi dénudé, une activité spirituelle ne fonctionnant plus qu'à vide, la conscience se saisissant dans la privation de tout rapport avec les objets disparus. Avec, parfois aussi, l'expérience d'une stagnation. Et tout au bout de ce dépouillement général, quelque chose comme une angoisse obscure, indéterminée, indéfinissable.

COLERIDGE : TEXTES

L'imagination, synthèse, forme déterminée, pouvoir formateur ; la fantaisie, ou pensée fantasque, siège de la faculté agrégative. (*Distinction essentielle de l'esthétique coleridgienne.*)

La pensée fantasque est celle dans laquelle la continuité des associations passives se trouve rompue par le jeu des sensations internes et externes. (*Note du poète.*)

Parfois en raison de la confluence d'innombrables impressions dans chaque moment du temps, la mémoire purement passive doit nécessairement tendre à la confusion. (Article dans *L'Ami.*)

... Innombrables fragments dispersés en tant de livres, comme un miroir brisé gisant sur le sol, et, au lieu d'une image, en représentant mille, dont aucune entière. (*Traité de méthode.*)

L'univers n'est plus qu'un immense amas de petites choses. Je ne puis plus percevoir que des fragments. (*Lettre à John Thelwall,* octobre 1797.)

Et soudain l'image qu'il contemplait dans le ruisseau se désunit. Alors, tout le charme est rompu, tout ce monde féerique s'évanouit, mille petits cercles se forment, et chacun travestit les autres. (Poème intitulé *La Peinture*.)

POE

Poe est un poète admirable et un grand conteur. Mais avant d'être l'un et l'autre, il est quelqu'un d'entièrement obsédé par une obligation préalable qu'il craint de ne pouvoir remplir, celle de se donner la conscience la plus lucide possible de lui-même. C'est par un acte de conscience de soi, pense-t-il, que tout doit commencer dans la pensée. Telle est la loi initiale, celle dont tout dépend et dont la stricte observance est pour le penseur une nécessité absolue. Ne pas lui obéir entraînerait des conséquences graves : l'immobilité, la paralysie, l'aphasie, la fixation de l'esprit dans une attitude négative qui interdirait tout geste physique ou mental, ce qui équivaudrait à une mort vivante. Or, bien des fois, quand il veut prolonger ainsi sa pensée, Edgar Allan Poe se sent menacé par cette immobilisation : il éprouve une difficulté inconcevable à s'empêcher de tomber dans cet état négatif qu'il redoute entre tous : état qu'il a décrit dans plus d'un de ses écrits. Il y a des écrivains qui, dès le premier mot de ce qu'ils ont à dire, se trouvent lancés. Ils voient devant eux, nettement, l'objet vers lequel ils se mettent en branle. Ils n'ont qu'à le rejoindre et savent dès l'abord que tout est gagné d'avance. Mais pour ce qui est de Poe, il en est tout autrement. Avant même que de prendre son départ il s'interroge. Que cherche-t-il ? Où va-t-il ? Il semble être la victime d'une étrange confusion, faite de tâtonnements, de suspensions et de scrupules. Non que sa pensée soit simplement embarrassée par une difficulté d'élocution, ou par le souci qu'il a de lui donner la forme la plus précise.

S'il lutte pour s'exprimer, ce n'est pas pour trouver les mots qui s'adaptent le mieux à une pensée déjà fixée. Il semble, au contraire, que l'aphasie dont il souffre ne soit nullement due au sentiment que les mots utilisables soient insuffisants relativement à un sens déjà déterminé. C'est plutôt de l'inverse qu'il s'agit. Poe se trouve dans la situation pénible de *définir* ce qu'il lui faudrait dire et de s'en découvrir incapable : parce qu'il est en présence même de l'*indéfinissable*, de l'*impensable*. Alors, dans cette ignorance redoutable, en présence de ce vide interne, se voyant interdire la possibilité même de *déterminer l'objet de sa pensée*, Edgar Allan Poe comprend qu'il est en danger de ne pouvoir jamais sortir de ce silence qui lui est imposé, non par une déficience de ses moyens, mais par une imperfection inhérente à la nature même des choses. Il y a en effet, très fréquemment, dans l'œuvre de Poe, le plus souvent au début de ses écrits, la constatation angoissée qu'il est dans la situation d'un être sans doute toujours capable de penser, mais incapable de donner tout à coup une *forme* à ce qu'il pense. C'est comme si une étrange infirmité l'affligeait. Penser, se penser, oui, c'est encore possible, mais soudain ce n'est plus possible de donner un sens *précis* à ce que l'on pense. C'est comme si le monde environnant était devenu énigmatique, ou comme si, ce qui est plus grave encore, la capacité d'en reconnaître l'intelligibilité était brusquement retirée à l'esprit, celui-ci, vidé de tout contenu, n'étant plus qu'une espèce de cadre, à l'intérieur duquel il devenait impossible de mettre un nom ou une forme. Reste seulement un formulaire non rempli, *laissé en blanc* et non valable. Telle serait la conscience de soi, lorsque, comme cela est souvent le cas avec Poe, elle se découvre dans l'extrême carence qui est la sienne, quand rien ne vient la « garnir ».

Décrivant cet état initial d'un être *interdit* et mis ainsi dans l'impossibilité de rien dire, nous le commentions de la façon suivante, il y a quelques années : « Il y a pour Poe une époque de l'existence humaine, où, dans le sommeil, l'évanouissement, le délire même, demeure quelque chose qui est la conscience. Elle apparaît, elle s'apparaît à elle-même, au fond de l'indéfinissable, comme conscience de l'indéfinissable. Elle est, mais elle est au fond d'un puits. L'être qui se voit gisant dans des ténèbres éclairées par la seule pensée ne se découvre pas comme quelqu'un qui s'éveille et qui renaît. Sa conscience n'est pas quelque chose de neuf qui lui serait donné d'un coup. Il y a simplement une conscience qui subsiste au centre de ses confuses connaissances. »

Le texte est un peu faible. Il présente comme une simple confusion ce qui est proprement une incapacité — provisoire ou non — de penser, mais il reflète néanmoins avec une certaine exactitude le côté négatif de cette situation : celle d'une activité mentale, toujours lucide, mais réduite, quant à son contenu, à rien. Cette réduction à zéro, qui, dans le cas de Poe, est la situation où débouche le plus souvent la conscience de soi, avec tous les inconvénients qu'elle comporte, n'en a pas moins quelque chose d'avantageux, en ce sens que, tout l'éliminable étant éliminé, il reste encore, comme nous venons de le dire, un *creux* dans la pensée. Or, l'éliminable, c'est le formel. Dès que l'éliminable et tout le formel qu'il contient, sont éliminés, dans le vide qui se trouve ainsi creusé, la conscience s'installe. Mais ce n'est plus une conscience pleine, c'est une conscience vide, ou, en d'autres termes, c'est une activité impersonnelle, légèrement délirante, quasi anonyme, rigoureusement non déterminée et dont on pourrait se demander si on ne pourrait pas en trouver l'équivalent chez d'autres esprits arrivés au même degré d'anonymat.

La question est d'importance. Lorsque le but avoué d'un essai critique est de définir chez l'auteur étudié sa personnalité, c'est-à-dire ce qui le rend différent de tout autre, l'*objet* de l'analyse, alors, est clair, il consiste à faire du cas étudié un cas défini, unique peut-être en son genre. Les rapprochements sont moins importants que les différences. Mais si en étudiant tel cas particulier le critique constate qu'il ne s'y peut relever rien d'individuel, alors que conclure sinon qu'il s'agit d'un de ces cas rarissimes, où la pensée se hausse à un certain degré où l'auteur atteint à ce que l'on peut appeler l'*anonymat*. C'est sans doute le cas d'Edgar Allan Poe dans les nombreux passages de son œuvre, où il n'y a plus chez lui de perceptible qu'une conscience sans objet, donc une conscience indéterminée. Mais ce serait aussi, exactement le cas, semble-t-il, pour un autre poète, aussi impersonnel dans sa volonté de se soustraire aux déterminations de la pensée personnelle, nous voulons dire Paul Valéry. Exactement comme la pensée de Poe dont elle s'inspire d'ailleurs, la pensée valérienne cherche, elle aussi, à se manifester, ne disons pas sous une *forme* indéterminée — ce qui serait une contradiction dans les termes — mais dans l'absence de toute forme, en tant qu'apparition de soi-même à soi-même, présentation nue, directe, simple, d'un sujet se pensant lui-même et n'ayant de pensée que de soi.

Or, n'en est-il pas de même, combien de fois, avec Edgar Poe ? Lui aussi se perçoit dans l'absence de tout objet, comme conscience strictement soucieuse de se sentir être.

Et pourtant, entre ces deux poètes, cela s'observe tout de suite, il y a un abîme. L'identité qui existe entre eux, si réelle qu'elle puisse être, est purement abstraite. Elle n'est juste que dans la mesure où elle constate une étroite similarité entre deux façons de penser, impersonnelles, indubitablement, l'une et l'autre, mais non entre deux sensibilités, de natures très différentes. Le contraste, ici, est évident.

Chez Valéry, l'expérience de soi s'accomplit dans une fraîcheur d'esprit extraordinaire. L'être valérien naît véritablement à lui-même. S'éveiller, c'est naître dans la surprise, l'enchantement, l'oubli de tout antécédent, le vertige d'un vide; mais ce n'est pas *renaître*. L'être valérien n'a pas de passé, ou s'en est délivré avec une insouciance incomparable. Il est tout entier, d'un seul élan, dans le moment où il vit, dans le lieu où il débouche. Ce lieu, ce moment, tout neuf, il les accepte, non sans étonnement, mais sans le moindre embarras. Il est le nageur qui s'ébat dans l'élément liquide : dans une totale acceptation de l'eau qu'il est en train de fendre. Il est l'être au réveil, tel que tant de fois il s'est décrit — et toujours comme si c'était la première fois — l'être au réveil, vierge, à l'état pur — mais aussi, négativement, libéré de toute forme : « Large rasade d'informe, note Valéry, pas encore d'objet, sentir la connaissance même et point d'objet. »

S'éveillant donc dans sa subjectivité intégrale, que rien ne menace, que rien ne limite. S'éveillant dans la joie, dans une joie indéfinissable, tant elle est simple.

C'est là Valéry, tout Valéry. Est-ce la *personne* de Valéry ? Lui-même dirait non. Mais il se reconnaîtrait sans difficulté en tant qu'être vivant, vivant d'une vie extraordinairement alerte, si alerte qu'*elle n'accepte aucune détermination*. C'est la réaction d'un adulte qui serait un éternel nouveau-né.

Mais serait-ce là la réaction qu'aurait eue Edgar Allan Poe ? Evidemment non. La sienne serait bien différente. Si la plongée de Valéry dans l'existence est si admirablement libre et fraîche, c'est qu'elle se refait de fond en comble en chaque moment de l'existence. En est-il de même avec Poe ? Poe ne peut oublier le moi passé dans l'étreinte du moi présent. Si celui-ci en diffère, c'est par une sorte de résurgence trouble et incertaine de lui-même qui ne le détache du passé que pour le laisser échoué dans le faible et indéfini sentiment de l'existence. De l'un à l'autre, rien qu'une faible passerelle, celle des réminiscences les plus vagues, mais aussi les plus nostalgiques : « C'est lentement, par degré, dit Poe, ou son héros — somnambule — que mes facultés de penser me reviennent. » Dans cet état d'âme, il y a quelque chose de similaire au « retour d'un évanouissement ». C'est un peu comme Lazare que Poe se repossède de la vie. Son émergence n'est pas assurée. Elle est angoissée et tragique. De plus, elle ne saurait avoir la transparence de la renaissance valérienne. La conscience d'être, chez Poe, comme chez Rousseau, est une chose voilée, indistincte, et qui se perd souvent dans une sorte de crépuscule, quand il ne lui arrive pas de retomber dans le noir.

Une condition d'ombre et de doute...

Vagues réminiscences d'un passé inscrit dans les vieilles chroniques du temps jadis...

Quand je m'éveillais, ma pensée était étrangement confuse et il me fallait quelque temps avant que je pusse me rappeler toutes les circonstances variées de ma situation.

... Lentement, par degrés, mes facultés de penser me revinrent...

Dans le retour de l'être à la conscience après un évanouissement, il y a deux étapes. La première ? Comment distinguer l'ombre qu'elle présente, de la mort ?

La conscience de l'être que j'avais était devenue de plus en plus indistincte...

Il y eut une époque où je me sentis émerger de l'inconscience dans le faible et indéfini sentiment premier de l'existence.

HAWTHORNE

Quand on lit les *Cahiers* de Hawthorne, on ne peut s'empêcher d'être déprimé par la constante monotonie des expériences quotidiennes qui y sont notées. Rien n'est plus différent du journal intime tenu approximativement à la même date et dans la même région par Thoreau. Il y a chez ce dernier une admirable volonté de tirer de chaque moment un maximum de ressources. On chercherait en vain chez Hawthorne un zèle ou un pouvoir équivalent. Dans son journal à lui les moments se succèdent, chacun apportant sans doute sa part de sensations ou d'émotions, mais sans que l'auteur se mette en frais pour les accueillir, ou exprime de grands regrets à les voir passer. Ils s'en vont en file indienne, chacun à tour de rôle, occupant sa place au bout de la ligne et présentant plus ou moins le même aspect que les autres. A l'inverse d'Emerson, par exemple, il ne vient jamais dans l'esprit de Hawthorne que le moment présent est le siège d'une manifestation divine pendant laquelle le temps s'interrompt de couler. Au lieu de vivre dans un présent éternel toujours renouvelé, il se résigne, assez malaisément d'ailleurs, à la dépossession régulière de chaque moment par un autre. « Ce n'est que pour un bref instant, écrit-il, que quoi que ce soit paraît surprenant ou soudain. » Chacun de ces moments quand vient son tour, se hâte de se confondre avec les voiles plutôt grisâtres que revêtent les événements graves ou joyeux du passé. Ces voiles grisâtres, vêtant indifféremment les tristesses et les joies de jadis, composent pour Hawthorne la substance même de la durée. Le temps est fait de passé. L'avenir n'existe pas. Le présent existe à peine. Le passé est donc la seule vraie durée, puisqu'il est l'espèce de remise où tout finit par être rangé. Dès que les événements révolus y trouvent asile, ils perdent ce qui les distingue et se ressemblent tous. Amoindris, ternis, ayant perdu leur fraîcheur, ils sont tous soumis au même processus de décoloration :

> Les silhouettes que l'on percevait ressemblaient aux fantômes des joies éteintes et enterrées. Plus elles ressemblaient aux formes heureuses de naguère, plus elles se montraient lugubres maintenant. Car il en va ainsi : il suffit d'un changement à peine perceptible pour que les choses et les existences les plus gaies deviennent de plus en plus tristes. L'espoir se change en désappointement, la joie s'assombrit, les splendeurs de la fête se transforment en teintes crépusculaires, révélant ainsi, comme conclusion morale de ce qui leur arrive, la sombre découverte de l'identité qui existe entre les choses gaies et les choses tristes. Encore un tout petit peu de temps, et elles seront toutes semblables.

Le temps est donc pour Hawthorne une sorte de bain décolorant qui absorbe et unifie tout. On ne peut pas dire, il est vrai, qu'il est immobile. Il coule un peu. Le ruisseau du présent lui apporte un mince filet d'eau. Mais tout ce qui s'y déverse, pâlit, s'assombrit, et ne peut plus être distingué de la masse à peine fluente. L'existence dépend d'un principe essentiel : c'est l'engouffrement de tout ce qui y a vécu. L'être que nous étions disparaît, non par extinction, ni par évaporation, mais par submersion dans des régions indéterminées, où la lumière du jour perd toute sa force illuminatrice. Comme une flottille de voiliers condamnés à sombrer l'un après l'autre, nos moments de joie ou de chagrin s'enfoncent dans l'eau grise. Celle-ci se referme sur nos secrets. Elle cache le lieu où nos trésors et nos hontes viennent s'enfouir. Elle tire sur eux le rideau d'une nappe d'eau trouble. Cette nappe, c'est l'oubli, le fleuve du Léthé :

> Non loin de l'entrée, ils arrivèrent à un pont qui paraissait de fer. Pluton arrêta le char et pria Proserpine de regarder le cours d'eau qui coulait si paresseusement en dessous. Jamais elle n'avait rien vu d'aussi torpide, d'aussi noir, d'aussi boueux que ce ruisseau. Ses eaux ne reflétaient aucune image, et il se déplaçait si languissamment qu'on l'aurait dit avoir oublié de quel côté il devait couler et préférer stagner plutôt que de s'écouler d'un côté ou de l'autre.

Pourtant cette surface molle est de temps en temps remuée par la réapparence de ce qui gisait dans ses profondeurs. Ainsi certains parfums, certaines saveurs, agissent comme des objets magiques, grâce auxquels, du fond vaseux où elles gisaient endormies, les émotions réveillées remontent parfois à la surface. C'est ce qui a lieu, par exemple, pour un vieil homme dans un roman de Hawthorne :

> La saveur de ce vin, et son parfum, plus encore que son goût, me firent souvenir que jadis j'avais été jeune.

Et voici le commentaire :

> C'était merveilleux l'effet que produisait cet inoffensif jus de raisin sur lui. Le motif n'en était pas le vin lui-même. C'étaient les pensées qui s'y trouvaient associées.

Le même phénomène est déterminé par l'apparition d'une femme :

> Ce pauvre malheureux voyageur, venu des îles dans un frêle esquif sur une mer démontée, avait été jeté par la dernière grande vague dans un port paisible. Là, comme il gisait presque sans vie sur le sable, le parfum d'un bouton de rose était parvenu jusqu'à ses narines, et, comme il en va avec les odeurs, avait déclenché en lui toutes sortes de réminiscences ou de visions de la beauté vivante et exaltante parmi lesquelles il aurait aimé avoir sa demeure.

C'est ainsi que le charme particulier aux odeurs, aux sons, aux goûts, parfois aussi, mais moins souvent, aux visions oculaires, détermine, chez Hawthorne comme chez son contemporain Baudelaire, ou, plus tard, chez Proust, le phénomène de la mémoire affective. Sous l'influence du rapprochement, souvent involontaire que fait la pensée entre des expériences sensibles appartenant à des époques éloignées les unes des autres, une série d'associations troublantes se produit dans l'esprit. En voici un exemple :

> L'odeur d'une plate-bande lui revenait avec toute l'intensité de jadis, apportée par le vent, en traversant les longues années écoulées depuis que les fleurs s'étaient fanées. Devant l'assaut de tous ces souvenirs éveillés par le parfum de fleurs depuis longtemps disparues, elle se sentit défaillir. C'était comme quand on ouvre un tiroir où toutes sortes d'objets ont été rangés, et chacun d'eux fleurant la lavande ou les pétales de rose desséchés.

Il arrive cependant parfois aussi que le phénomène en question se produit, sans qu'il ait de contrepartie précise, par exemple dans un moment de crise suprême, où se déroule le panorama d'une vie entière. Il en est ainsi pour Hester Prynne sur l'échafaud :

> Réminiscences de l'espèce la plus fortuite, journées passées à l'école, jeux, querelles enfantines, les petits faits domestiques de la vie d'une jeune fille, s'élevaient en essaim dans sa pensée, mêlés aux actions les plus graves de sa vie subséquente... L'échafaud, le pilori, était pour elle une sorte de promontoire, d'où elle découvrait l'entièreté du chemin parcouru par elle depuis son heureuse enfance.

En se penchant ainsi sur le miroir où le passé tout entier, semble-t-il, se reflète, la personne qui se trouve ainsi affectée ne distingue pas seulement des images, des actions, des sentiments, des faits. Elle découvre qu'en se dérobant à l'actualité où chacune de ces expériences avait son rôle, au lieu d'entièrement disparaître, elles se sont secrètement associées dans les profondeurs de l'être. Là elles ont conservé le portrait indélébile de celui-ci. Soudainement tous ces traits réveillés, en se démasquant, nous démasquent. Dans notre état actuel, nous nous découvrons comme le dernier chaînon d'une chaîne. C'est comme si l'ensemble de notre passé, composé de traits depuis longtemps oubliés ou négligés, venait tout d'un coup se déployer devant nous, sortant d'un compartiment obscur de nous-mêmes, dont nous aurions perdu la clef. Cette irruption inattendue d'un passé depuis longtemps relégué dans l'ombre est un des thèmes les plus souvent repris par Hawthorne. L'essentiel de la révélation qu'il apporte consiste moins dans la richesse de détails qu'il contenait que dans sa substance même, ignorée et profonde, ensevelie dans les ténèbres presque impénétrables de nous-mêmes. D'où toute la force de surgissement qui est la sienne :

> Tant que le mot n'a pas été prononcé, la causerie familière se poursuit tranquillement comme un ruisseau qui murmure et scintille au-dessus de quelque objet caché dans son lit. Mais il suffit d'un mot pour que tout

change. C'est comme si on ramenait à la surface le corps d'un noyé, retiré d'un des trous les plus profonds, dissimulés dans le sein de la rivière.

Ce thème tient si fort à cœur à l'auteur qu'il le reprend pour lui donner toute son ampleur et sa profondeur :

> Au fond de chacun de nous, il y a une tombe et un donjon, même si les lumières, la musique, les fêtes qui se déroulent au-dessus nous font oublier leur existence, et le cadavre ou les prisonniers qui se trouvent là enfermés. Parfois pourtant ces sombres réceptacles s'ouvrent complètement... Vous souvenez-vous de chaque folie que vous avez commise et dont vous rougiriez même dans la plus lointaine caverne de la terre ? Alors, reconnaissez votre honte.

Il va de soi que cette sorte de relation, équivoque et occulte, entre passé et présent, n'est pas particulière à Hawthorne. On la trouve chez Baudelaire, et même chez Proust. Chez ce dernier, par exemple, le temps intermédiaire s'efface, et de la confrontation de deux moments séparés jusqu'alors l'un de l'autre, naît un sentiment d'existence « retrouvée », se manifestant dans une sorte d'intemporalité. Mais, chez Hawthorne, il n'y a pas d'expérience de l'intemporalité. Il y a, au contraire, la découverte du temps vécu comme celle d'une époque occulte mais toujours vivante au fond de nous et susceptible de réapparaître un jour à la surface : plus redoutable parfois peut-être pour être demeurée longtemps ignorée au fond de nous. Ainsi l'être hawthornien voit-il se manifester à maintes reprises en lui-même l'existence d'un monde souterrain, hanté par un étranger qui est son moi, et qui est aussi un criminel. Entre l'acte accompli et la conscience actuelle de cet acte, il y a donc un décalage. Si bref que puisse être l'intervalle qui les sépare, il crée entre eux une brisure. Un hiatus se révèle qui, pour un temps, interdit à la pensée de percevoir une liaison ininterrompue entre l'action passée et le moment actuel. Cet hiatus peut être très court, mais, dans un sens, il est toujours immense, car il contraint l'être qui en fait l'expérience à ne plus voir en lui-même une continuité

factice, mais, au contraire, un trou, une solution de continuité, en somme, une espèce de néant. — Ou bien, ce qui
est pire, c'est la révélation d'un moi radicalement différent
de nous-mêmes, un moi inconnu, incompréhensible, inassimilable, donc, à nos yeux, totalement indéterminé. Tel est,
dans l'occurrence, ce qu'on peut se risquer à appeler le
« mystère de l'être », en soulignant qu'il ne s'agit nullement
ici de l'être défini en ces termes par Gabriel Marcel, mais du
caractère « mystérieux », donc *non déterminable* de notre être
profond, perçu par nous dans de certaines circonstances.
Cet être mystérieux, les jansénistes l'ont connu (surtout
Pascal et Nicole), les puritains d'Amérique aussi. Hawthorne qui dérive directement de ces derniers rêve sans
cesse de l'obscurité qui existe en nous et qui nous fait
douter de notre identité propre. Le personnage hawthornien se demande plus d'une fois si, au fond de lui, ne se
cache pas un criminel. Un conte admirable de l'auteur
relate cette incertitude. Sur un certain portrait du temps
passé s'est déposée une patine impénétrable. Or, voici qu'il
est un jour débarrassé de son enduit. Que découvre-t-on ?
Le visage d'un misérable dans l'exécution de son crime :

> On aurait dit que le portrait longtemps dissimulé
> derrière la patine des âges avait acquis au cours des
> années une profondeur et une impénétrabilité toujours
> de plus en plus intenses, jusqu'à ce qu'enfin il se mît à
> luire de nouveau et à projeter son sinistre message sur
> l'heure présente.

Il y a là un renversement de situation, et surtout d'identité, qui exprime admirablement le caractère tragiquement
incertain de la conscience de soi dans l'éthique puritaine.
Ce renversement s'accomplit d'ailleurs parfois aussi en
sens inverse dans l'œuvre hawthornienne. Dans un texte
moins connu de l'auteur, on peut trouver le passage suivant :

> Il m'arrivait dans mon enfance de retourner une
> planche ou une vieille bûche, restée trop longtemps
> dans la terre humide, pour découvrir en dessous une
> multitude grouillante d'insectes immondes et diabo-
> liques qui se sauvaient de tous côtés.

Et quelques lignes plus bas, modifiant légèrement cette vision, l'auteur se décrit lui-même imaginairement, comme plongeant dans un étang profond, stagnant et fétide, pour en arracher le corps d'un enfant à demi noyé. Les deux visions ne coïncident pas exactement, mais elles se font pendant. D'un côté se dévoile une réalité immonde, dissimulée dans une profondeur ténébreuse; de l'autre, la même réalité comme un lieu où l'on plonge, mais d'où il faut à tout prix s'échapper en ramenant avec soi au jour, pour le sauver, le fantôme de l'être qu'on avait été.

HAWTHORNE : TEXTES

Un homme cherche quelque chose d'excellent, mais il le cherche d'une mauvaise façon, dans un mauvais état d'esprit. Il cherche un trésor et trouve le corps d'un noyé; il cherche l'or enfoui et déterre des péchés accumulés. (*Carnet des années 1842-1843.*)

C'est ainsi que la douleur du moment passager assume une individualité et un caractère d'apogée, qu'elle est destinée à perdre et à laisser se dégrader dans la trame grise et sombre, commune aux événements tristes et joyeux du temps jadis. *(La maison aux sept pignons.)*

Le mal est dans tous les cœurs, mais il peut se faire qu'il y reste à l'état latent pendant toute l'existence. Parfois pourtant certaines circonstances l'éveillent et l'activent. (*Carnet 1842-1843.*)

Mon imagination est un miroir terni. Il ne reflète plus qu'avec une indistinction déplorable les figures dont j'avais fait de mon mieux pour le peupler. *(La lettre écarlate.)*

Et parfois il me semble que je suis déjà dans la tombe, avec juste assez de vie pour avoir froid et être engourdi. (*Lettre à sa fiancée*, 1840.)

Le livre que je lisais était fort morne, mais non sans une sorte de mouvement languissant, pareil à celui d'un fleuve où les barques s'échouent aussi souvent qu'elles flottent. *(Blithedale.)*

Brèves remarques
en guise de conclusion provisoire

Il y a certaines époques qui nous frappent, avant tout, par la netteté avec laquelle les événements s'y accomplissent. Cela se remarque très clairement, par exemple, à l'époque de la Révolution française. Le mouvement des idées, des sentiments et des faits y apparaît comme dramatiquement accéléré par une fièvre de plus en plus perceptible. On en voit le reflet dans la plupart des vers d'un André Chénier, qu'une sorte de fureur, fureur de connaître, de sentir et d'agir, semble presque toujours précipiter vers les objets qu'il se donne : « Le temps ne s'arrête point. » —« Nulle heure n'est oisive. » — « Aucun instant n'est vide. » — « Profitons du moment. » On voit que pour ce poète, qui est aussi un homme d'action, il n'y a pas de pause possible ou permise dans l'activité de la pensée. Une volonté impatiente se donne à chaque instant un but déterminé. Juste avant le romantisme, où vont apparaître tant de pensées troubles, de sentiments indécis et indéfinissables, voici que s'affirme alors avec une sorte de hâte, dans le temps le plus bref, une autre façon de penser et d'être, une pensée qui, comme « Minerve, en un instant formée », cherche aussitôt, et de façon la plus précise, à se préparer à l'action.

L'expérience de la Révolution, se prolongeant d'ailleurs à l'époque de l'Empire, n'est pas un simple intermède entre les rêveries de Rousseau et la poésie romantique. Elle révèle l'espèce d'oscillation qui a lieu dans l'histoire des hommes entre les périodes de détermination et celles où s'épanouit la pensée indéterminée. Parfois les périodes se succèdent; parfois elles s'enchevêtrent et se heurtent de front.

Table

B
792
P68
1985

DATE DUE

Imprimé en France
Imprimerie des Presses Universitaires de France
73, avenue Ronsard, 41100 Vendôme
Avril 1985 — Nᵒ 30 615